Martina Leibovici-Mühlberger

WIE KINDER WIEDER WACHSEN

Martina Leibovici-Mühlberger

WIE KINDER WIEDER WACHSEN

ecowin

Martina Leibovici-Mühlberger
Wie Kinder wieder wachsen

FSC
Mix
Produktgruppe aus vorbildlich bewirtschafteten Wäldern und anderen kontrollierten Herkünften

Zert.-Nr. SGS-COC-004295
www.fsc.org
© 1996 Forest Stewardship Council

Das für dieses Buch verwendete FSC-zertifizierte Papier EOS lieferte Salzer, St. Pölten

Umschlagidee und -gestaltung: **kratkys.net**

1. Auflage

Lektorat: Mag. Josef Rabl
Klappenfoto der Autorin: Clemens Groth
Gesamtherstellung: www.theiss.at
Gesetzt aus der Sabon
Printed in Austria
ISBN 978-3-902404-86-2

1 2 3 4 5 6 7 8 / 12 11 10

www.ecowin.at

Meinen Eltern in Liebe
und Dankbarkeit gewidmet

Inhaltsverzeichnis

Warum es dieses Buch gibt

Eine ganze Menge Menschen schlug mir immer wieder vor, ich solle doch ein Buch zur Erziehung von Kindern schreiben – manche hielten dies für eine recht gute Idee. Ich war mir da nicht sicher. Der unmittelbare Kontakt mit Menschen hat mir immer die Sicherheit gegeben, sie dort abholen zu können, wo sie sich in ihrem Prozess gerade befinden, und so auch tatsächlich hilfreich für ihre Anliegen sein zu können. Mit einem Buch schien mir dies weniger leicht umsetzbar – obwohl ich hoffe, dass es mir dann doch gelungen ist. Es ist meine tiefste Überzeugung, dass wir als Therapeuten einer dienenden Berufssparte angehören, dass wir der Entwicklung unseres Gegenübers zu nützen haben, im besten Fall einen „Wegbereiter" abgeben und unsere Klienten die eigentlichen Experten für ihr Leben sind. In unserem Fall heißt das, dass die Experten für die Kinder ihre Eltern sind; wir, die sogenannten Erziehungsexperten, können nur ermutigen und Ideen beisteuern, erzählen, was in vergleichbaren Situationen funktioniert hat, und hoffen, auf diese Art die Eigenkompetenzen der Eltern zu stärken.

Noch ein Ratgeberbuch in der kilometerlangen Bibliothek von Neuerscheinungen schien mir also nicht sinnvoll zu sein. Außerdem tendiert Ratgeberliteratur sehr leicht dazu, den Ton übler Besserwisserei anzuschlagen, ein Rezept ist rasch gezaubert und wer an der Umsetzung scheitert, zweifelt nicht an der profunden Expertenmeinung, sondern an sich oder, was noch schlimmer ist, an seinem Kind! Verwirrung und Unsicherheit grassieren als moderner Erziehungsvirus in der jungen Elternschaft – warum also noch mehr Öl mit neuen oder alten Ratschlägen ins Erziehungsfeuer gießen?

Dass es nun doch ein Buch gibt, hat mehrere Gründe: Ein sehr gewichtiger lag im UNICEF-Report[1] zum Wohlbefinden von Kindern in den fortgeschrittensten, reichsten Volkswirtschaften, der aufzeigte, dass über die materielle Ebene hinaus ernster Handlungsbedarf besteht. Der Mensch lebt eben nicht vom Brot allein.

Auch schreiben mir und meinem Team seit mehreren Jahren, vermittelt über das Engagement einer großen Tageszeitung, täglich besorgte Eltern über Probleme mit der Erziehung ihrer Kinder. Wir versuchen dann gemeinsam – oft wird daraus ein Dialog mit den Eltern – das schwierig anmutende Stück im Leben dieses Kindes und seiner Familie zu erfassen und Hinweise zu geben, wie es sich konstruktiv entwickeln ließe. Über die Jahre haben wir so ein recht eindrucksvolles und unverfälschtes Bild zum Erziehungsalltag bekommen. Uns kann man nämlich auch anonym schreiben und erhält trotzdem Antwort. Das erleichtert vieles, vor allem wenn man von ganz persönlichen Dingen schreibt. Hunderte und Aberhunderte E-Mails vermitteln ein reales Gefühl davon, was in Österreichs – und in ein paar deutschen – Kinderzimmern läuft, was Eltern wirklich bewegt, was die Top-Themen in der Hitliste der Erziehungsprobleme sind. Wir lesen diese Mails sehr aufmerksam und versuchen Tonfall und Grundstimmung zu erfassen; in vielen wird die Familiensituation und die Atmosphäre, in die das „Erziehungsproblem" verpackt ist, ausführlich beschrieben.

Was sich uns dabei auch offenbart, sind Mängel in den Rahmenbedingungen, innerhalb derer Elternschaft gelebt werden muss. Eltern operieren nicht im luftleeren Raum, sondern eingebettet in eine gesellschaftliche Grundmatrix mit Werten, Haltungen, Ansprüchen, Normen, Idealen, Vorstellungen, die allesamt vorgeben, was am Ende herauskommen soll, damit Söhnchen oder Töchterchen von der Gesellschaft das Gütesiegel „fit for life" verliehen bekommt. Wenn Eltern und Kinder – bildlich gesprochen – als Teig zu sehen sind, der im Entwicklungsprozess, den wir Erziehung nennen, geknetet wird, dann ist die gesellschaftliche Matrix die Schüssel, und diese Schüssel hat, das wird von Jahr zu Jahr deutlicher, mehr und mehr Sprünge und Löcher. Dass das nicht förderlich ist und zumindest den Stresspegel stark erhöht, ist allen klar, die unter solchen Bedingungen schon mal versucht haben, einen Kuchen zu backen.

Ein weiterer Grund, warum es dieses Buch gibt, ist meine Arbeit in der Working Group on the Quality of Childhood im Europaparlament, einer Arbeitsgruppe, in der wir uns über die Qualität von Kindheit in den Mitgliedsstaaten der EU den Kopf zerbrechen dürfen. Zahlreiche Arbeitssitzungen haben uns gezeigt, dass die Gestaltung der gesellschaftlichen Rahmenbedingungen mindestens gleich wichtig ist wie die Erziehungshaltungen der einzelnen Mütter und Väter – nur spricht man im öffentlichen Dialog kaum davon. Dazu kommt, dass die Erkenntnis, wie sehr die damit verknüpften politischen Entscheidungen unsere Zukunft bestimmen, nicht sehr verbreitet ist.

Damit kommen wir zum letzten, meinem persönlichen Grund für dieses Buch. Die „Supernannys" haben Erziehung zum medialen Dauerthema gemacht und wenn man jenseits der durchwegs fragwürdigen Aspekte, die diese Formate verbreiten, etwas Positives sehen will, so den Gesichtspunkt, dass man heute laut über Erziehung nachdenken darf, dass klar geworden ist, dass Erziehung im 21. Jahrhundert eine wirkliche Herausforderung ist. Leider entbehrt die Diskussion darüber, der Gesetzmäßigkeit der Raschlebigkeit folgend, noch der notwendigen Tiefe, und angesichts der zahlreichen unleugbaren Problemstellungen wird bei der üblichen Suche nach den „Schuldigen" gern und rasch auf die üblichen Verdächtigen – Eltern und Lehrer – und ihr jeweiliges Versagen hingewiesen; oder das „Kindermaterial" wird kritisch beleuchtet und als „auch nicht mehr das, was frühere Generationen boten" qualifiziert. Das trägt der Komplexität des Sachverhalts nicht Rechnung, sondern verhärtet die Fronten und entmutigt all jene Eltern und Pädagogen, die sich täglich für ihre und die ihnen anvertrauten Kinder einsetzen. Darüber hinaus, und das ist vielleicht der bedauerlichste Aspekt, trübt dieser Zugang zum Thema „Erziehungsnotstand" den Blick für die wirklichen Ansatzpunkte notwendiger Veränderung.

Deshalb ist dieses Buch entstanden, und es ist ein Anti-Ratgeberbuch im besten Sinne. Und so wird mancher Leser am Ende der Lektüre das befriedigende Gefühl gültiger Lösungen vermissen, auch wenn das eine oder andere Beispiel gelingenden Handelns angeführt wird. Dieses Buch soll vielmehr Eltern Mut zusprechen für ihre spannende und großartige Aufgabe der Elternschaft; sie bestärken im Vertrauen auf ihre Kompetenzen, ihren Instinkt, ihr Bauchgefühl, ihr ureigenes Expertentum in Sachen ihres Kindes. Es soll informieren und Eltern zu Zivilcourage aufrufen, in der Gesellschaft und bei Entscheidungsträgern für die Schaffung von Rahmenbedingungen einzutreten, die die Begleitung unserer Kinder in ihr junges Erwachsenenalter unterstützen und nicht gefährden. Und es soll schließlich zum Nachdenken und Diskutieren anregen – über die Welt, die wir unseren Kindern gestalten.

Die wahren Abenteuer sind im Kinderwagen

Dass Unverbindlichkeit und Absicherung gegen unerwünschte Lebenskonsequenzen zu zentralen Leitmotiven des gesellschaftlichen Lebensgefühls der neuen Flexibilität stilisiert werden, ist ein eindeutiger Trend. Dass sich „Kinder kriegen" damit zu einer der letzten Bastionen eines absoluten Entscheidungsbekenntnisses entwickelt hat, ist eine daraus folgende logische Konsequenz. Hier gilt kein Konsumentenschutz, dafür gibt's jede Menge langfristiger Verantwortlichkeiten, Kritik von allen möglichen Seiten und eine Latte, die hoch liegt, will man seine Kinder fürs globale Rattenrennen um die besten Startplätze in die Erwachsenenwelt gut vorbereiten. Denn Konkurrenz lauert überall! Neuerdings wird Eltern mehr Gelassenheit im Umgang mit ihren Sprösslingen verordnet, nachdem ihnen zuvor Förderung statt autoritärem Erziehungsstil und im Gefolge dann wieder mehr Disziplin und Strenge gegen kindliches Tyrannentum abverlangt wurden.[2] Die gesellschaftlichen Vorgaben sind spürbar und Eltern stehen unter Beobachtung. Doch es gibt Auswege! Elternschaft ist durch die moderne Empfängnisverhütung gut steuerbar geworden und „Kinder kriegen" hat längst seinen Stellenwert des Selbstverständlichen, Naturgegebenen, Unverrückbaren verloren. Elternschaft ist nur noch eine unter verschiedenen Optionen von Lebensgestaltungsmöglichkeiten. Und wie es scheint, nicht unbedingt eine besonders attraktive, sieht man sich die statistische Entwicklung an, nach der bereits ein Viertel aller Frauen des Geburtsjahrgangs 1960, für die die Familienplanung als weitgehend abgeschlossenes Kapitel betrachtet werden kann, und sogar 42 Prozent der Akademikerinnen Kinder als verzichtbar ansehen.[3] Von größeren Kinderzahlen reden wir ohnehin nicht!

Die westliche postmoderne Gesellschaft befindet sich sozialanthropologisch betrachtet auf dem Weg, zu einem Seitenzweig der Evolutionsgeschichte zu werden, vielleicht sogar zu einem mittelfristig aussterbenden.[4] Eine nicht gerade ruhmreiche Perspektive, das Etikett der evolutionsbiologischen „Untauglichkeit" wäre dann selbst mit noch so sprachgewaltiger politischer Rede kaum wegzudiskutieren. Europaweit werden bereits 2010 die Sterbeziffern die Geburtenrate übersteigen, und dieser „natürliche Bevölkerungsrückgang" lässt sich nach Berechnungen der Kommission der europäischen Gemeinschaft bis maximal 2025 durch legale Zuwanderung aufhalten.[5] Noch viel dramatischer wird das Ganze, wenn man den sogenannten Alterslastquotienten, das Verhältnis der 15- bis 64-Jährigen zu den über 65-Jährigen, betrachtet. Laut aktuellen Prognosen werden wir als Gesamtbevölkerung trotz Zuwanderung schrumpfen und uns in vorgerücktem Alter gegenseitig darauf aufmerksam machen, wenn wir mal Kinder auf der Straße erblicken! Alarmiert durch diese demografische Entwicklung – denn da geht's ans Eingemachte, wenn die Zahl der Erwerbstätigen und damit Sozialversicherungs- und Pensionsversicherungspflichtigen dramatisch sinkt –, hat die EU Ende 2008 einen Forschungsaufruf zur Stärkung der Familie und Familienpolitik erlassen.[6] Das ist als ernstzunehmendes Eingeständnis der zukünftigen Dramatik zu bewerten, wenn auch in bürokratischen Papyrus gekleidet, denn bisher hat sich die EU in nobler Zurückhaltung geübt und erziehungs- und familienpolitische Themen in den nationalstaatlichen Verwaltungsbereich verwiesen.

Aber ist diese Situation nicht eigentlich ein paradoxes Zerrbild unserer ursprünglichen Wünsche als Gesellschaft? Sind wir nicht ausgezogen mit der Fackel der Technik und dem Skalpell der exakten Wissenschaft, haben wir nicht unsere Lehrbücher geschultert und unsere Mikroskope vor der mit Sendungsbewusstsein geschwellten Brust einhergetragen, um unsere Welt besser und sicherer zu machen – als Startumgebung für das Aufwachsen unserer Kinder? Wir haben die Pest besiegt und die Pocken ausgerottet, gegen Kinderlähmung wird schon lange flächendeckend durchgeimpft, wir haben moderne Baubiologie, die der Feuchtigkeit keine Chance gibt, und Sicherheitshandbücher für alles von der Taschenlampe bis zum Space Shuttle, die einen ganzen Industriezweig mit ihrer Erstellung beschäftigen. Es gibt keine illegitimen Schwangerschaften mehr, die Mütter direkt in den existenziellen Abgrund stürzen, wie noch vor gar nicht so langer Zeit, Arbeitsschutzgesetze behüten die Schwangere und werden von einer wahrnehmbaren Bemühung um die Karenzregelung ergänzt, und Kinderbetreuung wird dem, der sie wünscht, vom Staat zur Not schon nach der Mutterschutzperiode bereitgestellt. Trotz dieser aus dem Blickwinkel unserer Vorväter idealen Bedingungen bekommen wir als Gesellschaft immer weniger Kinder oder haben in unserer Lebensentwurfgestaltung überhaupt keinen Platz mehr für sie. Irgendetwas muss auf unserem Marsch in die Moderne, angetrieben vom Gedanken der Aufklärung und ihrer Huldigung des logischen Verstands, passiert sein, irgendetwas haben wir bei unserem nüchtern zergliedernden Vorstoß in subatomare Ebenen verloren oder aber nicht finden können. Mit einem etwas antiquierten und im üblichen Sprachgebrauch fast nur noch der Theologie zugeordneten Begriff würde man dieses Etwas Seele nennen. Und wenn dem so ist, nimmt es dann Wunder, dass in diesem faustischen Pakt, der uns eine überwältigende Menge Faktenwissen, Wohlstand und Konsummöglichkeiten beschert hat, wenig Platz bleibt für die mühsame und Achtsamkeit erfordernde Erziehung von Kindern? Und sind die Aussichten, glaubt man den ständigen Medienberichten von zunehmend gestörten, verhaltensauffälligen Kindern, nicht zusätzlich entmutigend?[7]

„Ich bin doch nicht verrückt, Kinder in diese Welt zu setzen!" Diesen ultimativen Satz, der ein dumpfes Bauchgefühl ausdrückt, dass die Gesellschaft mit all ihren Errungenschaften keinen geeigneten Boden für das Aufwachsen von Kindern bietet, höre ich, wenn ich mich kontroversiellen Diskussionen zum Thema stelle, oft. Unsere moderne Gesellschaft hat Mechanismen, „Todsünden im Umgang mit unseren Kindern", entwickelt, die ein Aufwachsen in ein sinn- und gemeinschaftsorientiertes und damit glückliches Leben bedrohen. Veränderung ist also dringend nötig. Über all das erreichte Wissen und unseren Wohlstand hinweg ist die Sinnfrage, in die „Kinder kriegen" eingebettet ist, eine immer brennendere geworden; und sie muss eine positive Beantwortung finden, damit die Revolution des „guten Lebens" nicht ihre eigenen Kinder frisst!

Wie viel Mutter braucht das Kind?[8]

Der Stauferkaiser Friedrich II. (1194–1250) wollte herausfinden, ob Aramäisch oder Latein die Ursprache wäre. Dies, meinte er, wäre einfach zu klären, wenn neugeborene Kinder nicht durch die jeweilige Sprache ihrer Mutter verbildet würden. Also verbot er Ammen jegliche Ansprache der ihnen anvertrauten Kinder. Auch Mimik und Gestik und sogar einfaches Herzen der Kinder sollten tunlichst unterbleiben. Des Kaisers linguistische Ambitionen wurden herb enttäuscht. Die Kinder sprachen weder Lateinisch noch Aramäisch, sondern starben alle. Der Mangel an Zuwendung hatte sie getötet.

Von politischen Lügen und Ideologien auf dem Rücken unserer Kinder

„Mein Sohn Daniel[9] ist acht Monate alt. Daniel ist, glaube ich, ein sehr unruhiges und weinerliches Kind und schläft sehr schlecht. Auf der Schreiambulanz haben sie mir gesagt, dass er fast ein Schreibaby wäre! Ich bin Alleinerzieherin und muss ab nächstem Monat wieder arbeiten, außerdem fällt mir eh die Decke auf den Kopf. Ich war früher sehr aktiv und sportlich. Eine Großmutter gibt es in meiner Familie leider auch nicht. Muss ich damit rechnen, dass Daniel noch schwieriger werden wird, wenn er in die Kinderkrippe kommt? Kann das seiner Entwicklung schaden oder ist es vielleicht eh gut, wenn er mit vielen Kindern zusammenkommt und dort alles geregelt abläuft?“

*

„Mein Mann und ich haben uns sehr bewusst für unsere Kinder entschieden. Mein Mann ist Lokführer und ich war früher in der Wirtschaft tätig. Unsere Tochter Katharina ist gerade fünfeinhalb geworden, unser Sohn Matthäus ist 26 Monate. Durch den Wechseldienst meines Mannes können wir als Familie viele Tagesausflüge, auch unter der Woche, gemeinsam mit unseren Kindern genießen. In den letzten Monaten sehe ich mich zunehmend den Bedrängungen, ich möchte fast sagen Angriffen meiner Schwägerin ausgesetzt, die bei ihrem Sohn nach der Karenzzeit und jetzt, nach der Geburt ihrer Tochter, sogar schon nach einem halben Jahr wieder ihre Berufstätigkeit aufgenommen hat. Sie meint, dass wir unsere Kinder zu sozialen Außenseitern erziehen, weil Katharina noch immer nicht in den Kindergarten geht und ich eigentlich auch weiter bei den Kindern daheimbleiben möchte, auch wenn das eine wirtschaftliche Einbuße bedeutet. Auch meine Schwiegermutter, die Alleinerzieherin und selber immer berufstätig war, sieht das so. Mein Mann möchte den Streit mit seiner Familie vermeiden und ist jetzt selber schon verunsichert, was für die Kinder besser ist. Ist es wirklich so, dass unsere Kinder zu sozialen Außenseitern werden, wenn wir sie nicht in den Kindergarten schicken? Katharina ist sehr kontaktfreudig, wir haben oft Freunde mit Kindern eingeladen und sie spielt nach meinen Beobachtungen ganz normal mit ihnen. Dass das verpflichtende Kindergartenjahr jetzt eingeführt wird, hat uns sehr verunsichert. Ist das wissenschaftlich abgesichert, dass Kinder das brauchen? Der Kindergarten in unserer Wohnnähe ist schlecht geführt, man hört nur Schlimmes von provisorischen Gruppenzusammenlegungen und überforderten Kindergärtnerinnen! Sollte das wirklich besser für die Entwicklung der Kinder sein als bei der eigenen Familie?"

*

„Ich bin 38 und erwarte nächsten Monat die Geburt meines ersten Kindes – unseres Sohns Anton! Dass ich Ihnen jetzt schon schreibe, kommt mir selber komisch vor, aber die Situation um meinen Mutterschaftsurlaub lässt mich keine Ruhe finden. Sowohl mein Mann wie auch ich haben beide sehr anspruchsvolle Jobs. Für meinen Mann, der in einem internationalen Konzern arbeitet, ist es absolut ausgeschlossen, einen Vaterschaftsurlaub beanspruchen zu wollen. Für mich ist die Situation indirekt fast ähnlich. Ich habe mir mit viel Einsatz eine sehr gute Position in einer großen Unternehmensberatung erarbeitet und längere Karenzzeit entspricht ganz sicher nicht unserer ‚Unternehmenskultur' für angehende Partner. Meine Chefs drängen mich, die Dauer meiner Babypause festzulegen, um die Projektverantwortungen und meine zukünftige Einbindung kalkulieren zu können. Für mich ist es total schwierig abzuschätzen, wie viel Zeit mein Kind mich denn wirklich brauchen wird. Meine Mutter, die leider durch ein Wirbelsäulenleiden keine Unterstützung sein kann, sieht in mir bereits jetzt eine Rabenmutter, wenn ich von der Wiederaufnahme meiner beruflichen Tätigkeit spreche. Meine Freundinnen, die allerdings kaum Kinder haben, raten mir gegenteilig und meinen, dass man auch Kleinkinder ruhig in die Krippe geben kann. Man weiß ja auch heute nicht, was die Zukunft die Partnerschaft betreffend bringt, und meine gute berufliche Position könnte dann für meinen Sohn auch sehr wichtig sein. Durch die neuen kurzen Karenzzeitvarianten bekommt man auch das Gefühl, dass das für die Kinder schon in Ordnung sein wird und wissenschaftlich abgesichert ist. Man liest so viel von ‚Qualitätszeit'. Wir haben uns unser Kind wirklich sehr gewünscht, mussten auch lange darauf warten und brauchten sogar medizinische Interventionen. Ich möchte sicher nichts tun, was mein Kind schädigen oder in seiner Entwicklung beeinträchtigen könnte. Wie soll ich entscheiden?"

*

Drei Anfragen aus einer ganzen Menge ähnlicher E-Mails, Telefonate und Beratungen, alle von besorgten und bemühten Eltern, alle mit dem gleichen verunsicherten bis orientierungslosen Ton, zur Frage „Wie viel Mutter braucht mein Kind?“.

Es scheint heute schon von Beginn an schwierig mit der Elternschaft zu sein. Wie lege ich meine Rolle als Mutter an? Daran, dass das in erster Linie ein weibliches Thema ist, hat sich nur zu einem geringen Prozentsatz etwas geändert. Neu ist die zunehmende Ratlosigkeit, wie man es richtig machen soll. Schon ganz am Anfang der neuen Beziehung mit dem Kind scheint uns das Gespür verlassen zu haben. Die Sicherheit ist uns abhandengekommen und an die Stelle zuverlässiger Rollenvorbilder treten richtige oder vermeintliche Ratgeber und Propheten – ein Spielfeld für Meinungen und Ideologien.

Exkurs zu den kulturhistorischen Wurzeln und anderen Verirrungen

Es mag vielleicht tröstlich sein zu erfahren, dass das Thema Kinderbetreuung schon lang für politischen und ideologischen Schlagabtausch herhalten muss. Mit einer besonders markanten und durchwegs illustrativen Geschichte zum Thema Mutterschaft kann Frankreich als tonangebendes Land in Sachen Kinderbetreuung aufwarten. Dort war es vom beginnenden 17. bis ins ausgehende 18. Jahrhundert Mode, seine Säuglinge sofort nach der Geburt zu Ammen zu geben, eine Gepflogenheit mit tief greifenden Konsequenzen. Einen Einblick in die Verbreitung dieser Praxis geben die Aufzeichnungen des Generalleutnants Lenoir der Pariser Polizei; er schreibt, dass von den im Jahr 1780 in Paris geborenen 21.000 Kindern (bei einer Bevölkerung von rund 900.000 Einwohnern) weniger als 1000 bei ihrer Mutter verblieben und weitere 1000 von einer im Haus lebenden Amme versorgt wurden. Die restlichen 19.000 Kinder wurden, je nachdem wie begütert die Eltern waren, näher oder auch weit entfernt vom Elternhaus untergebracht.[10] Betrachtet man die horrende Kindersterblichkeit dieser Praxis, die rund ein Drittel aller Kinder betraf und in Spitzenzeiten in manchen Bezirken auf bis zu zwei Drittel aller abgegebenen Kinder ansteigen konnte, und setzt man sie mit der Kindersterblichkeit der bei den Müttern verbliebenen Kinder, die knapp die Hälfte betrug, in Bezug, fragt man sich, wie eine derartige Handhabung der Kinderbetreuung so lang gesellschaftlich unwidersprochen bleiben konnte. Der soziale und wirtschaftliche Blickwinkel macht deutlich, dass „der Wert des Kindes" sehr niedrig angesetzt war, da Ammen am untersten Ende der Lohnpyramide standen. So kam es, dass für einen kleinen Handwerker die Erhaltung der Arbeitskraft seiner Frau und die Entlohnung einer Amme wesentlich kostenökonomischer waren, als einen zusätzlichen Gesellen statt seiner Frau einzustellen, weswegen er seiner Gattin verbot, die Kinder die ersten Jahre im Haushalt zu belassen. Betrachtet man jedoch die Listen der Vermittlungsbüros für Ammen anhand der sozialen Herkunft, so reicht das Spektrum der Frauen, die die Dienste von Ammen in Anspruch nahmen, von als Hauspersonal tätigen Frauen über Taglöhnerinnen und die zitierten Handwerkersgattinnen bis zu Frauen von Händlern, Kaufleuten, Offizieren, Beamten und dem Adel, also auch Gesellschaftsschichten, deren unmittelbarer Lebenserwerb nicht durch die Versorgung eines Säuglings oder Kleinkinds gefährdet gewesen wäre.[11] Hier manifestiert sich der geballte Sog der Mode, des Dazugehörenwollens zu den Schönen und Reichen, ein Prinzip, dem wir bis in unsere Tage fast alles, selbst unsere Kinder, unterzuordnen bereit sind. Die schillernden adeligen Gesellschaftsdamen von Paris mit ihren Salons, Theaterbesuchen und strategischen Ränkespielen bei Hof waren die Ersten, die die Mutterschaft delegierten, um ihre Ungebundenheit zu erhalten, und wurden so zum Vorbild für manche Offiziersgattin oder Beamtenfrau bis hinein in die Provinz. Vielfach geschah dies auf ausdrücklichen Wunsch der Ehemänner, die das Verbleiben von kleinen Kindern im Haushalt als störend empfanden. So verlangte zum

Beispiel selbst Montaigne, der schon zu Anfang dieser Bewegung die Kindesweggabe hart kritisierte, von seiner Frau, ihre gemeinsamen Kinder zu Ammen zu geben. So sehr gingen ihm die Anwesenheit von kleinen Kindern unter seinem Dach und der Verlust der auf ihn zentrierten Aufmerksamkeit auf die Nerven.[12]

Seine „Coolness" verlor diese Praxis erst mit dem Auftreten der sogenannten Philanthropen und Ökonomen. Doch wer jetzt denkt, Humanismus, christliche Nächstenliebe oder eine Anerkennung der Rechte und die Wertschätzung der Bedürfnisse des Kindes wären die Triebfeder gewesen, irrt gewaltig. Das Kind erhielt, wie könnte es anders sein, einen kommerziellen Wert, den es aus einem merkantilistisch orientierten Blickwinkel zu erhalten galt. Der berühmte „Philanthrop" Chamousset etwa führte in seinen „Mémoire politique sur les enfants", die 1756 erschienen und bis zur Jahrhundertwende mehrfach wiederaufgelegt wurden, detailliert aus, wie er aus Findelkindern profitable Realkräfte für die Kolonien, die Pflanzungen in Louisiana, machen wollte. Der Mensch war zu einer für den Staat wertvollen Ware geworden – nicht nur weil er Reichtümer produzierte, sondern auch, weil er Garant der militärischen Macht des Staates war. Und so wurde jeder Verlust an Menschen als entgangener Gewinn für den Staat betrachtet.[13]

Mit dieser Veränderung des Menschenbilds ergab sich zwangsweise die Notwendigkeit einer Imagekorrektur der Mutterschaft. Eifrig wurde von Ideologen, Philosophen und Literaten ein neues Bild von Mutterschaft und Mutterliebe entwickelt. Rousseau hatte mit seinem Roman „Emile oder Über die Erziehung", in dem er in Gestalt von Sophie ein Porträt der idealen Gefährtin des Mannes und liebevollen, aufopfernden Mutter zeichnete, auf seine Zeitgenossen wohl einen ähnlichen Effekt wie heute die weltumspannende Imagekampagne für die Einführung des iPods! Alle müssen es haben und wollen dazugehören. Damals entstand ein echter Hype, es wurde schick, seine Mutterschaft zu leben! Zahlreiche Leserinnen wollten den Ratschlägen des Meisters folgen, darunter auch eine ganze Menge Damen der guten Gesellschaft, wie zum Beispiel Madame d'Epinay, die keine Gelegenheit ausließ, deutlich zu machen, dass sie den neuen Wertvorstellungen anhing und mütterliche Zärtlichkeit und Sorge praktizierte. Auch das übrigens ein bewährtes Prinzip: Gewinne ein paar Promis für deine Sache und alle wollen es genauso machen! Am Rande sei noch erwähnt, dass Rousseau selbst, gegen den Wunsch seiner Frau Therese, seine eigenen fünf Kinder zu Ammen gab!

Dieser gesellschaftliche Paradigmenwechsel, ganz im Sinne der Staatsräson ersonnen und von politisch-wirtschaftlichen Überlegungen motiviert, wird den Müttern jetzt genauso unbedingt und selbstverständlich abverlangt und im Weigerungsfall mit gesellschaftlicher Sanktion belegt wie die frühere Haltung. Was früher gesellschaftliches Selbstverständnis war, machte jetzt die Rabenmutter aus!

Seither wird die Frage „Wie viel Mutter braucht das Kind?" als immer wieder aufflackernder Grabenkrieg auf dem Rücken der Mutter-Kind-Beziehung ausgetragen. Der von Rousseau übernommene moralisierende Diskurs galt auch für die Töchter und Enkel von „Sophie". Die „gute Mutter" und damit eine Haltung der Beurteilung und Bewertung von Mütterlichkeit war geboren und hielt in die gesellschaftlichen Wertvorstellungen Einzug. Mit der Erfindung der Kinderzimmer im 19. Jahrhundert schließlich kam es, natürlich unter der Oberhoheit des Gatten, zu einer Erweiterung der mütterlichen Verantwortung als Erzieherin.

Damit wurde der Weg bereitet für einen maßgeblichen, noch heute die Diskussion emotionalisierenden Aspekt: die Schuld! Der Rechtsanwalt H. Rollet schreibt 1911 im Vorwort zu Ida R. Sees Buch „Le Devoir maternel", das die zu Beginn des 20. Jahrhunderts repräsentative Geisteshaltung zur Mutterschaft zu Papier brachte[14]: „Als Anwalt und nach dem Studium von über zwanzigtausend Akten von minderjährigen Delinquenten oder Kriminellen wissen wir mit Gewissheit, dass die Jugendkriminalität fast immer die Folge entweder des Fehlens einer Mutter im Haushalt der Familie oder ihrer Unfähigkeit beziehungsweise ihrer Unwürdigkeit ist."

Die Psychoanalyse hat dann noch das ihre dazu beigetragen, aus der Mutter die zentrale Verantwortungsperson für die Zukunft der Kinder in der Familie zu machen. Auch wenn die Psychoanalyse nie behauptete, die Mutter sei allein für die Entwicklung des Unbewussten ihres Kindes verantwortlich, erschien sie dennoch sehr bald als die unmittelbare, wenn nicht erste Ursache des psychischen Gleichgewichts des Kindes. Viel zu viele haben viel zu wenig aufmerksam „ihren" Freud gelesen und so entstand schon bald der Eindruck – und wirkt bis heute nach, ob man will oder nicht –, als hätte die Psychoanalyse zu verstehen gegeben, dass ein affektiv gestörtes Kind Sohn oder Tochter einer „schlechten" Mutter sei, auch wenn der Ausdruck „schlecht" hier nicht unbedingt eine moralische Bewertung enthält.

In den 1960er-Jahren – mehr als ein Jahrzehnt, nachdem „Das andere Geschlecht" von Simone de Beauvoir erschienen war – erhob in den USA eine mächtige feministische Bewegung ihr Haupt und breitete sich rasch in der westlichen Welt aus. Die Frauen schlugen sozusagen zurück. Und schütteten im Überschwang vielfach das sprichwörtliche Kind mit dem Bad aus, indem die Mutterschaft als das eigentliche, die Frau fesselnde Übel gebrandmarkt wurde und nicht der gesellschaftliche Umgang damit. Jetzt stand die Perspektive der Frau im Zentrum der Betrachtung und weniger die Bedürfnislage des Kindes.

Die neuen Theoretikerinnen stellten die sakrosankte Konzeption der geltenden Weiblichkeit in Frage. Kate Millett gehört zu jenen, die die Freud'schen Theorien einer eingehenden Kritik unterzogen und zu ganz anderen Schlüssen gelangten.[15] Die Emanzipation hat Frauen seitdem in alle Berufssparten und Bildungsebenen aufrücken lassen, wenngleich auch dieser Marsch, sieht man sich zum Beispiel die noch immer bestehenden Einkommensunterschiede zwischen Frauen und Männern an, noch nicht zu Ende ist.

Ungeklärt pendelt die häufig mit starker Emotionalisierung beladene Frage „Wie viel Mutter braucht das Kind?“ weiterhin zwischen Mythos und unklarer Realität. Und sie ist aktueller denn je. Übrigens handelt es sich hierzulande auch 2010 eindeutig um eine Frauenfrage, denn der Anteil der Karenzväter ist nach wie vor im unteren einstelligen Prozentbereich angesiedelt.

„Wie viel Mutter braucht das Kind?“ ist also ein sozialpolitischer Klassiker, mit dem man Einschaltquoten sichern und über Polarisierungen politisches Kleingeld verdienen kann. Eine sichere Themenzuflucht für ratlose Chefredakteure, die noch rasch ein paar Seiten in einem Magazin zu füllen haben. Das jeweils „Beste für das Kind“, das von allen Seiten mit fast religiösem Sendungsbewusstsein und durch anderslautende Argumente unbeirrbar verteidigt wird, entpuppt sich bei näherer Untersuchung jedoch allzu oft von ökonomischen und dogmatischen Grundüberlegungen motiviert. Es geht in Wirklichkeit nicht so sehr um das Kind, sondern um Überlegungen und Ideologien, die das jeweilige Frauenbild der Gesellschaft betreffen! Die dahinter stehende Kernfrage ist immer wieder: „Wie sehr wollen wir als Gesellschaft die Frauen in den öffentlichen Raum und damit in die Selbstständigkeit hineinlassen oder wie sehr wollen wir sie lieber aus ökonomischen oder politisch-ideologischen Gründen in den Privatraum hineinschicken?“ So gestellt, ist diese Frage im 21. Jahrhundert in unserer sich als emanzipiert betrachtenden Gesellschaft natürlich illegitim und so verschieben wir sie besser auf das Terrain „gute Mutter versus Rabenmutter“.

Es mutet mittelalterlich an, dass in der Diskussionskultur zu diesem Thema nach wie vor keine Veränderung in Sicht ist. Das ist erschreckend und ernüchternd, wo doch heute ein eindeutiger Erkenntnisstand zu den Bedürfnissen von Säuglingen und Kleinkindern vorliegt. Erschreckend, weil wir lieber weiterhin die Ideologisierung rund um die Geschlechterrolle und Emanzipation der Frau als erprobten ablenkenden Nebenschauplatz in Diskussion halten, als Lösungen für die wirklichen Fragen zu erarbeiten; ernüchternd, weil in dieser Verweigerung, die wissenschaftliche Beweislage zur Kenntnis zu nehmen, weniger Dogmatismus als kurzfristige wirtschaftliche und persönliche Interessen stehen mögen. Nüchtern betrachtet: Unsere Kinder scheinen es uns nicht wert zu sein, dass wir uns ehrlich und wissenschaftlich fundiert *ihre Bedürfnisse* ansehen und danach handeln!

Harlow und die Drahtmutter

Aber wie viel Mutter braucht das Kind wirklich? – Lassen wir endlich das Kind ins Lampenlicht treten! Dazu müssen wir einen Sprung zurück in die 1950er- und 1960er-Jahre machen: zu Harry Harlow und seinen kleinen Affen. Harlow war der Sohn eines erfolglosen Erfinders und einer energischen Mutter, die er in seiner Autobiografie als „nicht warmherzig“ beschrieb. Er kämpfte zeit seines Lebens mit Depressionen, lispelte und interessierte sich für Zeichnen und Gedichte, obwohl er in einer sehr bodenständigen Umgebung in Fairfield, Iowa, aufwuchs. Er muss sehr gelitten haben und doch oder vielleicht gerade deswegen fand er das Substrat der Liebe zwischen Mutter und Kind. Wie stellte er das an?

Eigentlich war Harlows Vorhaben, einen Test für Affenintelligenz, sozusagen einen IQ-Test für Menschenaffen, zu entwickeln. Er experimentierte mit Rhesusaffen, jenen kleinen quietschlebendigen Äffchen, die 94 Prozent ihres genetischen Materials mit uns teilen. Man könnte auch sagen, dass wir zu 94 Prozent Rhesusaffen sind. Für seine Studien trennte er die Muttertiere von den Jungen. Irgendwann fiel ihm auf, dass die kleinen Äffchen eine starke Beziehung zu den auf dem Boden ihres Käfigs liegenden Frotteehandtüchern entwickelten. Sie kuschelten sich an sie, hielten sie mit ihren Fäustchen fest und bekamen ausgewachsene Wutanfälle, wenn man sie ihnen wegnahm, ähnlich wie ein Kleinkind, dem man seinen Teddy oder sein Schmusetier wegzunehmen versucht. Harlow fragte sich, warum die kleinen Primaten so extrem auf den Verlust eines Frotteehandtuchs reagierten. Die Frage war bahnbrechend und sollte eine Revolution auslösen. Bindung war bisher immer im Kontext von Nahrung und Belohnung gesehen worden: Ein Säugling liebt seine Mutter, da er ihre vollen Brüste sieht und durch diese Reduktion seines Hungers und Dursts erfährt. Alle menschliche Liebe wäre demnach ein Ergebnis von Triebreduktion, ob beim Hunger, beim Durst oder beim Sex. Von den 1930er- bis zu den 1950er-Jahren war diese Theorie der Triebreduktion als Basis der Liebe über jeden Zweifel erhaben. Und da kam nun Harlow mit seinen Rhesusäffchen, die eindeutig ihre Frotteehandtücher liebten.

Harlow ersann ein Experiment, das die Beobachtung jener Konstanten, die für das Entstehen der Liebe zwischen Kind und Mutter verantwortlich sind, in eine wissenschaftliche Form bringen sollte. Mit Maschendraht, Drahtschneider, Pappkegel, weichem Stoff und Stahlnägeln bewaffnet, entwarf er eine Drahtmutter mit einer einzigen unbeweglichen Brust auf der Bauchseite. Durch einen Stahlnippel floss bei Bedarf Affenmilch. Aus dem Pappkegel, den er mit dem weichen Stoff überzog, bastelte er eine weiche zweite Affenmutter, die jedoch keine Milch gab. Dann stopfte er seine Rhesusäffchen in die Käfige mit den beiden Ersatzmüttern, der kalten Stahldrahtmutter, die Milch gab, und der weichen Stoffmutter, deren Brust leer war. Nach dem Stand der wissenschaftlichen Lehrmeinung hätten die Äffchen eindeutig die Stahlmutter bevorzugen müssen. Man kann sich die Spannung in Harlows Labor vorstellen. Was dann geschah, revolutionierte nicht nur die wissenschaftliche Szene, sondern hatte auch tief greifende Auswirkungen auf den gesellschaftlichen Umgang mit Säuglingen und Kleinkindern. Die kleinen Äffchen übertrugen ihre Liebe samt und sonders auf die Stoffmütter. Wenn sie hungrig waren, flitzten sie kurz zu den Milchströmen der Drahtmutter, um sich dann wieder in die Geborgenheit ihrer weichen Stoffmutter zu flüchten. Sie kuschelten sich an sie, turnten auf ihr herum, bissen in sie hinein, benagten sie, schmiegten sich an sie, schliefen auf ihr. Harlow fertigte Zeit-Diagramme an und konnte belegen, dass Berührung die für die Entstehung der Liebe verantwortliche Variable war. Die Triebtheorie als Basis der Liebe war obsolet geworden! „Ganz gewiss", schrieb Harlow, „lebt der Mensch nicht von der Milch allein."

In den 1930er-, 1940er- und auch noch 1950er-Jahren wurden Kinder mit einer gewissen Kälte erzogen. Der amerikanische Psychologe B. F. Skinner, der Kinder im Rahmen von Verstärkungs- und Bestrafungsmustern betrachtete, empfahl, schreiende Säuglinge zu ignorieren, um ihr Verhalten nicht zu belohnen und damit zu verstärken. Schon gar nicht sollte man einen schreienden Säugling hochnehmen, wollte man nicht ein übellauniges, tyrannisches Kind erzeugen. Der berühmte Kinderarzt Dr. B. Spock verlangte als unabdingbar, Kinder nur nach Stundenplan zu stillen, und John B. Watson, einer der wesentlichen Mitbegründer des Behaviorismus, schrieb in seinem Buch der Kindererziehung, einem Klassiker für eine ganze Generation, die berüchtigten Sätze: „Verwöhnen Sie sie nicht. Geben Sie ihnen keinen Gutenachtkuss. Nicken Sie vielmehr wie bei einer kurzen Verbeugung mit dem Kopf und schütteln Sie ihnen die Hand, bevor Sie das Licht ausschalten."[16]

Harlow räumte mit dem ganzen Unfug, der den Umgang mit Kindern bestimmt hatte, gründlich auf und machte klar, dass man nie zögern sollte, sein Baby auf den Arm zu nehmen. Berührung als eine der wesentlichen Komponenten der Liebe hatte nichts mehr mit Verwöhnen, sondern mit Retten zu tun. Doch Harlow proklamierte auch die neue Beliebigkeit in der Kinderbetreuung. Da Nahrungsquelle zu sein nicht mehr die Basis der Liebe zwischen Kind und Mutter war, schien das Stillen der Kinder verzichtbar und die Frauen wurden zu Hause nicht mehr gebraucht. Berührung konnte nach Harlow jeder bieten, denn die Rhesusäffchen hatten sich nach kurzer Zeit in ihre Lumpenmutter verliebt, so wie die Äffchen der Vergleichsgruppe in ihre richtige Mutter. Harlows Botschaft an die amerikanische Frau war widersprüchlich: Gebt euren Kindern viel Berührung und lasst sie nicht weinen, aber geht hinaus, denn das Stillen eurer Kinder ist unwichtig, und halten und liebkosen kann euer Kind auch jede andere verfügbare Person.

Vielleicht war ja Harlow – 1905 geboren und mit seiner eigenen Geschichte zwischen Sehnsucht nach Liebe und der Schwierigkeit, sie zu leben – nicht in der Lage, die Ergebnisse seiner Forschungsarbeit anders zu interpretieren; vielleicht war die Welt noch nicht so weit, ganzheitliche Schlüsse ziehen zu können! Heute wissen wir, dass es *nicht* egal ist, von wem die Nähe kommt. Ein sicheres Bindungsvermögen entsteht über die Berührung und Nähe und einen damit verbundenen komplizierten Mechanismus der Interaktion mit einer *konstanten* Bezugsperson.

Harlow und die „böse Mutter"

Was dann folgte, hat Harlow seinen finsteren Ruf als grausamer Sadist eingebracht und ist in mehrfacher Hinsicht berührend. Harlow baute eine „böse" Mutter, eine Ersatzmutter mit Spitzen und Stacheln, die ihre Kinder stach oder mit Eiswasser bespritzte, wenn sie sich ihr näherten, oder ihnen mit solcher Wucht kalte Luft entgegenblies, dass sie gegen die Gitterstäbe geschleudert wurden und sich dort entsetzt festklammerten. Die Babys, egal welche Qualen sie erlitten, konnten von ihren Müttern nicht lassen, krochen immer wieder wimmernd zu ihnen zurück: die düstere Seite der Berührung, dass sie einen töten können, während sie einen umarmen, und wir dennoch zurückkriechen, wie wir es in der therapeutischen Arbeit mit misshandelten Kindern immer wieder erleben. Doch gleichzeitig offenbart sich auch, welch überwältigende Kraft diese Liebe in uns ist. Wir müssen Geschöpfe mit großem Vertrauen sein, denn die Liebe ist, wie wir noch sehen werden, für unser Überleben essenziell.

Der letzte Teil von Harlows Forschung wurde außerhalb der Fachwelt weniger beachtet, obwohl gerade in ihm die wesentlichsten Erkenntnisse zu finden sind. Die Zeit verging und Harlows Affenbabys wurden Halbwüchsige und Erwachsene. Irgendetwas musste furchtbar schiefgelaufen sein. Als er die Affen aus ihren Käfigen nahm und sie mit anderen zusammenbrachte, damit sie spielen und sich paaren konnten, verhielten sie sich asozial und gewalttätig. Die Weibchen griffen sogar die Männchen an und wussten nichts von der richtigen sexuellen Stellung. Manche zeigten Symptome von Autismus, zogen sich gänzlich in eine Käfigecke zurück und bissen sich Wunden. Auch ihre Anfälligkeit für Infektionen war signifikant höher als jene von Artgenossen, die bei ihren Müttern aufgewachsen waren. Jenen, die gewaltsam gedeckt werden konnten und Junge zur Welt brachten, fehlte gänzlich der Plan für ihre eigene Mutterschaft. Manche brachten ihre Jungen gleich um, andere vernachlässigten sie aufs Gröbste oder blieben gleichgültig, wenigen gelang es, sich angemessen zu verhalten. Damit wurde Harlow endgültig klar, dass es mehr als reine Berührung sein muss, was Liebe und Zuneigung und damit eine normale soziale Entwicklung ermöglicht. Er tippte auf Bewegung und ein kleines Quantum Spiel mit einem lebendigen Partner und kam, als sich seine Affenkinder damit merklich besser entwickelten, *der Bedeutung der kontinuierlichen Interaktion zwischen Kind und Betreuungspartner* auf die Spur.

Folgen wir der Harlow'schen Forschungslinie weiter, um unserer Kernfrage „Wie viel Mutter – oder besser: Betreuung – braucht das Kind?“ auf der Spur zu bleiben. Stuart Shanker und Stanley Greenspan präsentierten 2004 ein in der Fachwelt viel beachtetes Werk, in dem sie der Frage nachgehen, wie es zu komplexem, reflexivem Denken kommt, dessen Beherrschung bekanntlich einen enormen Vorteil in der täglichen Lebensbewältigung bedeutet. Sowohl aus dem Blickwinkel der Evolution und der Entwicklung unserer Spezies zum Kulturmenschen wie auch aus dem Blickwinkel der Entwicklung jedes einzelnen Kindes belegten sie ihre Untersuchungen mit umfangreichem Material.[17]

Stuart Shanker ist Philosoph und Sprachwissenschaftler an der York University in Toronto. Auch er arbeitete zum Teil mit Primaten, mit Schimpansen, um genau zu sein, die übrigens 98 Prozent ihrer Erbanlagen mit uns teilen. Anders als Harlow spielte Shanker mit Schimpansen Pacman, beobachtete die Entwicklung von Symbolbildung bei ihnen und ihr Vermögen zu abstraktem Denken, zog Schlüsse aus dem Verlauf der jeweiligen Familiengeschichten und der in jeder Affenfamilie geübten Fürsorgepraxis den Jungtieren gegenüber und beobachtete die erstaunlichen Parallelen in der Sprachentwicklung zu jener kleiner Kinder. Stanley Greenspan ist Professor für Psychiatrie und Kinderheilkunde an der George Washington University und weltweit bekannt für seine klinische Arbeit mit Säuglingen und Kindern. Seine Bücher, die in zahlreiche Sprachen übersetzt wurden, hatten großen Einfluss auf die Entwicklungspsychologie und die Kenntnis psychischer Störungen im Kindesalter. In den USA gründete er „Zero to Three", Zentren für Kinder von der Geburt bis zu drei Jahren mit Entwicklungsdefiziten und psychischen Störungen.

Die Antwort auf ihre Frage ist frappierend in ihrer Logik, schockierend von den Konsequenzen und faszinierend von den Möglichkeiten her betrachtet: Die Evolution menschlichen Denkens erfolgt in Zusammenhang mit frühkindlicher Kommunikation. Das fehlende Glied ist die qualitative Entwicklung von Fürsorgepraktiken in unserer frühen Kindheit. Erst durch die Nähe zwischen Mutter/Betreuungsperson und Kind, durch Zuwendung und emotionalen Austausch bilden sich die Voraussetzungen für reflexives Denken und Handeln sowie differenzierte Sprachfähigkeit aus. Das hat weitreichende Konsequenzen.

Wie es dazu kam oder Als die Affen von den Bäumen stiegen

Als die Australopithecinen von den Bäumen stiegen, die Wälder verließen und die Savannen zu bevölkern begannen, war dies ein echter Einschnitt in der Menschheitsgeschichte. Der aufrechte Gang, der den Homo erectus charakterisiert, entpuppte sich als echter Hit und durch den so gewonnenen Überblick im Jagdrevier als klassischer Wettbewerbsvorteil im täglichen Überlebenskampf, was unseren Aufstieg als Spezies in eine evolutionäre Star-Position ermöglichte.

Die wichtigste anatomische Veränderung war ein Sprung im EQ[18], dem Verhältnis von Hirngröße zu Körpergröße. Der Homo habilis, der „geschickte" Mensch, den der erste Werkzeuggebrauch auszeichnet, brachte es bei einer Körpergröße von rund eineinhalb Meter auf ein Hirnvolumen von 600 bis 850 Milliliter, was einen Quantensprung im Vergleich zum Australopithecus africanus mit 400 bis 500 Milliliter bedeutete. Der Homo erectus, der „Aufrechtgeher", war dem modernen Menschen im Körperbau schon sehr ähnlich; schlank, langgliedrig, mit einer Taille wie wir heute ausgestattet und einer Größe von eineinhalb bis zwei Meter stelle ich ihn mir aufrecht durch die Savanne wandernd vor, beschienen von einer tief stehenden Abendsonne, seine Augen mit einer Hand abschirmend und einen forschenden Blick auf den Horizont werfend. Was wird er wohl dabei gedacht haben? Mit seinem beachtlichen Hirnvolumen von 900 bis 1200 Milliliter – doppelt so groß wie ein Schimpansenhirn und nur etwas kleiner als unsere Hirne heute – war da schon einiges möglich.

Die Evolution hatte sich mit dieser rasanten Hirnvergrößerung und dem zweifüßigen aufrechten Gang, der die Stellung des Beckens und damit die Geburtswege anders konfigurierte, ein ziemliches Problem eingefangen. So ein großes Hirn konnte nicht geboren werden! Rhesusaffen haben bei ihrer Geburt drei Viertel ihres Hirngewichts bereits mit an Bord, Menschenbabys werden mit einem Hirn geboren, das gerade mal ein Viertel des erwachsenen Gehirngewichts auf die Waage bringt. Manche Forscher bezeichnen Menschenbabys treffend als physiologische Frühgeburten, um jene lange hilflose Zeitspanne, die sich an die intrauterine geschützte neunmonatige Schwangerschaft anschließt, hervorzuheben, in der das ganze System erst wachsen und auf Touren kommen muss. Die Evolution hat dieses Problem in genialer Weise gelöst, indem sie die *Fürsorglichkeit* erfunden hat.

Im ersten Lebensjahr kommt es zu einer explosionsartigen Vermehrung der Synapsen, der Verbindungen zwischen den Nervenzellen, und damit zu einer Unzahl von möglichen neuronalen Verschaltungsmustern. Aus diesem Überangebot bilden sich durch häufige Benutzung und damit Verstärkung Hauptpfade aus, die dafür verantwortlich sind, wie wir die Welt um uns herum erleben und wie wir darauf reagieren.

Ein der Komplexität des ganzen Verfahrens nicht gerecht werdendes Bild, das mir aber als Notbehelf nachgesehen werden soll, könnte ungefähr so aussehen: Stellen Sie sich eine unendlich große Sende- und Empfangsstation vor, einen Antennenwald, mit dem jede noch so feine Frequenz aufgefangen und auf der auch gesendet werden kann. Die Reaktionen auf ein vom Kind gesendetes Signal können nun angenehm und bestärkend ausfallen und das Kind motivieren, auf dieser Frequenz weiterzusenden, sie können aber auch schrill und misstönend ausfallen und das Kind davon abhalten, den Knopf nochmals auf diese Frequenz zu drehen. Ebenso kann das Senden auf einer Frequenz reaktionslos im Äther verhallen und das Kind mit dem Gefühl der Einsamkeit im Weltall zurücklassen. Bedingt durch das besondere Frequenzmuster der beim Kind eingehenden Signale und umgekehrt der Reaktionsmuster auf das kindliche Signalisieren bilden sich nach und nach in einem feinen Abstimmungsverfahren zwischen Kind und Bezugspersonen Frequenzmuster aus, auf denen hauptsächlich gesendet und empfangen wird, während die anderen Frequenzen zunehmend abgeschaltet werden. Am Ende sind wir dann – bereits als heranwachsendes Kind – davon überzeugt, dass man nur auf diesen Frequenzen senden und empfangen *kann*. Unser Bild von der Welt und wie sie funktioniert ist fertig!

Entscheidend, ja sogar lebenswichtig – erinnern Sie sich an den Stauferkaiser und seine linguistischen Ambitionen – für diesen Prozess sind Sensibilität und Umfang der frühkindlich erfahrenen Fürsorgepraxis, denn diese ist für die Art und den Umgang mit den vom Kind empfangenen und gesendeten Signalen verantwortlich. Hier geht es, das sei ausdrücklich erwähnt, um kulturelle und nicht genetisch definierte Sachverhalte. Die Art und Weise, wie Kinderbetreuung gesellschaftlich gelebt und von Generation zu Generation weitergegeben wird, ist entscheidend dafür, welche Menschen in dieser Gesellschaft entstehen und auf welcher Reflexionsstufe ihr Denken und Handeln funktioniert. Hier liegt eine große Verantwortung begründet.

Worum geht's da, bitte, im praktischen täglichen Leben?

Wovon hängt es nun genau ab, welche neuronalen Netzwerke tatsächlich ausgeformt werden und sich zu stabilen Fingerabdrücken unserer Wahrnehmung, unserer Empfindungen und Reaktionsmuster entwickeln? Was zeichnet dafür verantwortlich, wie rasch wir unter Stress geraten, wie gut wir die Signale anderer interpretieren und einordnen können, wie leicht es uns fällt, auf uns selbst zu vertrauen? Was genau war der entscheidende Prozess, der uns auf unserer funktional-emotionalen Entwicklung – auch als Gesamtgesellschaft über die Jahrhunderte betrachtet – empathischer, reflektierter und verantwortlicher gemacht hat?

Stuart Shanker und Stanley Greenspan bezeichnen den fundamentalen, uns nachhaltig beeinflussenden Prozess zwischen eng verbundener Betreuungsperson und Baby beziehungsweise Kleinkind, über den unser neurobiologisches Feintuning für jede Generation neu bestimmt und von einer Generation zur nächsten weitergegeben wird, als *reziproke, ko-regulierte, affektive Kommunikation.* Auch wenn jeder dieser Teilbegriffe wissenschaftlich punktgenau beschreibt, was zwischen Betreuungsperson und Kind geschieht, habe ich doch gerade diese monströse Wortschöpfung im Verdacht, die Ursache dafür zu sein, dass sich die darin verborgene fundamentale Erkenntnis bisher über die Fachwelt hinaus kaum verbreiten konnte. Gemeint ist damit etwas ganz Einfaches, Natürliches, etwas, das wir alle kennen und im Idealfall in unbehinderter Form täglich Hunderte Male mit unseren Kindern leben, ganz automatisch und ohne dass wir uns seiner Wichtigkeit bewusst sind, so wie hoffentlich unsere Eltern in unserer frühen Kindheit es mit uns getan haben. Gemeint ist das feine Spiel von Mimik und Gestik, von glucksenden Lauten, Angurren, Wiegen und Herzen, Kuckuck- und Gillegille-Spielen mit unseren Babys. Tausende kleine Momente, in denen ein Baby Selbstwirksamkeit erlebt – ein Lächeln bewirkt ein Lächeln oder aber Frustration, wenn die Signale von einer abwesenden, ablehnenden, gestressten, uninteressierten oder überforderten Bezugsperson mit dissonantem oder starrem Mienenspiel oder abwehrendem Kommunikationsrepertoire beantwortet werden. Aus unzähligen dieser Kommunikationsschleifen, die zu zunehmend komplexeren und längeren Signalketten werden, formt sich in einem beständigen Strom von Erfahrungen unser inneres Bild von der Welt und findet seine neurobiologische organische Struktur in den speziellen neuronalen Verschaltungsmustern unseres Hirns – so wie in meinem Beispiel der Sende- und Empfangsstation. Es ist einleuchtend, dass dieses innere Bild, unsere Einschätzung, ob die Welt ein Ort ist, der es gut mit uns meint oder nicht, und unsere affektive Selbstkontrolle ganz wesentlich vom Gelingen dieser frühen Kommunikationsbeziehungen abhängen.

Wenn zum Beispiel ein Kleinkind von 14 oder 15 Monaten das Ohr seines Vaters erforscht, gurgelnde Laute der Faszination von sich gibt, ein wenig daran zieht, es beknabbert und mit seinen Fingern die Konturen nachfährt, kann dieser, weil er gestresst ist, seine Ruhe möchte, mit anderem beschäftigt ist und gar nicht die forscherischen Bemühungen seines Kindes wahrnimmt, mit einem scharfen „Lass das" das Kind sicher davon abbringen und es auf sich selbst zurückwerfen. Oder aber er kann von der Neugierde seines Kindes bezaubert sein, sich vielleicht zum Kind näher hinbeugen, um ihm die Untersuchung zu erleichtern, dabei selbst ermutigende Laute von sich geben und auf das Ohr des Kindes hinweisen, um auf die Ähnlichkeit aufmerksam zu machen. Wenn das Kind dann vielleicht sein eigenes Ohr berührt und das des Vaters und dann die Ähnlichkeit erkennt, könnte ihm der Vater auch sein anders Ohr zeigen. Durch viele derartige Kommunikationsschleifen vermittelt, könnten Vater und Kind den ganzen Kosmos der Körperexploration in einem Klima von geborgener angenommener emotionaler Grundstimmung durchschreiten, ein freudvolles Miteinander in einem essenziellen Lernprozess. Es würde uns nicht wundern, wenn dieses Kind im Unterschied zum ersten, dessen Bezugsperson es abweist, leichter eine starke Neugierde der Welt gegenüber, gepaart mit systematischem Forscherdrang und der Fähigkeit, Muster zu erkennen, entwickeln würde.

Angemerkt sei hier, dass es nicht die Einzelsituation der Zurückweisung eines Kindes ist, die für eine weniger günstige Entwicklung von Neugierde und Lernbereitschaft sorgt, sondern das Grundklima, in dem „miteinander Leben" und Kommunizieren abläuft. Damit wird vielleicht auch deutlich, warum materielle Kompensation für mangelhafte qualitative Zuwendung nicht funktioniert. Es handelt sich schlichtweg um die falsche Antwort!

Ein kurzer Blick hinter die Kulissen der Sprachentwicklung

Bisher wurde angenommen, dass Sprachentwicklung als genetische Mutation entstand. So bequem diese Hypothese war, so wenig hielt sie einer Aufarbeitung der paläoanthropologischen Daten stand. Dann müssten nämlich Hinweise auf das Vorhandensein von Sprache plötzlich auftreten und nicht in einer Form, die einen langsamen, sich entwickelnden Prozess nahelegen.

Zweifelsohne erhärtet sich die wissenschaftliche Befundlage, dass die Fähigkeit zu Symbolbildung und damit Sprache für unsere Spezies auf der Basis eines kontinuierlichen Entwicklungsprozesses erfolgte, in dessen Zentrum die stufenweise Erklimmung immer höherer funktional-emotionaler Ebenen stand. Das ist äußerst spannend in seinen Auswirkungen, denn neben der biologischen Ausrüstung, sprich einem funktionierenden Hirn, über das wir ja schon ziemlich lang verfügen, scheinen auch im Bereich der Sprachbildung die über Millionen von Jahren von Generation zu Generation überlieferten kulturellen Fürsorgepraktiken entscheidender Motor für die Sprachentwicklung gewesen zu sein. Und jedes einzelne Kind vollzieht nun in einer Art Zeitraffer diese Sprachentwicklung neu. Damit sind auch jene seltenen Beobachtungen von Kindern zu erklären, die ihre ersten Lebensjahre in einer Art „Mogli-Dasein" nicht mit menschlichen Betreuungspersonen zubrachten. Diese Kinder, obwohl körperlich und geistig gesund, vermögen nie mehr die menschliche Sprache auf einer komplexeren Ebene zu erlernen.

Wesentlich ist, dass durch die zwischen Kind und Betreuungsperson ablaufenden unzähligen Kommunikationsschleifen, bei denen der Bezugsperson die Führung in immer komplexere Bereiche zukommt, die Sprachentwicklung in bedeutendem Ausmaß moderiert und gebahnt wird. Das ist auch insofern erhellend und regt zum Nachdenken darüber an, was die Sprachentwicklungsdefizite von Vorschulkindern betrifft. Denn nicht nur Kinder, deren Muttersprache eine andere als Deutsch ist, haben zu einem bedeutenden Prozentsatz mit Sprachentwicklungsproblemen zu kämpfen, die nicht nur die Begriffsfindung und die Ausbildung eines komplexen Wortschatzes betreffen, sondern zum Teil bis in die Wortbildung hineinreichen. Dringender Handlungsbedarf ist gegeben, und man sollte sich überlegen, ob der Problembereich nicht bereits in der frühkindlichen Symbolentwicklung liegen könnte und der Ansatzpunkt nicht sinnvoller in die Verbesserung frühkindlicher Betreuungspraxis und in gezielte Elternbildung zu verschieben wäre, als später in aufwendige Reparaturprogramme investieren zu müssen. Wenn Eltern der Stellenwert ihrer „Babyspiele“ und die fundamentale Bedeutung dieser frühen Kommunikationsschleifen verdeutlicht würde, wenn also der gesellschaftliche Stellenwert der frühen Kinderbetreuung entsprechende positive Gewichtung erführe, wäre Wesentliches gewonnen und nebenbei viel Geld gespart. Das renommierte Institute of Technology in Massachusetts organisierte bereits im Dezember 2004 eine hochrangig besetzte Konferenz, die sich mit der wissenschaftlichen Faktenlage zum Thema wirtschaftliche Investitionen in die frühe Kindheit beschäftigte. Die Botschaft war eindeutig und lässt sich in Zahlen beschreiben, insofern, als jeder in qualitative frühkindliche Betreuung investierte Dollar eine Rendite von bis zu 13 Dollar erbringt!

Kurzfassung der ganzen Geschichte, etwas drastisch formuliert: Wann immer wir, gesamtgesellschaftlich gesehen, unseren Kindern keine ausreichende Betreuung und intensive Kommunikation zukommen lassen konnten oder wollten, oder davon ausgegangen sind, dass sie das nicht brauchen, sind wir ausgestorben! Das sollte uns zum Innehalten und Nachdenken anregen!

Neurobiologie und Kinderbetreuung

Wechseln wir die Szene und das Fachgebiet und gehen wir von der experimentellen Psychologie, der Paläoanthropologie, der Sprachwissenschaft und Bindungsforschung zur Neurobiologie, die den Brückenschlag zu der harten, *fact based* Naturwissenschaft ermöglicht. Gehen wir an jene Stelle, wo Psychologie zu Physiologie wird, mess-, wäg- und beliebig oft wiederholbar. So sind wir es gewohnt, seit wir uns der Aufklärung verschrieben haben sowie dem Glauben, dass allein unser rationaler Verstand die sogenannte Wahrheit erkennen könne, und so brauchen wir es auch, damit wir von „Wissen" und „Wahrheit" sprechen können. Hier geht es nicht mehr um psychologische Interpretationen von Affenverhalten, sondern wir haben es jetzt mit Neurotransmittern, Genaktivitäten, neuronalen Verschaltungsmustern, Synapsenstärken, unterschiedlicher Aktivität von Hirnarealen und Hormonspiegeln zu tun, alles sehr medizinisch und durch den Einsatz von Labortechnik und moderner bildgebender Verfahren sichtbar zu machen.

Für welche Art von Leben sind wir eigentlich gemacht? Was sind die tiefen Triebfedern und versteckten Handlungsprinzipien unseres Tuns? Was die eigentlichen Zielsetzungen, denen wir zustreben? Bisher – zumindest seit Charles Darwin – waren wir uns sicher, dass die Konkurrenz das treibende Lebensprinzip des Lebens sei, das über Selektionsdruck letztendlich nur das Überleben „des Fittesten" zulässt. Die jüngste neurobiologische Forschung und die Entdeckung der Antriebsaggregate unseres Lebens legen andere Schlüsse nahe und schaffen damit eine direkte Verbindung zu unserem Ausgangsthema „Wie viel Mutter braucht das Kind?".

Die Befunde weisen allesamt in die Richtung, dass all unser Tun und Handeln letzten Endes auf Zuwendung und Zugehörigkeit ausgerichtet ist. Diese Motivationssysteme haben aus neurobiologischer Sicht ein klares „Ziel“, zu dem sie das Verhalten des Individuums lenken: gelungene soziale Gemeinschaften und soziale Interaktion zwischen Individuen zu schaffen. Auf der Ebene des Einzelindividuums heißt das, dass die Kernkraft aller Motivation für unser Sein und Handeln im Wunsch nach Anerkennung, zwischenmenschlicher Wertschätzung, Zuwendung, Zuneigung oder Zärtlichkeit liegt. Thomas R. Insel, Direktor des National Institute of Mental Health, hat gemeinsam mit dem Hirnforscher Russell Fernald von der Stanford University den Begriff des „social brain“ geprägt, um diesem Umstand gerecht zu werden. Nichts ist für uns Menschen so interessant wie die Aussicht auf Anerkennung oder Wertschätzung durch andere. Insel, der selbst jahrelang als Motivationsforscher tätig war, hat dazu kurz nach der Jahrtausendwende einen Fachartikel veröffentlicht, in dem er den Stand der wissenschaftlichen Forschung zusammenfasste; er trägt den ironisch anmutenden Titel „Ist soziale Bindung eine Suchtkrankheit?“.[19] Alles deutet darauf hin, dass es genau so ist!

Wie sehen nun diese Motivationssysteme in uns aus und wieso haben sie etwas mit der Art und Weise frühkindlicher Betreuung zu tun?

Ein ganz klein wenig Neurotransmitterkunde

Die biologische Struktur unseres Lebenswillens befindet sich im Mittelhirn, hat ihren Sitz also wirklich sehr zentral. Über verschiedene Nervenbahnen ist sie mit anderen Hirnregionen verbunden, von denen sie Informationen bezieht oder auch Impulse weiterleitet. Allen voran sind hier die Verschaltungen mit den Emotionszentren zu nennen, die dem Motivationssystem melden, ob in der Umwelt Ziele vorhanden sind, für die es sich lohnt, aktiv zu werden, ganz allgemein gesprochen: ob Aussichten auf soziale Beziehungen, Kontakt, Anerkennung und Zugehörigkeit bestehen.

Was passiert nun, wenn über die Rückmeldung, dass lohnende Ziele, in der simpelsten Form die Aussicht auf menschliche *Zuwendung*, vorhanden sind, dieses Motivationssystem aktiv wird? Kein Motor ohne Treibstoff und so verfügt auch unser Lebensmotor über einen ganz spezifischen Kraftstoffcocktail. Die Nervenzellen des Basisteils des Motivationssystems, man spricht auch von der Motivationsachse, geben an die Nervenfasern des Kopfteils der Achse den Botenstoff Dopamin ab. Dieser versetzt den Organismus physisch wie psychisch in einen Zustand von Handlungsbereitschaft und Konzentration und erzeugt Wohlbefinden, in Summe positive Stimmung und Antrieb, sich einem Ziel – jemandem oder etwas, das Anerkennung, Nähe, Angenommensein in Aussicht stellt – zuzuwenden. Der Stoff macht Mut! Parallel zur Ausschüttung von Dopamin kommt es zur Freisetzung von körpereigenen Opioiden, die vor allem auf die Emotionszentren des Gehirns[20] einwirken und positiven Einfluss auf die emotionale Gestimmtheit, die Lebensfreude und das Ich-Gefühl haben; nebenher wird auch das Schmerzempfinden reduziert und das Immunsystem gestärkt. Der dritte Botenstoff, den unser Hirn freisetzt, ist das „Bindungshormon" Oxytocin. Dieses ist aus der Geburtshilfe bekannt; das während der Geburt im Hypothalamus gebildete Oxytocin bewirkt, dass es zum Milcheinschuss kommt und die Gebärmutterrückbildung nach der Geburt erfolgt. Die neurobiologischen und psychischen Effekte dieses Hormons sind allerdings noch weitaus faszinierender. Oxytocin wird einerseits ausgeschüttet, wenn es zu einer Begegnung kommt, die Vertrauen stiftet oder eine feste Bindung einleitet, andererseits werden Bindungen, die zu seiner Ausschüttung geführt haben, stabilisiert, indem es die Bereitschaft, Vertrauen zu schenken, erhöht. Oxytocin ist sozusagen jener Botenstoff, der für die Ausbildung von festen Bindungen, für ein differenziertes „soziales Gedächtnis" – wer als Freund und wer als Feind anzusehen ist – zuständig ist. Bemerkenswert in diesem Zusammenhang ist, dass nicht nur bei Müttern der Oxytocinspiegel um die Geburt ihres Kindes stark ansteigt und damit Bindungsbereitschaft, neben all den anderen Effekten, gefördert wird, sondern dass es auch bei Vätern zu einer messbaren Anhebung des Oxytocinniveaus kommt. Auch Väter sind mit ihrem Kind „schwanger" und auf Bindung ausgerichtet!

All diese Neurotransmitter zusammen bewirken, dass wir mit Antrieb, Lust und Vertrauen im Leben stehen. Isolation und Verbannung gehören umgekehrt zu den härtesten Strafen, die eine Gemeinschaft verhängen kann, und führen auf Dauer zum Zusammenbrechen jeglicher Motivation und jeden Antriebs, zu hoher Infektionsanfälligkeit und Krankheitsgefährdung und letztendlich zum „shut down" des Systems, zum Tod des Individuums.

Ganz besonders beflügelt sind unsere Motivationssysteme, wenn Liebe im Spiel ist, und das gilt sowohl für die Liebe zwischen Erwachsenen wie für die elterliche oder kindliche Liebe. Hier wirkt frühkindliche Fürsorgeerfahrung als positive Programmierung des Neurotransmittersystems. Auf diese Weise entstehen aktive, glückliche Menschen!

Unsere Beziehungserfahrungen formen unser Hirn

Damit wird deutlich, welch überragende Bedeutung der frühkindlichen Betreuung unserer Kinder zukommt, wenn sie in ein Kontinuum von vertrauensvollen, ständig zur Verfügung stehenden Beziehungserfahrungen eingebettet sind und es dadurch immer wieder zu den beschriebenen Ausschüttungsmustern der genannten Botenstoffe kommt, die ein positives Lebensgrundgefühl bewirken. Hier haben wir sozusagen das neurobiologische Korrelat, den elektronenmikroskopischen Blick auf die von Greenspan und Shanker beschriebenen Interaktionsmuster zwischen Kind und Betreuungsperson.

Umgekehrt hat es fatale und oft langfristige Konsequenzen, wenn diese stabilen Bindungs- und Fürsorgeerfahrungen in der frühen Kindheit nicht in ausreichendem Ausmaß zur Verfügung stehen. Um es mit einem Satz aus der amerikanischen Hirnforschung zu sagen: „Use it or lose it!“ – „Benutz es, oder du wirst es verlieren!“ Auf die Ebene der Motivationssysteme und Bindungsfähigkeit übertragen, heißt das, dass die Unmöglichkeit, stabile Beziehungserfahrungen in der Kindheit oder Jugend zu machen, auf die spätere Beziehungsfähigkeit massiv beeinträchtigende Auswirkungen entfaltet.

Der kanadische Hirnforscher Michael Meaney, der unter anderem mit Rattenbabys experimentiert, hat nachgewiesen, dass Neugeborene auf den Entzug von Zuwendung nicht nur akut mit vermehrtem Stress reagieren, sondern sich auch eine Art biologischer Fingerabdruck etabliert, der für die spätere Stressbereitschaft verantwortlich zeichnet. Aus von ihren Müttern vernachlässigten Rattenbabys mit entsprechenden Stress- und Angsterfahrungen werden im späteren Leben verunsicherte, rasch zu Stressreaktionen, Angst oder Aggression neigende Jungtiere. Eine ebenso einleuchtende wie beängstigende Perspektive!

Bleiben die positiven Fürsorge- und Bindungserfahrungen im grundsätzlichen Lebensgefühl aus, bleiben auch die mit der Ausschüttung der beschriebenen Botenstoffe verknüpfte Beruhigung der Emotionszentren und die Dämpfung des Angstzentrums, der Mandelkerne, aus und es kommt – im Gegenzug zum Sinkflug des Motivationssystems – zu einem starken Hochfahren der Cortison-Stressachse: eine neurobiologische Alarmsituation, in der die Stresssysteme des Körpers, samt erhöhtem Adrenalinspiegel und Kampfbereitschaft, in Position gebracht werden, und das auf allen Körperebenen. Das ist im Einzelfall, in der klassischen Gefährdungssituation, für die sie ja geschaffen ist, sinnvoll und notwendig, als Dauerbetriebszustand ist dieser Zustand fatal und weitgehend unserer bewussten Kontrolle entzogen. Sie kennen sicher auch jemanden, der ständig wie geladen herumstiefelt, ohne dass die Ursache dafür einsichtig wäre oder die Person selbst noch ihre eigene Grundstimmung wahrnehmen könnte.

Ist Beziehungsfähigkeit eine Frage der Gene?

Kritiker könnten jetzt einwenden, dass die ganze Beziehungsgeschichte, sosehr die neurobiologischen Mechanismen und Abläufe auch dokumentiert und wissenschaftlich verbürgt sind, vielleicht doch außerhalb unseres Zutuns liege, genetisch determiniert sei. Da könnte man sich dann noch so anstrengen und finanzielle Mittel in den Ausbau von idealer Kinderbetreuung investieren und das Ergebnis wäre dasselbe, da von der genetischen Konstellation bestimmt.

Nun, ein kleiner Prozentsatz von Babys wird von der genetischen Ausstattung her als hyper- oder hyporeaktiv geboren. Diese Kinder sind schwierige Reaktionspartner für den feinen Interaktionstanz zwischen ihnen und ihren Betreuungspersonen, weil sie entweder rasch überstimuliert oder über weite Strecken unerreichbar reagieren. Doch sogar für die äußerste Variante der Bandbreite, für Kinder, die an einem Autismus-assoziierten Syndrom leiden und damit wirklich grundlegende Schwierigkeiten haben, auf ihre Umwelt einzugehen, konnte in Untersuchungen gezeigt werden, dass intensive Zuwendung, verbunden mit einer Feinabstimmung auf ihre Reaktionsfähigkeit, eine deutliche Verbesserung ihrer Kommunikations- und Beziehungsfähigkeit mit sich brachte.

Auch Dario Maestripieri von der Universität Chicago hat zur Bedeutung des genetischen Aspekts von Fürsorgeverhalten interessante Forschungsergebnisse zu bieten. Maestripieri beobachtete in seinem Primatenzentrum Affenmütter. Die allermeisten behandelten ihren Nachwuchs liebevoll und fürsorglich, manche jedoch gingen mit ihren Jungen grob, ja sogar gewalttätig bis willkürlich um. Dieses Verhalten stellte sich über mehrere Schwangerschaften hinweg als durchgehend stabil heraus. Nun teilte er die Gruppe der fürsorglichen Mütter und führte der einen Hälfte die Babys der gewalttätigen Mütter zu. Er ließ sie von den „guten Müttern" adoptieren und bei ihnen aufwachsen. Als diese Jungtiere ihrerseits die Geschlechtsreife erlangten und selbst Mütter wurden, stellte sich heraus, dass die Kinder der „bösen Mütter", die bei einer liebevollen Mutter aufgewachsen waren, den eigenen Kindern gegenüber durchgehend zu liebevollen Müttern geworden waren, ganz im Unterschied zu jenen Affenbabys der Kontrollgruppe, die bei ihren leiblichen gewalttätigen Müttern verblieben waren und nun selbst ihrerseits in hohem Ausmaß gewalttätige Mütter wurden. Dieselbe Entwicklung war jenen Affenkindern bestimmt, die die Gene einer liebevollen Mutter in sich trugen und als Babys zu gewalttätigen Müttern gegeben wurden.

Die genetische Ausstattung garantiert also lediglich, dass die neurobiologische Werkzeugbox an Bord ist, für die Ausgestaltung und Entwicklung unseres spezifischen Fingerabdrucks unserer Beziehungs- und Liebesfähigkeit sind allerdings die frühkindlichen Erfahrungen ausschlaggebend.

Und was sagen wir unseren drei Müttern?

Die frühkindliche Betreuungspraxis kann in historischen Zeiten als Spielwiese zahlreicher Moden gesehen werden. Unsere neurobiologische Ausstattung hingegen ist stabil: Wir sind auf Kooperation und soziale Gemeinschaft angelegt. Unser Lebensmotor wird daher immer dort auf Touren gebracht, wo soziale Anerkennung und Zugehörigkeit winken, wo Liebe im Spiel ist, schlägt unser Motivationssystem gar Purzelbäume. Überall dort aber, wo diese biologischen Bedürfnisse nicht erfüllt werden, kommt es zu einer Aktivierung der Stressachse, im chronischen Fall zur Förderung einer grundsätzlichen verminderten Belastbarkeit und raschen Aktivierung der Stresssysteme schon bei geringen Auslöserreizen.

In unserer Entwicklung als Spezies kommt der „Erfindung" von liebevoller frühkindlicher Betreuung bahnbrechende Bedeutung im Hinblick auf die Ausbildung eines differenzierten, reflexiven Denkens und unserer Sprachfähigkeit zu. Jeder Säugling durchläuft diesen Prozess in seiner frühkindlichen Entwicklung – ähnlich wie er es während der Schwangerschaft im Bereich des Organbauplans tut – im Zeitraffer. Bildlich gesprochen, werden die sozio-emotionalen Vorerkenntnisse unserer Ahnen, vermittelt durch die liebevolle Obhut und Kommunikation mit unseren Betreuungspersonen, auf unsere Festplatte gespielt, wobei es sich hier um unser basisches Betriebssystem handelt. Mit diesem Prozess wird auch über unsere Arbeitsfähigkeit und Kompatibilität mit „Programmen" entschieden, die uns in unserer weiteren Zukunft begegnen werden.

Man könnte auch sagen, erst als wir begonnen haben, uns liebevoll um unsere Säuglinge zu kümmern, war der Weg zum Kulturmenschen frei. Die Praxis der Kinderbetreuung wird von Generation zu Generation weitergegeben und hat keine genetische Verankerung in uns. Wir verfügen lediglich über eine neurobiologische Ausstattung, ein *toolkit*, das entsprechend unseren eigenen Erfahrungen zum Einsatz kommt. Hierin liegt die immense Verantwortung begründet und die große Freiheit, über die wir verfügen. Wir können als Gesellschaft die Betreuung unserer Säuglinge und Kleinkinder zum Gegenstand höchster Priorität und Qualitätsbemühungen machen – doch was passiert, wenn wir uns gegenteilig entscheiden und unsere Kinder abschieben?

Kinder brauchen kontinuierlich zur Verfügung stehende, liebevolle, sich auf sie einlassende Betreuung, daran ist nicht zu rütteln. Ein Plädoyer für die Frau am Herd? Sicher nicht, aber was sagen wir den Müttern aus den eingangs zitierten Anfragen? Hat Daniel, der acht Monate alte Sohn der alleinerziehenden Mutter, auf jeden Fall schlechte Startkarten für sein Leben? Wird Katharina, die mit ihren fünfeinhalb Jahren noch immer nicht im Kindergarten ist, das Schicksal einer sozialen Außenseiterin erleiden, wie es die besorgte Umgebung ihrer Eltern vermutet? Und wie sieht die richtige Entscheidung für unsere Unternehmensberaterin und ihre Familie aus?

Eine Patentlösung für alle diese Fragen gibt es sicher nicht. Vielmehr ist für jede mit viel Sensibilität eine individuelle Antwort zu entwickeln. Eine wesentliche Grundvoraussetzung dafür ist die Schaffung entsprechender Rahmenbedingungen und die Entwicklung eines entsprechenden gesellschaftlichen Grundbewusstseins. Die wissenschaftliche Befundlage macht die gesamtgesellschaftliche Verantwortung deutlich, wobei dem Qualitätsbekenntnis vorrangigste Position zukommt. Es ist eine Todsünde unserer Gesellschaft an unseren Kindern, dass die Frage der Kinderbetreuung zum ideologischen Kampffeld verkommt und kleinliche Feilscherei um Karenzmonate die Diskussion prägt! Außerfamiliäre Kinderbetreuung, vor allem von Säuglingen und Krippenkindern, darf kein dem Zufall überlassenes Flickwerk sein, durch das sich junge Eltern mit schlechtem Gewissen und organisatorischen Spießrutenläufen durchmanövrieren müssen. Gleichzeitig muss der gesellschaftliche und auch ökonomisch bezifferbare Wert frühkindlicher Betreuung ein so klares Wissen in unserer Gesellschaft werden, dass es die berühmten „Spatzen vom Dach pfeifen". Von Berufs wegen Mutter, Familienmanagerin zu sein, muss auch mit Stolz erfüllen dürfen und nicht reflexartig die Frage aufwerfen: „Was machst denn sonst noch, beruflich, mein' ich!", wie mir viele zu Recht frustrierte Mütter berichten.

Erst wenn wir als Gesellschaft bereit sind, die entsprechenden Mittel für die Sicherstellung hochqualitativer Kinderbetreuung und die Ermöglichung des Mutterberufs für jene Frauen, die ihre Berufung darin leben möchten, zu investieren, verdient unsere viel beschworene kinderfreundliche Gesellschaft dieses Prädikat. Alle unsere Kräfte – als Experten, Wissenschaftler, Politiker und vor allem als Eltern – müssen vereint in diese Richtung weisen, denn wir bestimmen die Startbedingungen der zukünftigen Gesellschaft.

Achtung, Bildschirm!

Am zuverlässigsten unterscheiden sich die einzelnen Fernsehprogramme noch immer durch den Wetterbericht.
Woody Allen

Ein ganz „normales" Kind?

Domenique hat vor drei Monaten seinen zehnten Geburtstag gefeiert. Er trägt seine weiten Jeans tief auf der Hüfte sitzend, sodass der Hosenboden gerade einmal eine Handspanne über den Kniekehlen hängt, und dazu ein weites graugrünes Sweatshirt, das gut und gern zwei Nummern zu groß ist und auf dem der Name einer bekannten Marke prangt. Cool möchte Domenique wirken, wie sich später im Gespräch herausstellt, und ein wenig als „gangsterhaft" durchgehen, denn „Gangster ist cool", wie er mir versichert, und ganz nebenbei soll sein leichtes Übergewicht auf diese Weise auch gleich vor den anderen verborgen werden.

Sein dunkelblondes Haar ist an den Seiten sehr kurz geschnitten, das restliche mit Gel zu einem dunklen Stachelkamm aufgestellt. Kein Zweifel, Outlook ist Domenique wichtig!

Sein Blick weicht mir nach der Begrüßung sofort wieder aus und scheint festgewachsen auf der Spitze seines rechten, dunkel gemusterten Skaterschuhs, der, da schnürsenkellos, dank eines verborgenen Mechanismus an seinem Fuß zu bleiben scheint. Beharrlich zeichnet er Achten auf den Teppich meines Sprechzimmers. Der ganze junge Mann arbeitet an einem lässigen, imponierenden Auftreten. Doch seine Hände verraten ihn. Die Finger finden sich in unruhigen Verknotungen, die Nägel sind stark abgekaut und manche der Nagelbetten geschwollen und rötlich entzündet. Auch seine Atmung ist unregelmäßig und verrät seine Aufregung. Der „Gangster" ist trotz Maskerade im Moment nicht greifbar. Er erinnert mich viel mehr an ein ängstlich gespanntes Igeljunges, bereit, sich bei der kleinsten Erschütterung in einen uneinnehmbaren Stachelball einzurollen. Ich muss vorsichtig und sehr achtsam mit ihm sein, denn aus seiner Perspektive ist unser Treffen wahrscheinlich wirklich gefährlich für ihn.

Domenique hat einiges am Kerbholz und sich ins Out gebracht und ich soll jetzt feststellen, ob er „normal" ist. Er hat eine imaginäre Grenze überschritten, jene, die Wegschauen nicht mehr zulässt. Domenique hat Pornos gedreht – am Nachmittag, im Hort, auf dem Klo, mit seinem Handy und der mehr oder weniger freiwilligen Mithilfe einer Mitschülerin und eines Mitschülers. Wie genau die Urheberrechte in dieser Produktion verlaufen, lässt sich jetzt im Nachhinein, nachdem das Ganze zutage gekommen ist und naturgemäß alle Domenique den Rücken zuwenden, nicht mehr sagen. Domenique hat einen folgenschweren Fehler begangen. Er hat sein Elaborat feinen Cineastentums, weil er ja so gern cool wäre, ins Internet gestellt und ist „aufgeflogen".

Domenique ist ein modernes Kind. Er weiß, welche Süßriegel Energie geben, bei Arbeit, Sport und Spiel, welche Bonbonsorte er wählen muss, damit Naschen gesund ist, und natürlich auch, mit welcher Ölsorte daheim gekocht werden soll, weil er als Kind das Beste braucht. Klar ist ihm natürlich auch, welches Waschmittel grau raus- und weiß reinzwingt, und er weiß auch schon, welche Rumsorte er einmal wählen wird, um zur Clique der jungen Erfolgreichen zu gehören, die damit ins Südseeflair eintauchen. Die verschiedenen Pokemons kann er runterbeten wie Ministranten einstmals Bibelverse, und Ronald McDonald ist ein alter Bekannter von ihm. Selbstverständlich kennt er die neuesten Modelle aller Handymarken samt ihren technischen Details und beeindruckenden Raffinessen, und jede Spielkonsole ist bei ihm in kundigen Händen. Natürlich ist ihm andererseits nicht klar, dass Österreich neun Bundesländer hat oder wer gerade Bundespräsident ist. New York lässt als Begriff seinen Blick aufblitzen und wird Amerika zugeordnet, auch wenn sich ihm bisher nicht eindeutig erschlossen hat, ob es eher im Westen, Osten, Süden oder Norden dieses Landes liegt, aber das wissen bekanntlich bisweilen auch viel Ältere nicht. Dass es mit seiner Lesefähigkeit noch immer hapert und er auch mit dem Schreiben eher auf Kriegsfuß steht, erweist sich als gröbere Fußangel und macht einen Übertritt in die Hauptschule sicher, und jetzt nach dieser Sache vielleicht sogar in den von Eltern gefürchteten zweiten Klassenzug.

Er ist ein aufgewecktes Kind, und einmal zutraulich und in Fahrt geredet, bringt er es auf erstaunliche Nacherzählungsfähigkeiten, solange es um die Wiedergabe der derzeit gängigen Soaps geht. Fragen wie „Was unternehmen du und deine Familie an Sonntagen?“ lösen jedoch Schweigen aus, um sich dann auf ein gestammeltes „fernsehen oder Video spielen“ zu besinnen. Da ist er allerdings wieder topfit, im Fach Video Games: „Mortal Combat“ ist ein alter Hut, den er schon seinem jüngeren Bruder gezeigt hat, „Doom“ nach seiner Einschätzung cooler und „Wolfenstein 3D“ oder „Dark Forces“ kennt er natürlich auch. Seine Eltern kennen sich da nicht aus, bemerkt er mit gewisser Genugtuung seinen Bildungsvorsprung, meinten allerdings immer wieder, er solle mehr lernen und nicht so viel spielen. Aber Domenique hat seinen eigenen PC in seinem Zimmer und auch sein eigenes TV-Gerät, weil es früher immer so viel Streit um die Programmwahl mit seinen beiden jüngeren Brüdern gegeben hat.

Nachdem wir „buddys“ geworden sind, vertraut mir Dominique an, dass er es total ungerecht findet, dass jetzt alle so gemein zu ihm sind. Er beteuert, schon viel ärgere Sachen von Schulkollegen auf sein Handy bekommen zu haben, richtige Pornos mit Großaufnahmen und allem Drum und Dran, er wiegt abschätzend den Kopf, und auch Videoclips mit echt argen Szenen, wo Leute mit einer Motorsäge zerstückelt werden. Und sei-

nen Schulkollegen wäre, im Unterschied zu ihm, gar nichts passiert. Außerdem kenne er total „schlimme Seiten" im Internet, wo auch niemand davon rede und an die man total „easy" komme.

Ein Unrechtsbewusstsein als empfundenes Gefühl fehlt hier eigentlich; ein verwirrtes Kind, das uns einen gesellschaftlichen Zerrspiegel vor Augen hält, ist an seine Stelle getreten. Das anschließende Gespräch mit Domeniques Mutter macht vieles noch deutlicher.

Sie ist eine hart arbeitende Frau Anfang dreißig, Mutter von drei Söhnen, dem zehnjährigen Domenique und seinen beiden acht und sechs Jahre alten Brüdern, und sie kämpft gemeinsam mit ihrem Mann hart für die Realisierung ihres Lebenstraums, einem schmucken Haus in der Heimatgemeinde ihres Mannes. Befragt nach ihrem Familienleben, schildert sie ein angespanntes, um die Kreditratenzahlung und den Lebensstandard kreisendes System. Ihr Mann sei Elektriker und mache oft Überstunden, damit mit dem Kredit etwas weitergehe und die Familie einen vergleichbaren Konsumstandard wie die anderen in der Siedlung habe. Um ihren Verwaltungsjob im Büro des lokalen Baumeisters beneiden sie alle ihre Freundinnen, da sie, ohne zu pendeln, ihren Arbeitsplatz praktisch vor der Haustür hätte.

Im Hinblick auf die aktuelle Situation ihres Sohns sind ihre Gefühle sehr gespalten. Natürlich sei es ein Wahnsinn, was die Kinder, und sie benutze hier bewusst die Mehrzahl, weil ihr schon viele Vorkommnisse mit Handyvideos zu Ohren gekommen seien, heute so treiben. Sie sei auch böse auf ihren Sohn, dass er sich selbst und seine ganze Familie so bloßstelle. Sie habe jetzt jedes Mal Magenschmerzen, wenn sie durch ihre Gemeinde, wo doch jeder jeden kenne, ginge, und Domenique habe nun endgültig seine Zukunft in der Schule ruiniert, da ihn nun sowohl der Direktor wie auch seine Klassenlehrerin zum Verbrecher gestem-

pelt hätten und er damit nur mehr in den B-Zug kommen könnte. In eine andere Schule zu wechseln, ginge nicht, da es keine Alternative in ihrer Gemeinde gäbe.

Aber gleichzeitig habe sie das unbestimmte Gefühl, dass ihr Sohn nun zu einer Art von Sündenbock gemacht würde für etwas, was eigentlich bei vielen laufe. Auf seinem Video sei eigentlich nicht so viel passiert, das Ganze war doch weit weg von richtigem Porno, eher Kinder, da ist ja auch noch keiner in der Pubertät, die Porno spielen, nur der Dialog wäre wirklich ziemlich ordinär, und sie hätte keine Ahnung, wo er das herhätte. Natürlich wäre es völlig inakzeptabel, aber könne man sich denn eigentlich darüber wundern, wo doch ständig Sex und Verbrechen in den Medien wären?

Domenique sei, wie gesagt, ein modernes Kind, ein Fernsehkind, vertraut mit allen modernen Medien und Spielkonsolen. Natürlich würde es und hätte es auch schon früher viel Fernsehen bei ihnen daheim gegeben. Aber was ist viel? Wenn sie es mit den Familien ihrer Freundinnen vergleiche, so wäre es dort auch nicht anders. Der Fernseher liefe halt die meiste Zeit. Als die Kinder noch sehr klein waren und sie von einer Karenzzeit in die nächste ging, schon allein deswegen, damit ihr nicht die Decke auf den Kopf gefallen wäre. Und dann, man wisse halt die Kinder sicher verwahrt, wenn sie vorm Fernseher säßen, und könnte rasch mal selbst was tun. Und später habe die Kinder dann in der Freizeit einfach auch in erster Linie Fernsehen oder Computerspielen interessiert. Sie lebten zwar auf dem Land, wie man so sagt, aber als Naturfreaks könnte man ihre Familie nicht unbedingt bezeichnen.

Auch lese sie zwar vieles zu Fernsehen und Computer in den gängigen Zeitschriften, aber doch eben Widersprüchliches. Wie solle man sich da als Mutter oder Vater wirklich entscheiden? Das könne doch nicht so großen Einfluss haben, sonst müsste es doch verboten sein! Und außerdem, dass man ohne Computerkenntnisse heute zum Analphabetentum verurteilt sei, pfeifen doch die Spatzen vom Dach. Kann es dann ein Fehler sein, seinen Kindern einen PC möglichst bald, wenn sie sich dafür interessieren, zu kaufen? Um ihnen einen guten Start für ihr Leben zu ermöglichen, müssten sie doch frühzeitig die Handhabung lernen. Es müsse also doch an ihrem Kind liegen, vielleicht sei ja doch bei ihm etwas in seiner Entwicklung schiefgelaufen, vielleicht ist es ja doch Domenique, der nicht „normal" ist, wenn er solche Sachen macht.

- Möglichkeit 1
  Domenique ist nicht „normal", das Problem liegt beim Kind, bei dem etwas „schiefläuft".
- Möglichkeit 2
  Das Ganze ist nur aufgebauscht, „moderne Kinder" des 21. Jahrhunderts haben eben eine zeitgemäße Form des alten entwicklungsbedingten Klassikers „Doktor spielen" gefunden, indem sie mit ihren Handys Pornos drehen und diese ins Internet stellen.
- Möglichkeit 3
  Unser gesellschaftlicher Umgang mit Medienprodukten und deren mangelnde Regulation tragen eine Mitverantwortung an der Entwicklung unserer Kinder.

Die Medienindustrie und ihre Lobby hat sehr viel investiert, sich in unseren Köpfen fest zu verankern. Im Zweifelsfall hinterfragen wir lieber unsere Kinder, ob sie „normal" sind, als dass wir das beständige Feuerwerk an fragwürdigem Input und den grundsätzlichen Umgang mit modernen Medien auf einen ehrlichen Prüfstand stellen. Die Bildschirmmedien haben den Status eines Naturgesetzes erreicht und vermögen sogar unseren Normalitätsbegriff zu formen. „Normal" ist der, der den ganzen Mist aushält und keine äußere, störende Reaktion darauf zeigt!

Als Fernsehen noch Unterhaltung war

In meiner Zeit als Kind war Fernsehen eine Rarität und wir gingen entsprechend damit um – sorgsam! Im Kinderrudel, das sich draußen zum Spielen traf, diskutierten wir heftig das Verhalten der Serienhelden oder spannen den Handlungsfaden nach unserem Gutdünken weiter. Kinderfernsehen gab es mittwochnachmittags und samstags jeweils für eine streng umrissene Zeitspanne. Meiner Mutter kam die Aufgabe zu, damit wir auch ja nicht eine Sekunde der Titelmusik verpassten, uns rechtzeitig ans Gerät zu rufen, meist mit reichem Gefolge von anderen Spielkameraden, da meine Eltern zu der seltenen und von Nachbarn beneideten Spezies der Fernsehapparatbesitzer gehörten. Meine Mutter strich Butterbrote und tischte im Winter Kakao, im Sommer Himbeersaft auf, und Fury konnte auf dem Bildschirm einem neuen Abenteuer entgegengaloppieren.

Wenn man krank war oder in den Ferien durfte man im Schichtarbeiterprogramm am Vormittag den Schulfernsehteil ansehen, zum Beispiel den Russisch-Sprachkurs. Ich habe zwar damit keine entsprechenden Sprachkenntnisse erworben, aber die strenge, schmallippige Russischlehrerin mit ihrer steifen hochtoupierten Frisur hat lange Jahre hindurch gemeinsam mit den Erzählungen eines Onkels von seinen Kriegserfahrungen in Russland mein Bild der Sowjetunion geprägt. Ein Problem kannte meine Mutter nicht. Sie musste sich nie den Kopf darüber zerbrechen, dass ich zu viel fernsehen könnte.

Fernsehen wurde als lehrreich *und* unterhaltsam angesehen und als große Neuerung des technologischen Fortschritts gefeiert. Nur wenige versteinerte Skeptiker, darunter mein Großvater, sahen das aufsteigende Fernsehzeitalter düster und hätten TV-Geräte gerne verbannt. Dies gelang ihm nicht einmal in unserem Haushalt, doch zumindest hielt er meinen Vater, der bei der Gründung des ORF dabei war, davon ab, weiter bei dieser die bestehende Ordnung gefährdenden und daher zum Untergang verurteilten Sache mitzumachen. Mein Großvater stand nicht im Rang eines Propheten und hat auch nie eine Universität betreten, doch wenn man die reiche wissenschaftliche Befundlage zum Fernsehen und den neueren elektronischen Medien durchsieht, muss man seinem damaligen Bauchgefühl nicht nur Recht geben, sondern sogar konstatieren: Fernsehen ist verdammt gefährlich!

Bildschirme als ständige Begleiter

Bildschirmmedien in großem Stil, sozusagen für jedes Kind zugänglich, sind ein vergleichsweise junges Phänomen. Ihre explosionsartige Verbreitung erfolgte in den letzten beiden Jahrzehnten. Betrachtet man die wissenschaftlichen Arbeiten zu den unmittelbaren, in kurzen bis mittelfristigen Zeiträumen zu beobachtenden Auswirkungen von Bildschirmmedien auf unsere Kinder, wird man umso bedenklicher gestimmt, was die Hochrechnungen über die langfristigen, noch zu erwartenden Auswirkungen betrifft. Und dabei wird die Entwicklung neuer, noch praktischerer und damit überall verfügbarer Technologien, wie etwa aufrollbare Bildschirme, mit einem unglaublichen Tempo vorangetrieben. Brauchte das gute alte Radio noch 40 Jahre, um eine Hörerschaft von 50 Millionen auf dem Erdball zu erringen, gelang dies dem Fernsehen schon innerhalb von 13 Jahren, und der PC, zuerst mehr als *working tool* approbiert, was allerdings rasche Korrektur und nachhaltige Erschließung als Spielzeug nach sich zog, brauchte 16 Jahre. Wenn wir dagegen das Internet betrachten, so erreichte das *global village* der *internet community* in weniger als fünf Jahren die 50-Millionen-Marke.[21]

Bildschirmmedien durchdringen jeden Lebensbereich und sind aus unserem Leben nicht mehr wegzudenken. Aber heißt das, dass wir über etwas, was uns beständig umgibt, deswegen nicht mehr nachdenken müssten, weil es einfach immer da ist?

Bildschirme versorgen uns nicht nur hin und wieder mit visuellen Informationen, sondern sind für viele Menschen zum Inputgeber Nummer eins geworden. Dies trifft jedoch nicht nur auf Erwachsene zu, deren Arbeitswelt von Bildschirmen nur so wimmelt, denn kaum ein ernst zu nehmender Job kommt noch ohne Bildschirm aus, sondern in mindestens demselben Ausmaß auch auf unsere Kinder. Ein US-amerikanischer Wissenschaftler bemerkte dazu schlicht und ergreifend: „Amerikanische Kinder verbringen mehr Zeit mit Fernsehen, Videos ansehen oder Computerspielen als mit irgendeiner anderen Beschäftigung, ausgenommen Schlafen."[22]

Alles, was man häufig und intensiv betreibt, hinterlässt Spuren. Wer in der Farbenindustrie arbeitete, hatte gute Chancen, an Anilinkrebs zu erkranken, die Heizer der Dampflokomotiven husteten sich von einer Lungenentzündung zur nächsten und sowohl die Asbestarbeiter wie die Borstenerzeuger litten überdurchschnittlich häufig an Atemwegserkrankungen und erlagen ihnen vor der Einführung gesetzlicher Arbeitsschutzbestimmungen. Mit dem Fernsehen ist es nicht anders, nur haben wir hier keinerlei Schutzbestimmungen, die unser Erkrankungsrisiko eindämmen würden. Dies gilt noch viel mehr für unsere Kinder, denn Kinder sind noch viel anfälliger für schädigende Einflüsse und in vieler Hinsicht wesentlich formbarer als Erwachsene. Damit sind sie auch durch ungünstige Einflüsse verformbarer – sowohl im wörtlichen körperlichen Sinn wie auch im Hinblick auf ihre geistige Entwicklung. Wenn wir also die Effekte der Bildschirmmedien verstehen wollen, geht es in erster Linie um die Auswirkungen, die sie auf Kinder ausüben, und wir tun gut daran, unsere Position eines gefügten und erprobten Weltbilds zu verlassen und uns in die Situation unserer Kinder zu versetzen, die an ihrem inneren Bild der Welt gerade erst basteln und ihren Input dafür in hohem Ausmaß über Bildschirme serviert bekommen.

TV kills: Bildschirmmedien und körperliche Gesundheit

Fernsehen und Videospiele haben mannigfache Auswirkungen auf die körperliche Gesundheit und haben mit dem Zugang zum Internet eine weitere Potenzierung erfahren. Eine der erstaunlichsten Entdeckungen war, dass mit dem Auftreten des Internets der Fernsehkonsum nicht gegenläufig abnahm. Das Internet-Surfen kam einfach noch dazu. Die Zeit wird irgendwo anders, auf jeden Fall nicht beim Fernsehen eingespart.[23] Eindeutig erwiesen und durch Dutzende Studien belegt ist der Zusammenhang zwischen Bildschirmmedien und Körpergewicht. Fernsehen macht dick und zwar dosisabhängig – je mehr Fernsehen, desto dicker. Selbst wenn man andere Variablen, die Einfluss auf die Fettleibigkeit haben können, wie den sozioökonomischen Status der Familie, die Herkunft und das Körpergewicht der Eltern, herausrechnet, bleibt der Zusammenhang eindeutig erhalten. Und dass Dickleibigkeit in den letzten Jahren in den modernen Industriestaaten einen epidemieartigen Zuwachs gerade unter Kindern verzeichnet, ist nicht nur in medizinischen Fachjournalen nachlesbar.

Die Situation hat sich in den entwickelten Regionen der Erde in den vergangenen Jahren offenbar dramatisch verschlechtert. Weltweit sind etwa zwölf Prozent der Kinder und Jugendlichen zwischen fünf und 17 Jahren übergewichtig oder adipös. In den USA sind es 35 Prozent, in Europa 25 Prozent. Eine Untersuchung der Wiener Universitäts-Kinderklinik bei 25.000 Kindern und Jugendlichen brachte folgende Ergebnisse: 19,2 Prozent der Kinder zwischen einem halben und zehn Jahren sind übergewichtig; dasselbe trifft auf 24,9 Prozent der Jugendlichen zu.

Skeptiker könnten an dieser Stelle einwenden, dass die Beziehung doch auch umgekehrt sein könnte. Nicht Bildschirmmedien machen dick, sondern Dicke schauen lieber fern. Diese bequeme Annahme konnte durch eine Längsschnittstudie, die die Datensätze dahingehend überprüfte, ob Übergewicht zum ersten Messzeitpunkt Einfluss auf den Fernsehkonsum zu einem späteren Messzeitpunkt hat, widerlegt werden. Die Kausalitätsrichtung verlief eindeutig vom Fernsehen hin zum Übergewicht und nicht umgekehrt.[24]

Interessant, denn hier kann man den Einfluss der Bildschirmmedien auf das Körpergewicht sozusagen live studieren, sind die Entwicklungen der letzten Jahre in China, dem bevölkerungsreichsten Land der Welt. Noch 1997 schauten nur knapp acht Prozent der chinesischen Kinder mit einem mittleren Alter von elfeinhalb Jahren mehr als zwei Stunden täglich fern und nur ein verschwindender Prozentsatz verbrachte ein noch größeres tägliches Zeitsegment vor der Flimmerkiste oder anderen Bildschirmmedien. Kalorienreiche Snacks, wie sie auf dem täglichen Speiseplan europäischer und amerikanischer Kinder stehen, waren nahezu unbekannt. Zudem bewegten sich die Kinder viel mit dem Fahrrad und verbrachten ihre Freizeit mit körperlichen Aktivitäten. Entsprechend waren im „China Health National Survey" von 1997 noch keine Daten zu finden, die einen Zusammenhang zwischen Übergewicht und Fernsehkonsum nahelegen würden. Doch China befindet sich mitten in einer wirtschaftlichen Aufholjagd und der Lebensstandard, auch in Gestalt von Konsumprodukten und Konsumverhalten, strebt unbarmherzig westlichen Normen zu. So ist auch die Zahl der Fernsehgeräte dramatisch gestiegen. Kein Haushalt ohne TV-Set, lautet die Devise. Die Zahlen sprechen eine deutliche Sprache, denn bereits 2000, nur drei Jahre später, war ein dramatischer Anstieg des Fernsehkonsums und parallel dazu von Übergewichtigkeit bei Kindern zu verzeichnen[25], ein besorgniserregender und die bisherige Forschung zum Thema Fernsehen und Übergewicht beängstigend unterstreichender Trend.

Mit dem Übergewicht ist es eine verflixte Sache. Die Kilos sind schnell raufgefuttert, doch das Loswerden der Fettpölsterchen ist meist mit einem harten, zähen Ringen verbunden. Tausende Diäten probiert, teure Pillen Handvoll eingeworfen, die unterschiedlichsten Wickel und lächerlichsten Prozeduren mit der Gläubigkeit des rechtschaffen Verzweifelten versucht, kleben sie dennoch an Hüften, Oberschenkeln, Bauch und Po und in weiterer Folge an Oberarmen bis hin zur Kinnpartie hartnäckig an einem fest. Die schlechte Nachricht lautet: Übergewicht in der Kindheit wird zu einem hohen Prozentsatz in die Pubertät mitgenommen. Aus charmanten Blasengelchen werden schwergewichtige Teenager.[26]

Damit öffnet ein heimtückischer Teufelskreis seine Eintrittspforten, denn dicke Teenager bleiben weit abgeschlagen am Laufsteg des gängigen Schönheitsideals und gefallen sich selbst nicht. Wer dick ist, bewegt sich ungern, und wer sich ungern bewegt, nimmt wieder zu, hat dafür aber Zeit, fernzusehen und dabei wieder dicker zu werden. Ab einer gewissen Gewichtsklasse, berichten Therapeuten dicker Jugendlicher, verstecken diese sich regelrecht daheim und gehen eine unheilige Allianz mit Fernseher, Computer und Eiskasten, der das notwendige Fastfood liefert, ein. Eingemauert in ihren Rückzug, dreht sich der Kreislauf der Vereinsamung immer weiter. Gut gemeinte Ratschläge wie „geh doch einfach raus“ und „keiner kann dir dein Gewicht vorhalten“ helfen gar nicht und geben noch dazu die reale Sachlage falsch wieder, denn Übergewichtige werden durchwegs als für ihre Situation „selbst verantwortlich“ gesehen – und gemieden. Fragt man Kinder, mit wem sie lieber spielen, oder Teenager, mit wem sie gerne abhängen, rangieren die Dicken in Schlusslichtposition.[27]

Und welche Tücke! Die Medien tun dann das ihre noch dazu, um diese sozialen Stereotypen zu verfestigen. Ist Ihnen schon aufgefallen, dass dicke Jungen und Mädchen in Fernsehserien deutlich unterrepräsentiert sind im Vergleich zur realen Welt und dass sie meist essend, um nicht zu sagen in sich hineinstopfend dargestellt werden? Ihr Rollenbild sieht häufig negative Eigenschaften vor oder stellt sie als bemitleidenswerte oder lächerliche *loser* dar, weit abgeschlagen hinter jenen, die die tollen Alpha-Männchen oder gertenschlanken Cheerleader-Queens bekommen. Derartig sozial stigmatisiert, ist es verstehbar, dass der Weg hinaus in den Dschungel der Peergroup dornenreich erscheint und der dicke Teenager lieber daheim als die viel zitierte Couch-potato sitzen bleibt.

Übergewicht beziehungsweise Fettleibigkeit ist aber nicht nur für sich genommen ein Risikofaktor für zahlreiche Erkrankungen, man denke zum Beispiel an die chronische Überbelastung von Gelenken und Bändern, sondern mit einem Sprungbrett für die Entstehung weiterer Risikofaktoren zu vergleichen; erhöhter Blutzuckerspiegel, erhöhter Blutdruck und ein erhöhter Cholesterinspiegel sind die wichtigsten.

Cholesterin ist als Bestandteil jeglicher Zellmembrane für unseren Körper unverzichtbar, aber in zu hohen Konzentrationen gehört es zu den Hauptverursachern arteriosklerotischer Plaques in den Gefäßwänden, fest haftenden Ablagerungen, die wiederum Wegbereiter für Herzinfarkt und Schlaganfall sind. Deswegen kommt gerade im jugendlichen Alter einer Erhöhung des Cholesterinspiegels als Risikofaktor besondere Bedeutung zu. Mit dem erhöhten Blutdruck als Risikofaktor für kardiovaskuläre Erkrankungen ist es nicht anders. Auch wenn er sich meist erst jenseits des dritten Lebensjahrzehnts manifestiert, hat er seinen Ursprung doch häufig im Übergewicht des kindlichen und jugendlichen Alters. Was den erhöhten Blutzuckerspiegel betrifft, so ist der Trend der letzten Jahre mehr als besorgniserregend. Frappierend ist die starke Zunahme von Typ-2-Diabetes bei Kindern, erstaunlich deswegen, weil es sich hier um den sogenannten „Altersdiabetes" handelt. Es scheint, als würde das Zucker verwertende System frühzeitig ausgebrannt werden.

Das über den vermehrten Gebrauch von Bildschirmmedien entwickelte Übergewicht fungiert demnach in mehrfacher Hinsicht als Sprungbrett, um bereits bei Kindern und Jugendlichen Erkrankungen in Gang zu setzen, die unter Normalbedingungen älteren Bevölkerungsgruppen vorbehalten sind.

Was kostet das am Zahltag?

Versicherungsmathematiker setzen Morbiditäts-, also Erkrankungshäufigkeitszahlen, und Mortalitätszahlen, also Sterbeziffern, und eine Menge andere Faktoren zueinander in Beziehung und rechnen Szenarien und Wahrscheinlichkeiten aus und die damit verbundenen Kosten. Besonders in der Privatversicherungswirtschaft sind sie eine wichtig Mitarbeitergruppe, wichtig für die Prämiengestaltung und die Berechnung der Risiken, die die Versicherungsgesellschaft bereit ist zu übernehmen. Im Bereich der Pflichtversicherung rechnen uns Versicherungsmathematiker in erster Linie vor, dass das System bankrott und unfinanzierbar zu werden droht und wir dringend mehr in Gesunderhaltung als in einen krank machenden Lebensstil mit nachfolgender langwieriger Behandlung bis zum Tod investieren sollten.

Man geht davon aus, dass bereits 40 bis 50 Prozent der adipösen Kinder und Jugendlichen ein sogenanntes metabolisches Syndrom als Vorstufe zum Typ-2-Diabetes aufweisen: Bluthochdruck, Insulinresistenz, Fettstoffwechselstörungen und nachweisbare Anzeichen einer Ateriosklerose. Setzt man die vorhandenen Daten in Beziehung zueinander, lässt sich voraussagen, dass in absehbarer Zeit Zigtausende an den Folgen von Übergewicht, erhöhtem Blutdruck, erhöhtem Cholesterinspiegel und Altersdiabetes bereits in jungen Jahren, an Beschwerden des Bewegungsapparats, reduziertem Selbstwert und Depressionen leiden werden. Vergegenwärtigt man sich die direkten Therapiekosten, die dann für Lebensjahrzehnte, in denen man eigentlich gesund sein sollte, anfallen, und die indirekten Kosten durch Arbeitsausfall, ergibt sich neben kilometerlangen Krankengeschichten, die für persönliches Leiden und reduzierte Lebensmöglichkeiten stehen, ein immenser volkswirtschaftlicher Schaden.

Und was können wir tun?

Bildschirmmedien beeinflussen die Entwicklung unserer Kinder in mannigfacher Weise. Die Beziehung zwischen vor Bildschirmmedien verbrachter Zeit und Übergewicht steht außer Zweifel. Hier gilt eine einfache lineare Beziehung, je mehr Fernsehen, desto mehr Übergewicht wird aufgebaut. Ermunternd sind in diesem Zusammenhang die Ergebnisse einer Studie, die den Verlauf der Gewichtsentwicklung bei Kindern zum Thema hatte, denen eine Fernsehreduktions- statt Kalorienreduktionsdiät verordnet wurde. Das Übergewicht ließ sich im Vergleich zur Kontrollgruppe signifikant positiv beeinflussen.[28] Das wirklich Problematische am Übergewicht und den damit verbundenen, im Gefolge auftretenden weiteren Risikofaktoren wie erhöhtem Cholesterin- und Blutzuckerspiegel sowie Bluthochdruck ist die Zeitachse. Treten diese Risikofaktoren für kardiovaskuläre und Stoffwechselerkrankungen wie bisher erst im höheren Lebensalter auf, hat man gute Chancen, in seiner Lebenserwartung und Lebensqualität durch die natürlichen Limits der Lebensspanne nicht maßgeblich eingeschränkt zu werden. Anders und gravierend düsterer und leidvoller sieht die Geschichte aus, wenn diese Krankheitsfaktoren bereits in der Kindheit und frühen Jugend auftreten. Herzinfarkt, Schlaganfall und Diabetes haben dann Zeit, sich zu entwickeln, und werden die jetzt gerade heranwachsende Generation mit voller Wucht bereits zu Beginn ihrer mittleren Lebensjahre treffen – und nicht erst im siebten Lebensjahrzehnt oder später!

Fernsehen bewirkt über verschiedene Mechanismen die Bildung von Übergewicht. Zum einen ist es einfach so, dass jemand, der stundenlang vor dem Fernseher oder am Computer sitzt, weniger Bewegung macht als jemand, der anderen Aktivitäten nachgeht. Weiters ist mit dem Gebrauch von Bildschirmmedien die Ausbildung ungünstiger Ernährungsgewohnheiten verbunden; die Fernsehwerbung hält zum Konsum kalorienreicher ungesunder Lebensmittel an, für Karotten und Äpfel laufen vergleichsweise wenige Werbepots. Zudem ist der Energieverbrauch beim Fernsehen geringer als bei den allermeisten anderen Tätigkeiten.

Untersuchungen erbrachten das erstaunliche Ergebnis, dass allein damit, bei „Vielschauern" die täglichen Stunden Fernsehkonsums zu kappen, eine deutliche Gewichtsreduktion erzielbar war. Hingegen zeigten Untersuchungen, die sich mit der Kalorienzufuhr beschäftigten, dass junge Mädchen, die täglich mehr als fünf Stunden vor dem Bildschirm saßen, im Durchschnitt um 175 kcal pro Tag mehr zu sich nahmen als Altersgenossinnen, die weniger als eine Stunde vor dem Bildschirm verbrachten.

Sie sehen, man kann es drehen und wenden, wie man will: Fernsehen macht dick. Und nur weil es im Unterschied zu Schokolade über einen indirekten Wirkprozess läuft, ist es nicht weniger gefährlich. Was also ist zu tun? Die Antwort für dieses Problem ist selten einfach und liegt weitgehend in elterlicher Hand! Denken Sie daran, wenn Sie demnächst das Fernsehgerät ungezügelt freigeben oder schon längst die Zügel in die Hände ihrer Kinder gegeben haben. Sie helfen aktiv mit, Ihr Kind zu einer Couchpotato zu machen, mit allen negativen Folgen für seine persönliche Gesundheit. Sie würden es doch auch nicht akzeptieren, wenn in Kindergarten oder Schulkantine täglich Hamburger serviert würden. Eltern kann man nur die Empfehlungen der Amerikanischen Gesellschaft für Kinderheilkunde ans Herz legen, die schon seit langem mahnt, Kinder täglich höchstens zwei Stunden vor den Bildschirm zu lassen.

Aber vielleicht wollen Sie ja auf den Vorschlag zurückgreifen, den Catherine D. DeAngelis, Herausgeberin der Zeitschrift „Archives of Pediatric Medicine", gemacht hat: Das Problem wäre auch damit zu lösen, wenn man die Stromerzeugung für die TV-Geräte über einen Fahrradgenerator, der von den Zuschauern betrieben werden müsste, bereitstellen würde. Ob dann alle auf ihren Fahrrädern säßen und die Kalorien, die sie sich über das Fernsehen sonst anzüchteten, wieder runterstrampelten, oder ob die Fernsehgeräte dunkel blieben, bleibt offen.

Bildschirmmedien und unsere Kleinsten

Als die Teletubbies geboren wurden, schienen endlich auch fernsehskeptische Eltern versöhnt und Großeltern durften entsprechende Videokassetten und DVDs unter den Weihnachtsbaum legen oder damit zum ersten Geburtstag gratulieren. Gegen Tinky Winky, Dipsy, Laa-Laa, Po konnte man nun wirklich nichts Belastendes vorbringen, wie sie so fernab jeglicher Gewalt oder Hektik durch ihre künstliche Gartenlandschaft hüpften, immer ein Verschen oder ein Kichern auf den Lippen, und mit großen Kulleräuglein etwas trottelhaft in ihre synthetische Welt hineinlugten. Und unseren Kleinsten gefielen sie ja auch, wie gebannt hing der Blick von wenigen Monaten alten Kindern an ihnen und Einjährige gaben bereitwillig die für Betreuer so aufreibende Erforschung ihrer unmittelbaren Umgebung auf, um wie angewurzelt die Teletubbies bei ihrer neuesten Quatschpartie zu verfolgen. Wenn sie dann noch deren Silbengestammel wiederholten, waren pädagogisch engagierte Eltern restlos begeistert. Die frühe Sprachentwicklung schien gefördert und das wichtige Sitzfleisch für den späteren Schulerfolg früh und spielerisch trainiert.

Die Teletubbies sind in der Tat eine raffinierte Bande, aber nicht weil sie wirklich vermocht hätten, jungen Kindern spielerisch wichtige Kompetenzen oder Fähigkeiten zu vermitteln, sondern weil sie diese Wirkung ihren Eltern und Betreuern suggerierten. Mit den Teletubbies erreichte die moderne Medienindustrie mit unseren Kindern in etwa das, was Sportfischer bewirken, wenn sie Futter an jenen Stellen ausstreuen, an denen sie später fischen wollen. Sie füttern die Fische an!

Amerikanische Kleinkinder sitzen bereits mit zwei Jahren rund zwei Stunden pro Tag vor dem Bildschirm, was natürlich nicht bedeutet, dass sie nicht auch schon früher dort deponiert werden. 24 Prozent der Zwei- bis Fünfjährigen haben bereits ein eigenes TV-Gerät. Hierzulande ist das in zunehmend mehr Haushalten auch nicht anders. Wenn man bedenkt, dass Zweijährige im

Schnitt an die zehn bis 13 Stunden pro Tag schlafen, kommt man zum Ergebnis, dass sie unter Umständen bis zu 20 Prozent ihrer besten aufnahmefähigen Zeit mit Fernsehen zubringen. Warum dieser Umstand wirklich bedauerlich ist, eröffnet sich, sobald wir uns die Funktionsweise des jungen Gehirns verdeutlichen.

Sprechen wir nicht „vom forschenden Blick" unserer Kleinstkinder, meinen wir nicht in ihren Handlungen und unermüdlichen Entdeckungsbemühungen der Welt um sich herum den Forscher zu erkennen, wenn sie etwa völlig ungerührt in den Schwanz der Hauskatze beißen oder den magischen Löchern der Steckdosen entgegen jeglicher Intervention ins Mauerinnere folgen wollen, sagen wir nicht, dass sie alles um sich herum wie „ein Schwamm aufsaugen"? Doch, genau so beschreiben wir unsere Kinder, und wir beschreiben sie richtig. Kleinstkinder lernen die ganze Zeit, sie suchen nach Input und Strukturierung für ihr junges unfertiges Hirn und dieses lernt immerzu. Das Einzige, was ein Gehirn nicht kann, ist nicht lernen. Dressiert durch unsere eigene Schulgeschichte, neigen wir dazu, mit Lernen einen formalisierten, statischen „Trichterprozess" zu verbinden, und darum sei noch einmal darauf hingewiesen: Unsere Kleinstkinder lernen die ganze Zeit über und sie beginnen mit dem Wesentlichen zuerst, mit dem Wesen der Dinge an und für sich. Wir können diesen Prozess mit der Formatierung einer Festplatte vergleichen, auf der später komplexere Programme laufen sollen. Es liegt auf der Hand, dass für diesen Prozess möglichst viele sinnliche Erfahrungen auf möglichst vielen Sinneskanälen erforderlich sind, um ein möglichst reiches und präzise definiertes Bild vom Wesen der Dinge, einem Hund, einer Tasse, einem Buch, zu bekommen. Darum werden auch alle Dinge angesehen, angerochen, angebissen, angefühlt, daran herumgezerrt – was meinen Büchern stets sehr guttat –, und es wird auf Laute aus dem Ding gehorcht. Das Gehirn geht dabei als Strukturfahnder vor, sucht nach gemeinsamen Mustern und ordnet nach Klassen von Dingen, in denen dann die neu auftretenden Objekte rascher eingeordnet werden können.

Das ganze System macht die Orientierung in der Welt erst möglich. Man kann sich das etwa so vorstellen: Einige Bücher müssen daran glauben, werden belutscht, zernagt, geworfen und zerrissen, bis dem jugendlichen Forscher klar wird, Objekte von diesem und jenem ungefähren rechteckigen Aussehen, die sich so und so angreifen, auf einer Seite aufklappen lassen und durchblättern, die einen ähnlichen, nämlich einen Papiergeruch haben, gehören in ein und dieselbe Klasse, machen beim Durchblättern und Anschauen Spaß und taugen zu sonst nichts, weswegen man das Lutschen, Nagen, Werfen und Zerreißen bei den nächsten Objekten dieser Klasse einstellen kann. Lohnt der Mühe nicht, ist schon bekannt, gehört in die Kategorie *Buch* – wobei in diesem Stadium die Wörter noch nicht zur Verfügung stehen. Stellen Sie sich vor, unser Gehirn würde nicht als diese Regelsuchmaschine funktionieren und wir hätten es in unserer frühen Kindheit nicht geschafft, diese Schlüsse aus der uns umgebenden Welt zu ziehen. Wir würden uns jedes Objekt für sich genommen merken müssen. Jedes Buch, das Sie noch nicht in der Hand hatten, müssten Sie von neuem belutschen und benagen, Nachschau halten, ob es als Wurfgeschoss tauglich ist, ob seine Blätter mit hellem Ton zerreißen, um sich über sein stoffliches Wesen zu informieren.

Betrachten wir nun das Fernsehen als Inputgeber für das Kleinkind, das gerade mit diesem Prozess – „sich ein Bild von der Welt machen" – beschäftigt ist. Fernsehen ist ein im wahrsten Sinn des Wortes flaches Medium, den Dingen fehlt im wörtlichen wie im übertragenen Sinn die Tiefe. Da kann es noch so bunt und laut und scheinbar lehrreich zugehen. Doch nichts schmeckt, riecht oder lässt sich ertasten, auch wenn Kleinkinder das oft versuchen und auf den Bildschirm zutapsen. Daraus lässt sich für das Kleinkind wenig an Information ziehen, im schlimmsten Fall, wenn Kleinkinder viel Zeit mit dem Fernseher zubringen, ist eine geringere oder unklarere Strukturierung des kindlichen Gehirns die Folge, was sich dann wieder negativ auf die weitere Erfahrungswelt auswirkt. Dazu kommt, dass Kleinkinder etwa ab dem sechsten Lebensmonat multimodal lernen, den Input mehrer Sinne also zusammenwirkend verarbeiten. Auch hier leistet das Fernsehen schlechte, um nicht zu sagen störende Dienste. Was durch die Szenenschnittfolgen als Bildbrei und oftmals asynchroner Klangbrei angeboten wird, stört mehr, als dass es die komplexen Lernprozesse des jungen Gehirns unterstützen könnte.

Für den erwachsenen Leser mag das übertrieben und schlecht nachvollziehbar sein. Kaum jemanden stört, dass die Lippenbewegungen der englischsprachigen Filme nicht zur deutschen Synchronisation passen. Auch wenn der Knall von links hinten zu kommen scheint, wenn vor mir eine Brücke im Film in die Luft geht, beeinträchtigt das die Spannung genauso wenig, und den flachen, zweidimensionalen Revolver in der Hand des Schurken muss ich auch nicht erst angreifen, damit ich ihn erkenne und mir stellvertretend für die ahnungslose Heldin der Angstschweiß ausbricht. Wir sind eben erwachsen und unsere Gehirne im vollen Besitz ihrer persönlichen inneren Kopie der äußeren Welt samt dem dazugehörigen stofflichen wie ideellen Charakter, wir vermögen spielend alles Fehlende zu ergänzen und alles Störende wegzuretuschieren. Kinder, vor allem Kleinst- und Kleinkinder, können das nicht!

Eltern tun gut daran, sich diesen Unterschied vor Augen zu halten und den Bildschirm für ihre Kleinst- und Kleinkinder als Stolperstein und nicht als Trittstufe für das Kennenlernen der Welt zu sehen.

Rambo, Transformers & Co.

Nach Schätzung der American Medical Association Ende der 1990er-Jahre hatte ein Kind, noch bevor es seine Volksschulzeit abschloss, bereits 8000 Morde und 100.000 Gewalttaten im Fernsehen gesehen. In Haushalten mit Videorecorder und Kabelanschluss kommen bis zum 18. Lebensjahr 32.000 Morde und

40.000 versuchte Morde zusammen, wobei gleichzeitig eingeräumt wird, dass für bestimmte Bevölkerungsgruppen im innerstädtischen Bereich diese Zahlen noch weitaus höher liegen.[29] Bedenkt man, dass Entwicklungen zumeist zehn bis 15 Jahre brauchen, um ihren Weg über den Atlantik zu nehmen, dürften diese Zahlen unsere gegenwärtigen Verhältnisse wiedergeben. Diese Annahme wird auch durch den prozentuellen Anstieg von Gewaltdarstellungen in den heimischen Medien im letzten Jahrzehnt gestützt. Während Mitte der 1990er-Jahre die USA und Japan mit 80 Prozent den höchsten Anteil von Sendungen aufwiesen, die Gewalt in irgendeiner Form zum Inhalt hatten, und der Wert in Europa noch um die 50-Prozent-Marke pendelte, haben sich die Werte im deutschen Sprachraum zehn Jahre später dem amerikanischen Niveau angeglichen.

Programmanalysen, bei denen zum Beispiel alle Sendungen der zehn meistgesehenen Kanäle einen Sendetag lang aufgezeichnet werden und das so gewonnene, um die Werbeeinschaltungen bereinigte Material auf seine Gewaltinhalte hin analysiert wird, ergeben erschreckende Zahlen: zehn Gewaltakte und ein Mord pro Stunde, Tendenz steigend – eine gewaltreiche Kost, die uns da vorgesetzt wird!

Aber nicht nur die Überflutung mit Gewaltszenen ist erschreckend, noch bedenklicher für die Entwicklung unserer Kinder, für die wir uns doch alle ein funktionierendes Gewissen und hohe ethisch moralische Standards wünschen, ist der Kontext, in dem Gewalt gezeigt wird. Die US-amerikanische National Television Violence Study, in der 2500 Stunden TV-Programme analysiert wurden, ergab diesbezüglich, dass 73 Prozent der Täter ungestraft blieben und 58 Prozent der Gewalttaten völlig unrealistisch, im Sinn des Fehlens negativer Konsequenzen wie Schmerzen oder Schädigung des Opfers, dargestellt wurden. Nur in vier Prozent der Konfliktsituationen kamen andere, gewaltlose Lösungsoptionen zum Zug.[30]

Was lernen unsere Kinder daraus? Erinnern wir uns: Lernen ist das, was unsere Gehirne die ganze Zeit über tun. Welche logische Gesetzmäßigkeit wird sich dem jungen Hirn als inneres Bild, wie es in der äußeren Welt zugeht, einprägen?

1. Gewalt kommt dauernd vor!
2. Als Täter stehen die Chancen sehr gut, nicht bestraft zu werden!
3. Dem Opfer passiert nicht wirklich etwas Dramatisches!
4. Andere Lösungen als Gewalt sind uncool und kommen nicht in Frage!

Ich erinnere mich in diesem Zusammenhang an einen Elfjährigen in meiner Praxis, der dem vor ihm sitzenden Mädchen in der Schulstunde das Haar anzündete, an eine Achtjährige, die ihrer Sitznachbarin, weil ihr diese ihre Farbstifte nicht überlassen wollte, die Zirkelspitze durch die Hand rammte, an einen Erstklässler, der regelmäßig Stühle nach seinen Mitschülern warf, bis man ihn in eine sonderpädagogische Einrichtung versetzte, womit das Problem natürlich auch nicht gelöst war, und an eine Gruppe Sechstklässler, die einen unbeliebten Schulkollegen in einen Kleiderspind zwängten und dort einschlossen. Mir fallen noch eine ganze Menge andere ein, die im Laufe der Jahre auf meiner Couch gelandet sind, allesamt Opfer-Täter-Kinder mit viel Verwirrung darüber im Kopf, wie denn die Welt nun wirklich funktioniere.

Einzelfälle, höre ich Sie sagen, bedauerliche Einzelfälle, sicher Kinder mit „schwierigem Hintergrund". Kinder könnten erstens zwischen Fiktion und Realität unterscheiden, vernehme ich einen häufig geäußerten Einwand, und würden zweitens nur marginal Gewaltdarstellungen im Fernsehen mitbekommen, da diese doch den Sendezeiten und Programmen für Erwachsene vorbehalten wären; Kinder würden bekanntlich nur Kinderprogramme ansehen.

Hier muss ein weiterer bequemer Traum, der uns ein kollektives elterliches Stillhalten ermöglicht, zerstört werden. Kinder können erst etwa ab dem achten Lebensjahr zwischen Fiktion und Realität unterscheiden, also ziemlich spät, wenn man bedenkt, ab wann sie vor dem TV-Gerät sitzen. Das ist übrigens auch der Zeitpunkt, zu dem sie auch den Unterschied zwischen Werbung und normalem Programm erkennen können, vorher ist nämlich alles wirklich. Von einem kritischen Hinterfragen von Werbebotschaften sprechen wir da noch gar nicht.

Und was das „Kinderfernsehen" betrifft, gibt es auch Ernüchterndes zu berichten. Wussten Sie, dass bei unseren deutschen Nachbarn, und es gibt wenig Anlass zu glauben, dass es in österreichischen Haushalten in der Tendenz grob anders sein sollte, um 22.00 Uhr noch fast eine Million Kinder im Kindergartenalter vor dem Fernseher sitzen und um 23.00 Uhr noch immer 200.000?[31]

Was Kinderprogramme und die von Kindern bevorzugten Comicsendungen und Trickfilme betrifft, muss eingewandt werden, dass Cartoons in etwa so effektiv in ihrer Wirkung der Vermittlung von Gewalt sind wie direkt vorgemachte Gewalt. Auch in den bis vor wenigen Jahren für Gewalt tabu scheinenden und von Jugendlichen bevorzugt konsumierten Videomusikclips haben Gewaltinhalte mit voller Wucht Einzug gehalten.

Wer jetzt noch einwenden will, die Darstellungen wären eh unrealistisch und regten nicht zur Identifikation an, sei darauf hingewiesen, dass die ganze Branche davon lebt, uns faszinieren und in die Handlung hineinziehen zu können. Der Regisseur, der das nicht vermag, schafft es nicht bis zur Produktion. Und seien wir ehrlich: Wie oft verwischen sich auch für uns Erwachsene die Grenzen zwischen Fiktion und Realität und wir sitzen bibbernd und uns windend auf unserem Sitz, wenn es besonders spannend wird, und wer hat nicht geschluchzt, als die Titanic wieder einmal unterging?

Über den Bildschirm erlebte Gewalt, wiewohl sie auf Kinder den stärksten formenden Einfluss ausübt, vermag sogar Erwachsene zu beeinflussen, wie zahlreiche *copy crimes* im Gefolge von entsprechenden Filmen zeigten. Der Film „Scream" erlangte auch deswegen traurige Berühmtheit, weil er in Frankreich eine Welle von Gewalt in Form mehrfacher Nachahmung der gezeigten Verbrechen auslöste.

Wie Gewalt im Fernsehen wirkt

Wer häufig Tennis spielt, wird ein guter Tennisspieler, wer mit Leidenschaft Klavier übt, ein guter Pianist, wer immer mit dem Skateboard umherflitzt, ein atemberaubender Skateboarder – und wer dauernd Gewaltfilme ansieht, ein geübter Gewalttäter?

Hört sich übertrieben an, oder? Doch die Befundlage von inzwischen mehr als 800 Studien zum Thema Mediengewalt legt dieses Ergebnis nahe, und auch aus neurobiologischer Sicht muss man sich dem anschließen, so funktioniert nun mal unser Gehirn, da gibt's kein Herumdeuteln und keine Interpretationsmöglichkeiten, sondern nur Funktionsabläufe und eine Datenlage, die eindeutig ist.[32]

Es gibt experimentelle und naturalistische Feldstudien, Laborexperimente, Längsschnitt- und Querschnittstudien und Metaanalysen, in denen sozusagen aus einer Überperspektive die Ergebnisse von einzelnen Studien zueinander in Bezug gesetzt werden. Die Datenlage ist erdrückend, die gefundenen Effektstärken beängstigend, in der Medizin würde in vergleichbaren Studiensets sofort eine Ethikkommission einberufen werden und die Studie abgebrochen werden. Die häufig geäußerten Angriffe, die Studiendesigns wären unpräzise, sind insofern irrelevant, als derjenige, der unsauber forscht, weniger Zusammenhang zwischen Mediengewalt und Auswirkungen auf Kinder und Jugendliche, also eine geringere Effektstärke, zutage fördert.

Kinder lernen schnell, besonders kleine Kinder, und sie extrahieren das Regelhafte aus all den verschiedenen Erfahrungen, die sie zu einem Thema gemacht haben. Man könnte das mit dem Bau eines vorgeformten Straßennetzes in unserem Gehirn vergleichen, das den Zweck erfüllen soll, eine schnellere Zuordnung von neuen Situationen, eine bessere Orientierung und in der Folge eine richtige, an die Situation angepasste Handlung zu ermöglichen – dieses System bietet nämlich einen Wettbewerbsvorteil. Infrastrukturschaffung nennt sich das im normalen Leben, wenn ein Gebiet auf unserem Globus mit einem Straßennetz überzogen wird, und alle jubeln, denn von nun an kommt man schneller vorwärts und muss sich nicht mehr querfeldein durch die Pampa quälen. Viel benützte Wege bauen Verkehrsplaner dann rasch zu Bundesstraßen aus oder legen gar eine Autobahntrasse, auf der es noch rascher geht. Ähnliches passiert im Hirn und besonders im kindlichen. Nutzungsabhängig, das heißt je nach äußerem Input, kommt es zu einer Modulation der Synapsenstärken, der Verbindungsintensität zwischen den Nervenzellen – häufig gebrauchte werden stärker ausgebaut, weniger erregte bilden sich zurück. Diesen faszinierenden Mechanismus nennt man Neuroplastizität; er ist in der Kindheit und Jugend am stärksten und formendsten und nimmt mit dem Älterwerden deutlich ab. Was Hänschen nicht lernt, lernt Hans nimmermehr.

Man könnte auch sagen, durch unsere Erfahrungen bildet sich, vermittelt über das Muster der unterschiedlichen Synapsenstärken, im Gehirn ein Abdruck der äußeren Welt aus. Was heißt das nun, wenn dieser Fingerabdruck ein von Gewalt geprägter ist? Kleine Kinder lernen rasch – der Straßenbau läuft auf Hochtouren! Martin Westwell vom Institute for the Future of the Mind von der Universität Oxford sagt dazu: „Wir sind, wer wir sind, zum überwiegenden Teil auf der Basis, welche neuronalen Netzwerke sich in Reaktion auf die jeweilige Umwelt und die Dinge, die wir tun, bilden. Wenn wir diese Netzwerke verändern, verändern wir unser Denken.“[33]

Eine der direktesten Demonstrationen, was der Einfluss von medialer Gewaltdarstellung für Kleinkinder bedeutet, gelang Albert Bandura von der Stanford Universität in Palo Alto im Jahr 1961.

Bandura zeigte Kindergartenkindern Kurzfilme. Eine Gruppe sah einen Film, in dem ein Mann einen Plastikclown, die *Bobo doll*, schlug, eine andere Gruppe einen Kurzfilm von weitaus unschuldigerem Charakter. Danach hatten die Kinder die Möglichkeit, mit unterschiedlichsten Spielzeugen, unter anderem auch mit der Clownpuppe aus dem Film, zu hantieren. Jene Kinder, die den Film gesehen hatten, in dem der Clown misshandelt wurde, kopierten dieses aggressive Verhalten in hohem Ausmaß und detailgetreu, wobei sie sogar die verbalen Kommentare aus dem Film wiederholten.[34]

Dieser Effekt der Imitation von gewalttätigem Verhalten lässt sich bereits bei Zweijährigen beobachten, die eine auf dem Bildschirm vorgemachte aggressive Handlung – mit der Haltung des natürlichen, „gewissenlosen Forschers" – nachmachen.[35]

Als eine der größten und aussagekräftigsten Studien zu diesem Thema darf die von Jeffrey Johnson und Kollegen von der Columbia Universität in New York nicht unerwähnt bleiben. Johnson begleitete über 17 Jahre 700 Familien und beobachtete ihre Fernsehgewohnheiten, verschiedene Aspekte ihrer Gesundheitsentwicklung sowie Lebensgewohnheiten und Verhaltensauffälligkeiten. Auch hier fand sich bei den „Vielsehern" in der frühen und mittleren Kindheit ein stark erhöhtes Aggressionsverhalten, das verbale wie physische Aggression betraf, zudem Schlafstörungen, Lernleistungsstörungen und die schon zitierten Effekte auf Übergewicht samt den damit verbundenen Gesundheitsstörungen.[36]

Eindrucksvoll und auch deshalb beängstigend, da sie auf Material aus dem Beobachtungszeitraum 1960 bis 1981, also vergleichsweise „harmlose" Zeiten, zurückgreift, ist die Langzeitstudie von L. R. Eron und L. D. Huesmann, die 875 Buben 22 Jahre lang in ihrer Entwicklung begleiteten. Jene, die mit acht Jahren überdurchschnittlich viele Gewaltszenen im Fernsehen angesehen hatten, waren im Alter von 19 Jahren mit größerer Wahrscheinlichkeit bereits mit dem Gesetz in Konflikt geraten und mit

30 Jahren signifikant häufiger wegen Gewaltdelikten verurteilt oder gewalttätig ihrer Familie gegenüber. Hier zeichnet sich sogar ein Effekt der medial erlebten Gewalttätigkeit bis in die nächste Generation hinein ab, denn jene Burschen, die mit acht Jahren mehr Gewalt im Fernsehen angesehen hatten, verprügelten später häufiger ihre eigenen Kinder.[37]

Warum füttern wir unsere Kinder mit dem ganzen Müll?

Der Entwicklungspsychologe John Murray von der Kansas State University ist Mitautor des Buchs „Kinder und Fernsehen: Fünfzig Jahre Forschung“ und Autor des von der US-Regierung gesponserten einschlägigen Reports zum gegenständlichen Thema.[38] Er zeigt sich verzweifelt über die Unentschlossenheit, mit der die Entscheidungsträger die eindeutige Sachlage der Forschungsergebnisse behandeln: „Es ist unmöglich, zu einem anderen Schluss zu gelangen, als dass die Gewalt im Fernsehen die Gewalt in unserer Gesellschaft vermehrt hat.“[39]

Warum handeln wir also nicht endlich?

Haben Sie sich schon einmal gefragt, warum gerade immer dann, wenn es am spannendsten ist, der Film unterbrochen wird und der Werbeblock kommt? Die Antwort ist einfach und hat evolutionsbiologische Wurzeln, die die Werbeindustrie verinnerlicht hat und die sich auch in den Gebühren für diese Sendeplätze niederschlagen. *Sex sells.* Gewalt auch. Ganz einfach! Wir sind am wachsten, am aufnahmebereitesten, wenn Sex oder Gewalt im Spiel ist. Beides sicherte auf seine Art unser Überleben. Über Sex informiert oder dazu angeregt zu werden, sicherte das Überleben unserer Art, Gewalt zu erkennen und richtig zu entscheiden, ob wir der härtere Gegner oder der schnellere Läufer sind, war über Hunderttausende von Jahren die Voraussetzung für unser Überleben als Individuum. Und wir, Sie und ich, stammen übrigens nur von jenen ab, die beides richtig konnten. Darum können wir gar nicht anders, als magisch angezogen hinzuschauen und mit allen Sinnen wach und aufnahmebereit zu sein.

Dass Gewalt aus den Medien nicht verbannt wird, hat also ökonomische Wurzeln, man verkauft in dieser Verpackung am besten – Produkte und natürlich auch sich selbst als Sender. Und auch öffentlich-rechtliche Sender, die verzweifelt um Marktanteile kämpfen, mussten im Verlauf der letzten Jahre diesem Trend folgen, wenn sie irgendwie noch ihre Werbeblöcke und damit ihre Kassen voll bekommen wollten. Wir geben es nicht gern zu, aber hier geht es ums Geld und dafür ist die Gesamtgesellschaft bisher bereit gewesen, auch ihre Kinder zu verkaufen!

Was also wäre zu tun? Verbieten wird nicht das Mittel der Wahl sein. Indizierte Filme und Computerspiele im Besonderen erlangen leicht Kultstatus. Regulieren scheint mir hier das Zauberwort zu sein, und Umverteilung der Mittel, denn möglichst viele müssen zufrieden sein. Denkbar wäre die Einführung einer Art „Gewaltsteuer“: Sender, die Gewaltdarstellungen zeigen wollen, müssten dafür eine gewisse Steuer abführen, die sie wiederum der Werbeindustrie, die ja die Platzierung im Umfeld derartiger Sequenzen besonders schätzt, gegenverrechnen könnten. Die so eingehobenen Steuern könnten dann jenen Sendern, die sich gegen Gewaltdarstellungen entscheiden und deshalb durch verminderte Werbeeinnahmen unter Druck geraten, für die Produktion wertvoller und lehrreicher Formate zur Verfügung gestellt werden. Wenn nun auch noch die Ergebnisse der Auswirkungen von TV-Gewalt auf die Entwicklung der Kinder bei den Eltern ernsthaft die Runde machten, wäre zu erwarten, dass Eltern ihre Kinder dazu anhielten, wertvollere, gewaltfreiere Programme – so diese vorhanden sind – zu wählen. Damit würden diese Sender Marktanteile zurückerobern, wodurch sie für die Werbeindustrie, die auf die geänderten Fernsehgewohnheiten reagieren würde, wieder interessanter würden. Gewalt zu senden, wäre teuer und letztendlich auf gewisse Sendeplätze beschränkt. Man könnte der

Überflutung mit Gewalt, wie sie jetzt erfolgt, ausweichen und es gäbe attraktive Alternativen.

Und bis es so weit ist? Für alle, die es auf den Punkt gebracht lieben, meine Schlussfolgerungen im Stenogrammstil:

- Limitieren Sie den täglichen Fernsehkonsum Ihrer Kinder auf unter zwei Stunden. Je weniger, desto besser!
- Säuglinge und Kleinkinder haben vor dem Fernsehgerät nichts verloren!
- Wählen Sie die Programme, die Ihre Kinder sehen, sorgfältig aus!
- Gewaltdarstellungen zu ignorieren, kommt einer stillschweigenden Duldung gleich und leistet einer Akzeptanz Vorschub! Sprechen Sie mit Ihren Kindern lieber darüber!
- Ein Fernsehgerät hat im Kinderzimmer nichts verloren!

Computerspiele – Horror zur Potenz

Vor 30 Jahren studierte ich Medizin und bereitete mich auf das Pathologierigorosum vor. Für nicht eingeweihte Leser muss hier angemerkt werden, dass das Pathologieexamen im Status eines Golgathas für sich quälende Medizinstudenten rangierte. Als „Lernzeit" wurde von jenen, die es hinter sich gebracht hatten, ein stolzes Jahr kolportiert. Wir, die wir noch davor und allesamt mit unserem persönlichen Zeitmanagement auf Kriegsfuß standen, da wir so etwas in der Schule nie gelernt hatten, schlugen alle Warnung in den Wind. Wir wogen die Schwere der Skripten in der einen, die Verlockungen des Studentenlebens oder von Jobs, die unsere stets karge Kasse aufzubessern vermochten, in der anderen Hand und ließen erst mal ein gutes halbes Jahr verstreichen. Das Ergebnis war vorprogrammiert. Die letzten Wochen vor dem immer rascher heranfliegenden Prüfungstermin wurden zu einer erschöpfenden „Durchlernphase", in der der immer umfangreicher statt überblickbarer werdende Stoff gnadenlos durchgepeitscht werden musste.

Damals kam ich zum ersten Mal über mehrere Wochen hindurch kontinuierlich mit gewaltbeladenen Videospielen in Kontakt und erfuhr ihre Auswirkungen am eigenen Leib. Wohlgemerkt, wir befanden uns noch nicht einmal in den 1980er-Jahren, die Spiele waren für heutige Verhältnisse mehr als primitiv, geradezu rührend lächerlich. In dem hier angesprochenen Spiel ging es darum, gegnerische Panzer mit dem eigenen Panzer abzuschießen. Die Panzer waren in Form geometrischer Figuren auf einem nachtschwarzen Schirm angeordnet und konnten mittels eines kleinen Hebels und begleitet von einem synthetischen, tuckernden Geräusch auf dem Spielfeld hin und her bewegt werden. Über einen roten Druckknopf wurde ein Schussmechanismus betätigt, der kleine grüne Striche aus dem angedeuteten Rohr des eigenen Panzers entließ und mit etwas Glück einen gegnerischen Panzer auf dem Schirm zum Verschwinden brachte, wofür man dann Punkte kassierte. Wir, mein damaliger Lebensgefährte und Leidensgenosse im Ringen um das Pathologieexamen und ich, spielten dieses Spiel begeistert, jede Nacht so gegen ein Uhr, in einem Kaffeehaus um die Ecke, wenn wir unser absolutes Konzentrationstief beim „Stucken“ erreicht hatten und nichts mehr in unsere Köpfe hineinging, denn wir hatten festgestellt, dass uns eine halbe Stunde Spiel wieder hellwach machte. Dass wir damit einer der Auswirkungen von Computerspielen, nämlich einer drastischen Erhöhung des Erregungsniveaus, begegnet waren, war uns nicht bewusst.

Damals habe ich diesen Begleiteffekt geschätzt, später, als ich mich, bedingt durch meine mehrfache Mutterschaft, mit dem Thema Videospiele auseinandersetzte, hat mich dieses Erlebnis sehr nachdenklich gestimmt, da offenbar sogar von einer recht verfremdeten und primitiven Anordnung vergleichsweise viel suggestives Potenzial auszugehen schien, das tief in unsere Körperfunktionen hinein zu wirken vermochte. Um wie viel mehr bei den heute so realistischen Spielen!

Das von mir in meiner Studentenzeit so erfolgreich gespielte Videospiel war ein Vertreter der ersten Spiele-Generation. Damals gehörte den Atari-Rechnern die virtuelle Welt und Gewalt hatte nur in stark abgeschwächter Form Platz. In dieser ersten Phase, die bis etwa in die Mitte der 1980er-Jahre reicht, war dies auch eine bewusste Entscheidung, wie der Gründer der Firma, Nolan Bushnell, schreibt. Da gab es noch einen Ehrenkodex und eine interne Regel, die es untersagte, Menschen zu „Zielen" zu machen.

Mit der nächsten Rechnergeneration, in der die Firma Nintendo die Führung übernahm, änderte sich das und das Tabu wurde gebrochen. Gleichzeitig wurden die Darstellungen durch die verbesserte Rechnerleistung weitaus realistischer. Mein altes aus geometrischen Strichfiguren zusammengesetztes Panzerspiel vermochte niemanden mehr zu faszinieren und wurde endgültig vom Markt genommen. Auf diesen drängte das erste *Ego-Shooter-Spiel* „Wolfenstein 3D", das großen kommerziellen Erfolg erzielte. In diesem Spiel wurde erstmals hinter der Waffe gekämpft, der Spieler sieht alles aus der Perspektive des Kämpfenden und schaut nicht nur zu, was den Realitätsgrad enorm erhöht. Auch „Doom" datiert in diese zweite Generationsphase, die bis Mitte der 1990er-Jahre dauerte.

Die letzte Phase, die bis in die Gegenwart reicht, wird durch die Firma Sony und die Spielkonsole PlayStation geprägt. Zu den gegenwärtigen Spielkonsolen verhielten sich jene von vor zehn Jahren so wie ein handgezeichnetes Strichmännchen zu einem Foto einer Digitalkamera. Und die nächste Generation von Konsolen wird wieder einen zigfachen Qualitätssprung bedeuten. Vor allem werden die Spiele immer realistischer und die in den Spielen vorkommende Gewalt natürlich ebenso. Neben der immer detailgenaueren und naturalistischeren Darstellung von Gewalt macht sich ein weiterer Trend bemerkbar: die immer grausamere, um nicht zu sagen immer geschmacklosere und verrohende Darstellung von Gewaltausübung. Es scheint fast so, als würden alle Alpträume und bösen Geister in den Computerspielen Gestalt annehmen.

Shawn Green und Daphne Bavelier von der Universität Rochester konnten zeigen, dass bei regelmäßigem Computerspielen gewisse Teilbereiche der visuellen Verarbeitungsfähigkeit verbessert wurden.[40] Das würde also bedeuten – je mehr man ballert, umso besser wird man! Das verlangt nach einem genaueren Blick.

Was sich durch das Training mittels Ego-Shooter-Spiel verbesserte, war die Fähigkeit, den Wahrnehmungsfokus zu erweitern, sprich simultan dargebotene visuelle Reize rascher verarbeiten zu können. Doch bevor wir jetzt alle die Regale einschlägiger Anbieter von Ego-Shooter-Spielen für unsere Kinder plündern, sollten wir darüber nachdenken, dass diese Fähigkeit eher nur dann Sinn macht, wenn ich von allen Seiten angegriffen werde. Diese Erweiterung des Wahrnehmungsfokus wird jedoch kaum von Nutzen für das Schulleben unserer Kinder sein, bedeutet es doch auch ein rasches Switchen von einem Reiz zum nächsten, und das ist das genaue Gegenteil von dem, was in der Schule für den Lernprozess wesentlich ist, nämlich Konzentration.

Frauen scheinen, was ihre Fähigkeit zur räumlichen Wahrnehmung betrifft, von Videospielen zu profitieren. Jonathan Roberts vom Virginia Polytechnic Institute konnte bei Frauen im Gegensatz zu Männern durch das Spielen von 3D-Computerspielen eine Verbesserung der visuellen räumlichen Wahrnehmung feststellen, die bis an die Fähigkeiten von Männern, die Frauen in diesem Teilbereich der räumlichen Wahrnehmung üblicherweise überlegen sind, heranreichte.[41] Für eine zukünftige Architektin eine verlockende Perspektive – die sich aber mit sehr viel besseren, auf diesen Bereich ausgerichteten und nicht gewalttätigen Spielen genauso erzielen lässt. Für Normalverbraucherinnen schlägt sich eine derartige Verbesserung der räumlichen Vorstellungskraft wahrscheinlich im Parken nieder, aber da schicke ich, wenn ich die Wahl habe, meine Töchter lieber drei Stunden länger in die Fahrschule.

Virtuell üben, real morden

Als Devin Moore in Alabama von einer Polizeistreife zur Einvernahme wegen eines gestohlenen Autos auf die Polizeiwache gebracht wurde, war er gerade erst 18 geworden. Anfänglich lief alles glatt und er wirkte kooperativ, bis er an die Waffe des ihn verhörenden Beamten kam. Er gab zwei Schüsse auf den Mann ab und rannte hinaus in den Korridor, wo er dreimal auf einen Polizeibeamten schoss, der sich gerade dort aufhielt. Bevor es ihm gelang, mit einem gestohlenen Polizeiwagen zu flüchten, gab er weitere fünf Schüsse auf einen dritten Polizisten ab. Alle Schüsse zielten jeweils auf den Kopf des Opfers, alle drei Beamten starben an ihren Kopfverletzungen.

Als Moore gestellt und endlich in Gewahrsam genommen werden konnte, soll er gesagt haben: „Das Leben ist wie ein Videospiel. Manchmal stirbt man eben."

Devin Moore hat das Videospiel „Grand Theft Auto" fanatisch gespielt. Die Anwälte versuchen jene Handelskette, die dieses Spiel an den damals Minderjährigen verkauft hat, ebenso wie die Firma Sony Computer Entertainment mit in die Verantwortung für das Verbrechen zu nehmen. Faktisch hat Devin Moore eine Szene, die er virtuell Tausende Male trainiert und durchlaufen hat, dieses eine Mal real durchgespielt.

Der Fall von Devin Moore ist insofern besonders aufsehenerregend, weil hier erstmalig eine Mitverantwortung der Industrie thematisiert wird. Doch das Verbrechen in Alabama ist nicht das erste und auch nicht das einzige, das eine Beziehung zu extensivem Spielen von gewaltbeladenen Videospielen nahelegt.

Littletown in Colorado, USA, ist uns noch allen ein grausiger Begriff. Zwei Schüler, 17 und 18 Jahre alt, betraten, mit zwei Schrotflinten, zwei Maschinenpistolen und einem halbautomatischen Gewehr bewaffnet, ihre Schule und erschossen zwölf ihrer Mitschüler und einen Lehrer. Dann begingen sie Selbstmord, nicht ohne vorher das Schulgelände noch mit Rohrbomben, Granaten und anderen Sprengkörpern zu verminen. Die beiden waren bekannt für ihre Vorliebe für das blutige Videospiel „Doom".

Aber nicht nur in den USA kam es zu derartigen Bluttaten. Auch bei unseren engsten Nachbarn sind derartige Verbrechen schon Realität geworden. Die Bluttat des 19-jährigen Schülers Robert Steinhäuser in Erfurt, der das Gymnasium, von dem er wenige Wochen zuvor wegen schlechten Betragens verwiesen worden war, stürmte und, mit einer Pistole und einer Schrotflinte bewaffnet, 17 Menschen, darunter 13 Lehrer, ermordete, ist wohl die erschreckendste dieser Taten. Auch er war bekannt dafür, dass er außerordentlich viel Zeit mit Gewalt-Videospielen zubrachte.

Längsschnittuntersuchungen zum Thema Gewaltspiele und ihren Folgen existieren noch keine, dafür ist die Generation der Hochleistungsrechner, die die Voraussetzung für naturalistische Wiedergabe und flüssigen interaktiven Spielablauf sind, noch zu jung. Die vorhandene Forschungsliteratur jedoch gibt zu mehr als Sorge Anlass!

Eine Studie aus 2004 fand bei 150 Volksschulkindern im Alter von zehn Jahren einen signifikanten Zusammenhang zwischen dem Spielen von Gewalt-Videospielen einerseits und dem Abstumpfen gegenüber Gewalt andererseits. Die Kinder waren eher bereit, Gewalt anzuwenden, wobei sich gleichzeitig ihr Mitgefühl verringerte.[42]

Gleichlautende Befunde waren zuvor in Japan und den USA erhoben worden. C. A. Anderson und K. E. Dill führten 2000 zwei Untersuchungen mit Collegestudenten durch, wobei sie eindeutig einen Bahnungseffekt für aggressive Gedanken und Handlungen durch das Spielen von aggressiven Computerspielen („Wolfenstein 3D") nachweisen konnten, der bei der Kontrollgruppe, die ein nicht gewalttätiges Spiel („Myst") spielte, ausblieb.[43]

Nimmt man die technische Entwicklung von Gewalt per Computer und Konsole und geht von der These aus, dass hier eine Auswirkung auf unsere Kinder gegeben ist, dann müssten diese Auswirkungen mit der Zunahme der Realitätstreue aufgrund der Qualitätsverbesserung durch die neuen Rechner auch zunehmen. Entsprechend müsste sich der Zusammenhang zwischen dem Spielen von gewalttätigen Video- und Konsolenspielen in älteren Untersuchungen noch weniger zeigen als in jüngeren. Genau das ist der Fall! Je neuer die Studien, umso stärker der gefundene Zusammenhang. Das lässt für die Zukunft Schlimmes erwarten!

Ein wesentlicher Faktor, der Gewaltspiele auf dem Computer so gefährlich macht, ist die Tatsache, dass hier, im Unterschied zum Fernsehen, Gewalt nicht nur *passiv* angesehen, sondern *aktiv* ausgeübt wird. Das ist die bevorzugte Art, wie wir lernen. Zusehen und Nachmachen, dann sitzt es! Nebenbei ist das ja auch eines der Hauptargumente für den Einsatz des Computers im schulischen Kontext. Stoff wird nicht nur vorgetragen und auf der Tafel aufgemalt, sondern der Schüler muss sich aktiv einbringen. Interaktives Lernen nennt man das dann und ist stolz darauf! Dass dasselbe Prinzip beim Spielen von Gewaltspielen – beim Lernen von Gewaltausübung! – zur Anwendung kommt, scheint plötzlich niemandem mehr aufzufallen oder zu stören.

Damit wir an etwas dranbleiben, muss es Spaß machen und uns das Gefühl von Sinn geben. Wie schon angesprochen, ist der stärkste Antrieb für unsere Spezies der „positive Blick des Gegenübers", der uns Anerkennung und Wertschätzung und damit eine gute gesellschaftliche Position verspricht. Lob und Anerkennung unserer Leistung sind also ein wesentlicher Lernstimulus. Jede gute Französisch-Lernsoftware weiß das, und wenn wir unsere Vokabeln richtig gesprochen haben, werden wir durch die begeisterten Kommentare des Sprachtrainers belohnt! Nicht dass wir extra dafür den Computer aufdrehen und Französisch büffeln, aber es wirkt auf einer sehr direkten Einflussebene während des Sprachtrainings. Wir freuen uns über die Bestätigung aus dem

Lautsprecher und bekommen das Gefühl, dass es Sinn macht, weiter Französischvokabeln zu büffeln. Verantwortlich dafür ist unser Motivationssystem mit seiner Freisetzung von Dopamin und endogenen Opioiden, die bewirken, dass wir uns beim Vokabellernen wohlfühlen.

Gewaltspiele sprechen genau dasselbe System an. Statt Lob vom Sprachtrainer sammelt man Punkte, „Credits" oder „Leben" und steigt in neue Ebenen auf, was die positive Rückkopplung und damit die Ausschüttung von Dopamin und Opioiden auslöst. Das regt uns zu weiterem Spielen und dem Wunsch nach Verbesserung an. Verifizieren konnte man diese Zusammenhänge mittels Positronen-Emissions-Tomografie (PET), einem neuen bildgebenden Verfahren, das die Aktivität von Hirnarealen zu messen vermag. In einer 1998 durchgeführten Studie konnte die dramatische Aktivierung des Dopaminsystems durch Gewaltspiele nachgewiesen werden.[44]

Ein anderer Aspekt von Gewaltspielen ist darin zu sehen, dass sie durch die tausendfache Wiederholung von visuell eindrücklich dargestellten und akustisch unterlegten Gewaltszenen zu einem Abstumpfungseffekt gegenüber virtueller wie realer Gewalt führen und gleichzeitig die Empathiefähigkeit – die Fähigkeit, sich in ein Gegenüber hineinzuversetzen – abnimmt. Wer sich aber in sein Gegenüber nicht mehr hineinzuversetzen vermag und wem auch das Mitfühlen fehlt, der hat in der sozialen Interaktion, so er nicht in einem Kriegsgebiet lebt, schlechte Karten in der Hand; für den werden seine Mitmenschen schwer „lesbar" und beängstigend, was wiederum Gewalt begünstigt. Dieses Verhalten – immer eine Hand am Speer – mag vielleicht vor 60.000 Jahren ein evolutionärer Vorteil gewesen sein, in unserer heutigen eng regulierten und in erster Linie auf *social skills* bauenden Gesellschaft ist es eine sichere Einbahnstraße in die Kriminalität.

Ein weiterer nicht zu unterschätzender Effekt besteht in der Verführung zur Identifikation, was eine noch bessere Lernvoraussetzung schafft. Passiert es schon beim Ansehen von Filmen, dass wir uns in der Gefühlswelt der Helden wiederfinden, so zwingen uns Ego-Shooter-Spiele die Identifikation mit der aggressiven Spielfigur quasi als Spielvoraussetzung auf. Dass damit noch „bessere“ Lernbedingungen für das kindliche Gehirn geschaffen sind, liegt auf der Hand, und dass das kindliche Gehirn am schnellsten lernt und sich damit spezifische, nutzungsabhängige und aggressionsbezogene neuronale Netzwerke im Sinne von „geistigen Autobahnen“ besonders erfolgreich etablieren können, dürfte nach dem bisher Gesagten ebenfalls für sich sprechen.

Gewaltspielen kann man auch nicht vorwerfen, sie würden halbe Sachen machen, denn im Unterschied zum Fernsehen, wo Gewaltszenen „nur“ als Handlungsausschnitte auftreten, werden bei Gewaltspielen ganze Handlungsabläufe durchgespielt, vom Beginn bis zum Ende. Der Tötungsmechanismus, zerlegt in seine vielen kleinen Einzelschritte, von der Wahl der Waffe, ihrer Bestückung mit Munition, der Verfolgung des Opfers, dem Zielen, dem Abdrücken und dem Realisieren des Ergebnisses, wird in seinem ganzen Umfang geübt. Das scheint mir auch der Grund zu sein, warum das Spiel „Doom“ an die US Marines vermarktet und lizensiert wurde. Dort wurde es als exzellentes taktisches Trainingsinstrument eingesetzt. Dass die Marines kein Bruderorden der Benediktinerinnen sind, dürfte halbwegs bekannt sein; und dass man es in diesem Kontext auf das Lernen eines möglichst reflexhaft ablaufenden Reaktionsverhaltens in einer gefährlichen, feindlichen Umwelt anlegt, ergibt sich auch daraus, dass Marines ihren „Arbeitsplatz“ kaum in einem Rosengarten haben. Dass die Aufnahme in eine militärische Elitetruppe mit entsprechenden psychometrischen Tests einhergeht, ist vielleicht schon weniger bekannt, aber keine Armee der Welt steckt immense Ausbildungskosten in eine Person, die dann bei Einsätzen in den jeweiligen brisanten Hinterhöfen der Welt das Risiko in sich trägt, „unzuverlässig“ zu werden und im nächsten Supermarkt herumzuballern. Aber was ist mit unseren Kindern? Ich denke, ich bin nicht die Einzige, der es schleierhaft ist, dass dasselbe Videospiel, ein exzellentes Trainingsinstrument für Gewaltbereitschaft, sich grundsätzlich spielend leicht – denn es findet sich immer ein älterer Bruder, Cousin oder Freund – auch auf dem Computer meines 14-jährigen Sohnes wiederfinden könnte.

Brief an die Eltern

Die Kinder und Jugendlichen sprechen natürlich nicht davon, nicht mit uns „Alten“, aber in ihrer Peergroup schon, denn dort kann man mit dem Besitz besonders indizierter Spiele wie auch mit den berüchtigten *Snuff*-Handyvideos besonders punkten. Und die Jugendlichen wollen ja auch spielen. Wie wir gesehen haben, stimulieren diese Spiele in sehr unmittelbarer Weise das Dopaminsystem und verschaffen ein angenehmes Lebensgefühl, sodass für manche Jugendliche das Spielen einen regelrechten Suchtcharakter entwickelt. Und ein weiter reichender Überblick, die persönliche Entwicklung betreffend, so darf in Erinnerung gerufen werden, kann zumindest ohne Anleitung von unseren heranwachsenden Kindern auch noch nicht verlangt werden. Von den Kindern und Jugendlichen wird also kein Impuls zur Veränderung kommen.

Von der Gewaltspiele produzierenden Industrie? Da bringen wir dem Tiger wahrscheinlich leichter bei, Gras zu fressen. Die Spieleindustrie bedient sich übrigens derselben Taktik, die die Tabakindustrie lange erfolgreich verfolgte, indem sie „Experten“ in ihren Sold nahm, die die Forschungsliteratur lautstark kritisierten und damit für Verunsicherung sorgten. Denn wer liest schon nach?

Und wie steht es mit den Eltern? Die meisten Eltern spielen diese Spiele selbst nicht. Wer einem geregelten Erwerbsleben nachgeht und eine Familie zu betreuen hat, hat auch nicht die Zeit, sie mit Videospielen, noch dazu in einer regelmäßig am Ball der Entwicklung bleibenden Weise, zuzubringen. Die meisten Eltern kennen diese Spiele gar nicht und vermögen deren Inhalt und ihre Auswirkungen auch nicht einzuschätzen. „Ich kenne mich, was Videospiele betrifft, überhaupt nicht aus, ich kann mich maximal an der Hülle orientieren und an dem, was mir mein Kind über das Spiel sagt", schildern die meisten Eltern ihre Situation und viele bekennen auch ihre Interesselosigkeit an dem für sie selbst wenig interessanten Thema. Das Videospielen geschieht praktisch in einer Parallelwelt! Hauptsache, die Kinder sind beschäftigt und augenscheinlich, weil im eigenen Kinderzimmer gut aufgehoben, unter Kontrolle und nicht in Gefahr.

Von gesellschaftlicher Seite würde man sich bereits beim jetzigen Stand der Forschung eine wirkungsvolle und entsprechende Regulation zum Schutz unserer Kinder erwarten. Dass dies bislang ausbleibt und lediglich genauso zahnlose wie wirklichkeitsferne Maßnahmen gesetzt werden, ist als eine gesellschaftliche Todsünde an unseren Kindern zu bewerten.

Wenn Sie nach dem bisher Gesagten noch immer Lust haben, Ihrem Kind ein Computer- oder Videospiel zu kaufen, so beherzigen Sie im Rahmen ihrer elterlichen Verantwortung den Rat von D. A. Gentile und C. A. Anderson (2003), die in einem *Brief an die Eltern* empfehlen:

1. Spielen Sie das Spiel zuerst selbst oder lassen Sie es sich zeigen.
2. Stellen Sie sich anschließend folgende Fragen:
   - Kommen in dem Spiel Spielcharaktere vor, die andere verletzen wollen?
   - Geschieht dies oft? Mehr als ein- bis zweimal in einer halben Stunde?
   - Wird Verletzen in irgendeiner Weise belohnt?
   - Wird Verletzung scherzhaft dargestellt?
   - Fehlen gewaltfreie Lösungsoptionen oder werden diese als weniger attraktiv dargestellt als die aggressive Konfliktlösung?

3. Wenn Sie zwei oder mehr dieser Fragen mit ja beantworten, überlegen Sie bitte genau, welche Lektion Ihrem Kind mit diesem Spiel erteilt wird, bevor Sie ihm den Zugang dazu erlauben.[45]

PS: Sollten Sie nun alarmiert sein und in näherer Zukunft mit Menschen zu diesem Thema ins Gespräch kommen und sollte dann jemand meinen, das Spielen von Gewaltspielen habe einen Spannung abbauenden, reinigenden und somit beruhigenden Effekt und wäre daher nützlich, weil man nämlich auf diese Weise mit aufgestauter Aggression leichter fertigwerden könne – so seien Sie versichert, dass es keine einzige Forschungsarbeit, kein einziges Experiment und keine einzige Beobachtung gibt, die dieses Märchen bestätigen könnte!

Zeit – Vom fahrlässigen Umgang mit unserem wertvollsten Gut

Es ist nicht zu wenig Zeit, die wir haben, sondern es ist zu viel Zeit, die wir nicht nutzen.

Seneca

Keine Zeit, keine Zeit …

Dr. Nadja P. hat einen dichten Stundenplan, die Terminvereinbarung mit ihr gerät zu einem längeren Gespräch. Es soll bald sein, denn die Situation ihrer Tochter brauche dringende Lösung, andererseits sei sie jeden Montag bis Mittwoch in Deutschland in ihrer zweiten Kanzlei, Donnerstag bis Samstag dann in ihrem Wiener Büro. Samstag wäre grundsätzlich leichter, aber der ginge ja wahrscheinlich bei mir eh nicht? In ihrem Ton schwingt eine kleine Frage mit. Wir einigen uns dann auf den kommenden Montag, 7.30 Uhr. Sie nimmt einen späteren Flug nach Frankfurt, ich komme früher in die Praxis. Anja wird dann Mittwoch kommen, nach der Schule und vor dem Geigenunterricht, der eine halbe Stunde nach hinten verlegt wird.

Montags trinke ich zu ungewohnter Stunde lieber gleich zwei Espressi in meiner Praxis. Die tun meinem Hirn und Blutdruck gut, meinem Magen weniger. Dr. Nadja P. wirkt um 7.30 Uhr, als wäre sie schon seit mindestens zwei Stunden auf Betriebstemperatur. Ist sie auch, wie sie mir während unseres Gesprächs eröffnet. „Normal fliege ich montags sehr früh, das hat mich zur chronischen Frühaufsteherin gemacht."

Dr. Nadja P. ist eine noch immer attraktive Frau am Beginn ihrer Fünfziger, mit eleganter Kleidung, nicht ganz schlank, und einem sehr energetischen Auftreten. Ihre Lebensgeschichte beeindruckt und erschöpft gleichzeitig schon beim Zuhören. Als Tochter eines Grundschullehrerehepaars in einer unaussprechlichen Kleinstadt im Osten von Polen nahm sie mit 18 ihren Weg nach Österreich, wo sie jahrelang die Nächte in Büros durchputzte, die Sprache lernte und ihr Studium der Rechtswissenschaften absolvierte. Anschließend spezialisierte sie sich auf Wirtschaftsrecht mit Fokus Osteuropa und eröffnete ihre Kanzlei in Wien. Sie erzählt flüssig in einer Art Stenogramm, unprätentiös, als wäre ihr Weg eine „gemähte Wiese" gewesen, doch zwischen den Zeilen werden die mit ihrem Erfolg verbundene Knochenarbeit, ihre Selbstdisziplinierung und ihre 16-Stunden-Tage greifbar. Dann habe sie eben Glück gehabt und ein paar größere Firmen seien ihr praktisch auch noch in die Kanzlei geschneit. Fast verschmitzt führt sie an, dass sich ihr Aufwachsen in Polen unerwartet in einen beträchtlichen Berufsvorteil verwandelt hätte, da sie sowohl die Mentalität ihrer osteuropäischen Verhandlungspartner trefflich einzuschätzen wüsste, wie auch durch ihre Sprachkenntnisse – sie spricht neben ihrem völlig akzentfreien Deutsch und Polnisch auch noch Englisch, Russisch und Tschechisch – es ihr ermöglichten, in der Muttersprache mit den diversen Vertragspartnern ihrer Klienten zu verhandeln.

Auch ihren Mann und Anjas Vater habe sie durch ihren Beruf, wie auch sonst, mit 40 kennengelernt. Er ist Rohstoffhändler und in dieser Funktion Berater mehrerer Industrieunternehmen. Anja sei ein absolutes Wunschkind gewesen. Nach zwei Aborten und einer stressigen Schwangerschaft wäre sie bereits 44 gewesen, als Anja geboren wurde. „Unser größtes Lebensglück, wir haben es wirklich nicht mehr für möglich gehalten, für jeden von uns das erste Kind, und das noch so spät", erzählt sie, „aber können Sie deswegen alles, was Sie in fast 20 Jahren aufgebaut haben, fallen lassen? Außerdem wäre es undenkbar für mich, abhängig zu sein." Anja sei natürlich sehr verwöhnt und stehe im Zentrum der Fami-

lie. Gerade auch deswegen seien ihr Anjas zunehmende und immer schrecklicher werdenden Angstanfälle und die Attacken von Schlaflosigkeit unerklärlich. Schreckliche, wirklich beängstigende Horrorträume habe das Kind, die den Eltern umso unerklärlicher wären, wo Anja doch praktisch nie fernsehen würde. Trotz ihrer beider intensiven Berufstätigkeit würden sie und ihr Mann sehr danach trachten, ihre Flugpläne so abzustimmen, dass er eher in der ersten Hälfte und sie in der zweiten Hälfte der Woche in Wien wäre.

Anja habe einen stark durchstrukturierten Tagesablauf, besuche eine englischsprachige Privatschule, bekomme zweimal die Woche zusätzlich Polnisch- und einmal Deutschunterricht, lerne, da sie sehr musisch veranlagt sei, Klavier und Geige und übe auch beide Instrumente täglich, da sie bereits bei Aufführungen mitspiele, und sie mache Judo, denn das müsse man wirklich früh beginnen, nicht erst als Teenager, wenn man auszugehen beginne. Anja sei nun auch wirklich ein sehr braves, einsichtiges Mädchen. Widerständiges Benehmen kenne sie bei ihr, wenn man vom lange zurückliegenden Trotzalter einmal absehe, eigentlich nicht. Im Gegenteil, Anja sei, was ihre Leistungen und ihren Einsatz betreffe, eine wirkliche Freude.

Anja besucht mich am darauffolgenden Mittwochnachmittag, zu einem Zeitpunkt, da ihre Mutter sich wahrscheinlich gerade auf den Weg zum Frankfurter Flughafen macht und ihr Vater gerade in der Schweiz einen Geschäftstermin absolviert. Sie kommt in Begleitung ihrer Nanny, einem polnischen Au-pair-Mädchen. Anja ist mit ihren neun Jahren bereits eine Mini-Lady. Adrettes blaues Benetton-Mädchenkleid, ein feiner strassbesetzter Haarreifen, der das blonde halblange Haar zurückhält, und ein vorsichtiger Händedruck sind der erste Eindruck. Ein ernstes kleines Mädchen, das mich sehr aufmerksam und forschend anblickt, sitzt mir dann ein paar Minuten später mit sehr geradem Rücken in meinem Sprechzimmer gegenüber und blickt ständig auf die Uhr. „Ich muss pünktlich bei meiner Geigenlehrerin sein“, weiht sie mich ein, als ihr auffällt, dass mein Blick dem ihren folgt. Sie scheint mir sichtlich unter Druck. „Das schaffst du sicher", beeile ich mich zu versichern, „wir wollen uns nur über ein paar Dinge unterhalten und dann bist du auch schon wieder auf dem Weg", versuche ich der in ihren Terminkalender eingeschobenen Stunde den angemessenen Platz zu verschaffen. „Ja, ich weiß", seufzt sie etwas altklug, „aber es ist einfach alles so stressig."

Anja ist ein wirklich beeindruckend zielorientiertes Kind und so mit dem Erreichen aller Vorgaben beschäftigt, dass nichts anderes in ihrem kleinen Kinderleben mehr Platz hat. Effizienz spricht aus allem, was sie beschreibt. Die Pausen in der Schule und die Fahrtzeiten zu ihren zusätzlichen Aktivitäten nutzt sie, um sich vorzubereiten. Einfach in der Pause rumzuhängen, erscheint ihr als Zeitverschwendung. Selbstredend, dass Anja die Klassenbeste ist, obwohl das aus ihrem Mund eher wie eine schwere Bürde denn als sicheres Ruhekissen klingt. Sie berichtet mir, an nichts anderes als ihre Schul- und zusätzlichen Lernverpflichtungen denken zu können und beständig der Angst zu unterliegen, nicht genug vorbereitet zu sein. Der Tag wirke schrecklich kurz im Verhältnis zu all dem, was es zu erledigen gelte, der Gedanke, einen Fehler zu machen, sei unerträglich, befalle sie aber zunehmend mehr. Schon morgens wäre sie manchmal sehr müde und mutlos. Wenn sie nur mehr Zeit hätte! Dann, so meint sie, wäre alles einfacher und sie könnte endlich wieder alle Anforderungen erfüllen. Im Verlauf unseres Gesprächs wird deutlich, dass Anja unter extremem Druck steht, Leistungsdruck und Zeitdruck, und eingemauert in dieser Welt der Anforderungen lebt, die für nichts anderes mehr Platz lässt. Trotz ihres jugendlichen Alters von neun Jahren leidet sie bereits unter der von den Psychologen Diane Ulmer und Leonard Schwartzburd beschriebenen „Eilkrankheit", einer Vorstufe des Burn-outs.[46] *Der „Tick-Tack-Mann" ist ein mächtiger Antreiber in Anjas Seele und wird in ihren nächtlichen Horrorträumen, ihrer Schlaflosigkeit und ihrer sozialen Isolation zur bedrohlichen Gestalt.*

Kinder wie Anja sind im Zeitalter des ungebremsten Wettbewerbs kein Einzelfall mehr. Der „Kampf und die Zeit“ formt unser aller Grundlebensgefühl und ist damit für wesentliche Entscheidungen und Weichenstellungen, die weit reichende Konsequenzen bis auf die Ebene von Gesundheit und Identität haben, verantwortlich. Die Zeit ist sicher unsere wichtigste persönliche Ressource und zugleich die unersetzbarste, denn gelebte Lebenszeit ist unwiederbringlich vorbei.

Zeit ist eine physikalische Größe und als solche genau definiert, wird der geschätzte Leser vielleicht einbringen. Da gibt's nichts dran rumzudrehen oder psychologisch zu deuten. Und was soll das mit unseren Kindern und einem angeblichen gesellschaftlichen Versäumnis unseren Kindern gegenüber zu tun haben? Sollen wir unseren Kindern vielleicht nicht mehr beibringen, dass eine Stunde 60 Minuten und eine Minute 60 Sekunden hat?

Dem ist nichts entgegenzusetzen. Wie der Physiker Stephen Hawking darlegt, können wir die Zeit heute sogar genauer messen als die Länge, weshalb wir folgerichtig jetzt sogar die Länge in Zeiteinheiten definieren, wenn es ganz genau sein muss. Ein Meter ist demnach die Zeit, die ein Lichtstrahl in 0,000000003335640952 Sekunden zurücklegt.

Doch um die Physik der Zeit geht es hier nicht, die bleibt unbestritten, und ich bin auch bereit, mich in Ehrfurcht vor der Atomuhr NIST-7 zu verneigen, die in einer Million Jahre nicht um eine Sekunde vor- oder nachgehen wird. Hier geht es vielmehr um den Umgang mit der Zeit, der andere, lebensbestimmende Qualitäten der Zeit zum Vorschein bringt.

Jeder Kultur ihre Zeit

Kulturelle Überzeugungen sind derart innig in das komplexe Geflecht einer Kultur eingewoben, dass sie ihren Mitgliedern wie die Luft zum Atmen erscheinen. Sie sind so selbstverständlich und naturgesetzmäßig, dass sich jede Diskussion erübrigt, ja, dass sie von den Angehörigen dieser Kultur nicht einmal mehr wahrgenommen werden. Nur ahnungslose Außenstehende, die den eingefleischten Kodex nicht teilen und durch ihr Verhalten ungewollt in ein kulturelles Minenfeld geraten, machen die ungeschriebenen Gesetze zuweilen anhand heftiger Reaktionen sichtbar.

Kaum eine andere Überzeugung sitzt derart tief und ist daher so versteckt, wie jene kulturellen Übereinkünfte es sind, die mit der Zeit zu tun haben. Schon vor 50 Jahren hat der Anthropologe Edward Hall die Regeln der sozialen Zeit die „stumme Sprache" genannt.[47] Überall auf der Welt lernen die Kinder ganz automatisch die Regeln ihrer Gesellschaft im Umgang mit der Zeit, in denen es um Pünktlichkeit, um Warten, sich Beeilen, um „zu spät" oder „zu früh" geht. Es gibt kein Lehrbuch dafür und kein Lexikon, in dem diese Gesetze nachschlagbar wären, und doch existiert eine eindeutige Übereinkunft, welches Verhalten in der jeweiligen Kultur für den jeweiligen Fall als zeitlich angemessen gilt.

Da die Zeit ein Eckpfeiler des sozialen Lebens ist, gibt uns die Beschäftigung mit den Zeitvorstellungen einen wertvollen Einblick in die „Psyche einer Kultur", und natürlich auch in unsere eigene, denn wie wir uns durch die Zeit bewegen, bestimmt letztendlich die Art und Weise, wie wir unser Leben leben.

Ob Zeit als wertvolles Gut, mit dem sorgsam hauszuhalten ist, angesehen wird und jedes Quäntchen „verschwendete" Zeit ein Beweis von Erfolglosigkeit oder gar moralischer Minderwertigkeit ist, oder ob Zeit bedeutungslos dahinfließt, das bestimmt in wesentlichen Bereichen die Facetten einer Kultur. Noch vor fünf Jahren erzählte mir ein Bekannter, der eine Produktionsstätte für die Autozulieferindustrie in Mexiko führte, dass das größte Problem das mangelnde „Zeitgefühl" der mexikanischen Arbeitskräfte sei. Einen nach europäischen Verhältnissen pünktlichen Schichtbeginn synchron für alle Arbeiter zu organisieren, erschien als nahezu unlösbare Aufgabe. „Es war, als würde ihnen die Einsichtsfähigkeit für die Wichtigkeit dieser Forderung fehlen", beschrieb er den Kampf gegen seine persönlichen Windmühlen.

Nicht umsonst schrieb schon J. T. Fraser, der Gründer der International Society for the Study of Time: „Sag mir, wie ich über die Zeit denken soll, und ich werde wissen, wie ich über dich denken soll."

Wurde auch früher unser Leben so sehr von der Zeit bestimmt? Von der Zeit als der großen Hintergrundkonstante des Lebendigen ganz sicher, doch unsere Zeitwahrnehmung, von der wir hier sprechen, ist eine sehr viel jüngere Erfindung und eng an die Bedeutung geknüpft, die wir der Uhr beizumessen gelernt haben.

Der Mensch lebt durchschnittlich 30.000 Tage, manche ein paar mehr, manche ziehen einen kürzeren Strohhalm. Und früher war das Zeitkapital noch um vieles geringer. Hat aber keinen gestört, weil man die Zeit ganz anders wahrgenommen hat! Solange man das nicht direkt vor Augen hatte, löste das keinen beschleunigten Herzschlag aus, aber stellen Sie sich vor, Sie hätten eine Papierschlange mit einer Stricheinteilung, die Ihre wahrscheinliche Lebenszeit repräsentiert, und Sie müssten jeden Tag einen Kupon abtrennen. Jeden Tag würde ein kleines Schnipsel ihres Lebens mit der Klospülung im Nichts versinken. Da fühlt sich Zeit dann plötzlich ganz anders an.

Das Messen der Zeit hat die Zeit, das Zeitbewusstsein, um genau zu sein, erst geschaffen. Lange war das den meisten Menschen ziemlich egal, orientierten sie sich doch an der Natur und ihren Rhythmen und den damit verbundenen Notwendigkeiten: säen, ernten, Vorräte anlegen, Gerätschaft ausbessern und sich bisweilen möglichst warm verkriechen, weil eh nichts anderes möglich ist. Moderne Vorstellungen über Pünktlichkeit und ein Leben nach der Uhr, wie wir es heute führen, wären unseren Vorfahren unbegreiflich gewesen.

Was zum heute gottähnlichen Status von Uhr und Uhrzeit führte, ist die Transformation von Naturzeit in Uhrzeit. Vor der Erfindung der mechanischen Uhren, die in Europa im 14. Jahrhundert auftauchten, „herrschte eine gewaltige Gleichgültigkeit gegenüber der Zeit", wie es der Historiker Marc Bloch ausdrückte.[48] Mit der Zeit wurden die Zeitmessgeräte nicht nur immer genauer, sondern drangen auch immer weiter in unseren persönlichen Bereich vor. Von den öffentlichen Uhren des Mittelalters über die Standuhren im Haus, die tragbaren Taschenuhren bis hin zu den Armbanduhren haben sie ihren Weg bis in unsere Privatsphäre, bis zu unserem Körper gefunden. Die Zeit ist „hautnah" geworden, immer präsent, auch in der Nacht. Sigismund von Radecki hat Anfang des 20. Jahrhunderts Armbanduhren als die „Handschellen unserer Zeit" bezeichnet – welch trefflicher Vergleich.

Vielleicht liegt in dieser ständigen Wahrnehmung der Zeit ja auch der tiefendynamische Motor für die zunehmende Tempoentwicklung unseres Lebens begründet. Vielleicht spüren wir gerade deshalb, weil die Zeit uns so allgegenwärtig ist, dass unsere „Papierschlange mit ihrer Stricheinteilung" von Sekunde zu Sekunde kürzer wird, und versuchen, um unsere Angst zu bekämpfen, immer schneller und schneller zu werden, immer mehr in unser Leben hineinzupacken.

Zeit ist Geld! Und doch schlägt dem Glücklichen keine Stunde

Unsere Gier nach Leben und nach Besitz sind mit der Zeit eine unheilige Allianz eingegangen. Handlanger war und ist der „Fortschritt". Die neue Kategorie „Uhrzeit" löste die alte Kategorie „Naturzeit – Erlebniszeit" ab und brachte einen Paradigmenwechsel mit sich, der bis heute gültig ist. Bestimmten zuvor Abläufe in der Natur – die Regenzeit, bestimmte Mondphasen für die Aussaat – und die naturgegebene Dauer einer Arbeit – bis alle Eier aus den Hühnernestern eingesammelt sind, bis der Mais fertig geröstet ist – den Rhythmus des Lebens, bekam die Zeit jetzt quasi ein Eigenleben und einen prospektiven, planerischen, bestimmenden Charakter. Es stand nicht mehr die Tätigkeit selbst im Vordergrund, sondern die Zeit, die für diese Tätigkeit aufzuwenden war. Der Schritt zur Diktatur der Zeit war dann ein verhältnismäßig kleiner. Man geht also nicht mehr und sammelt die Eier aus allen Nestern ein, bis man eben fertig ist, sondern es dauert eine Viertelstunde, bis man alle Eier eingesammelt hat – und kann man das nicht etwas schneller machen?

Als die Maschinen in unser Leben traten und die Industrialisierung ihren Aufschwung nahm, wurden die Weichen für den Tick-Tack-Mann endgültig gestellt. Neue Kategorien der Zeit wie Schnelligkeit, Pünktlichkeit, Regelmäßigkeit wurden wichtig und zu einem konstituierenden Element für Leistung und Erfolg. Entsprechend bemühte man sich auch, diesen Werten in der Erziehung der Kinder Bedeutung einzuräumen, und tut dies letztendlich bis heute. „Efficiency Engineering", das eine stromlinienförmige Standardidealzeit für jede Tätigkeit und jeden Lebensaspekt festlegen will, verfolgt uns seit Frederick Taylor nicht nur in Fabriken und Büros. Diese Rationalisierungswut hat etwas Unheimliches an sich, wenn sich die Varianz der Lebendigkeit zu rechtfertigen hat und nach dem alleinigen Kriterium der gemessenen Zeit bewertet wird. Es ist, als würden die Maschinen auf den Menschen übergreifen und zum Maß der Dinge werden.

Und jetzt regiert die elektronische Zeit mit ihren Bits und Glasfaserkabeln und atemberaubenden Übertragungsgeschwindigkeiten, die mit menschlichen Dimensionen kaum mehr nachvollziehbar sind und dabei eine enorme Dynamik entwickeln. Erreichbar muss man heute an jedem Punkt der Erde sein, es bimmelt, schrillt, singt, fiept, egal, ob man gerade einen Berggipfel erklimmt oder sich auf die Toilette, der letzten Einkehrstätte, zurückgezogen hat. Und wer seine Mails nicht innerhalb eines Tages beantwortet, zählt schon zu den Verdächtigen. Stress, Druck und Hektik auf allen Linien. Unsere Kinder wachsen mit diesem elektronischen Diktat fern aller organischen Rhythmen und Geschwindigkeiten auf. Natürlich ist die Rationalisierungs- und Effizienzmaschinerie überall dort, wo es um Produktionszahlen geht, sinnvoll, die Autoindustrie zum Beispiel rechnet die Kosten eines Werkstücks in Minuten, doch sind bedingungslose Ökonomisierung und ein Hochtreiben der Geschwindigkeit wirklich die einzigen Zeitdimensionen, die wir als wichtig erachten und unseren Kindern weitergeben sollten? Es lohnt zu hinterfragen, wie die Auswirkungen dieses Lebensstils aussehen und welche sinnvollen Steuermechanismen es geben muss, damit unsere Kinder nicht zu Sklaven der Maschinen, die wir gebaut haben, werden.

Die psychische Uhr und die Geheimnisse der Zeitempfindung

Albert Einstein hat die psychischen Einflussfaktoren für das subjektive Empfinden von Zeit einmal so zusammengefasst: „Wenn man mit einem netten Mädchen zwei Stunden zusammen ist, hat man das Gefühl, es handle sich um zwei Minuten; wenn man zwei Minuten auf einem heißen Ofen sitzt, hat man das Gefühl, es seien zwei Stunden. Das ist Relativität."

Im Gegensatz zur messbaren Dauer eines Ereignisses ist die Wahrnehmung von Dauer im Reich der subjektiven Erfahrung angesiedelt, von zahlreichen äußeren Einflüssen abhängig und äußerst facettenreich. Gerade hier, im Zusammenwirken von äußeren Faktoren und subjektiver Bewertung, liegt der Schlüssel zu unserem persönlichen Zeitgefühl und unserer Zeitzufriedenheit.

Zeitverzerrungen und Fehleinschätzungen sind immer dann besonders eklatant, wenn dem Organismus äußere Bezugspunkte verloren gehen oder er sich für diese verschließt. Aus Zeitwahrnehmungsexperimenten mit Isolationszellen, in denen die Versuchspersonen unterschiedlich lang von jeglicher äußerer Orientierungsmöglichkeit abgeschnitten sind und Zeitintervalle subjektiv schätzen, weiß man, dass Versuchspersonen, die zwischen einer Woche und einem Monat in Isolationszellen verbrachten, die Dauer einer Stunde um gut 50 Prozent unterschätzen, das heißt erst nach rund eineinhalb Stunden meinen, dass eine Stunde vergangen sei.[49] Unsere innere Uhr wird also langsamer, wenn wir keine Bezugspunkte um uns herum haben.

Die Zeit in der subjektiven Wahrnehmung dehnen zu können, ist andererseits gerade im fernöstlichen spirituellen Ansatz wesentliches Moment. Für einen buddhistischen Meister, sagt man, kann ein Moment ewig sein. Eine der grundlegenden Übungen des Zen-Buddhismus ist es, das Hier und Jetzt so konzentriert wahrzunehmen, dass die Zeit stillzustehen scheint. Die wenigsten von uns beherrschen diese Art der subjektiven Verlängerung der Zeit, die wir uns für uns und unsere Kinder doch gerade für die angenehmen Situationen des gemeinsamen Lebens so sehr wünschen würden. Es ist eine grausame Ironie, dass die Zeit gerade dann zu kriechen scheint, wenn wir uns wünschen, dass sie möglichst schnell vorbeigehen möge, und dass sie rasch zu verrinnen scheint, wenn wir etwas gern noch länger auskosten möchten.

Ein Faktor, der das subjektive Empfinden von Zeitdauer verändert, ist der Dringlichkeitsgrad. Das Warten auf einen abwesenden geliebten Menschen kann zur Unendlichkeit werden, das Ticken der biologischen Uhr jenseits der 40, wenn man einen unerfüllten Kinderwunsch in sich trägt, zu einem rasend schnell dahinjagenden Rhythmus.

Die Zeit mit viel und wechselhafter Aktivität anzufüllen, führt ebenso zu einer subjektiven Zeitverkürzung: Wenn viel passiert, wirkt die Zeit kürzer. Aktivität jedoch wird in unserer Kultur hoch geschätzt. Der ewig hektisch Beschäftigte hat das Bild des Erfolgreichen gepachtet. Inaktivität hingegen ist verpönt, steht für tote Zeit und bedeutet, dass man mit sich nichts anzufangen weiß. Selbst unsere Freizeit wird heute durchgeplant und mit Aktivität vollgestopft. Wir rennen, um uns zu entspannen, und achten peinlichst darauf, dass wir in unsere „freien" Stunden möglichst viel hineinpacken. Unser Erledigungsdruck während der als Arbeitszeit definierten Periode unseres Lebens wird von einem zunehmend ebenso intensiven Erlebnisdruck in der Freizeit abgelöst. Nur wer dauernd „unter Strom" steht und etwas erlebt, vergeudet sein Leben nicht. Dass durch diese zunehmende Zerstückelung der Zeit in immer mehr kleine, überblickbare und genau geplante Zeiteinheiten unser Zeitgefühl gleichzeitig angetrieben wird, liegt auf der Hand und in unserer Physiologie begründet. Ganz nach dem Motto: „Wir wissen nicht, wohin, aber wir sind schneller dort." Der Genuss bleibt dabei leicht auf der Strecke.

Eltern haben sehr häufig und verstärkt unter dem Einfluss der Freizeitkonsumindustrie das Gefühl, ihren Kindern am Wochenende besonders viel bieten zu müssen. Ein Wochenendstädteflug gleich nach dem letzten Schulglockenläuten mit dichtem Besichtigungs- und Erlebnisprogramm scheint manchen das Richtige zu sein, um die Zeit mit den Kindern nicht zu versäumen. An positivem Erleben von Gemeinsamkeit und Geborgenheit bleibt von diesen Unternehmungen jedoch meist recht wenig übrig. Viel eher ist die darauffolgende Woche von Erschöpfung und dem Gefühl, überhaupt kein Wochenende gehabt zu haben, geprägt. Wie ein Siebenjähriger in meiner Praxis es einmal treffend formulierte: „Ich würde viel lieber nur einfach zu Hause bleiben und nichts tun, aber das ist meinen Eltern, glaube ich, zu fad, die brauchen das, ständig was zu unternehmen."

Viel und rasch wechselnde Aktivität und Abwechslung sind eine gute Methode, Zeit, auch gemeinsame Lebenszeit, rasch herunterzubiegen, doch um bleibende Erinnerungsspuren zu hinterlassen oder gar ein stabiles Grundgefühl von dauerhafter und zuverlässiger Geborgenheit aufzubauen, braucht es auch den breit dahinfließenden Strom eines unspektakulären stabilen Alltagslebens.

Aktivitäts- und Abwechslungssucht sind zwar immanente Bestandteile unserer Kultur, haben aber nicht den Stellenwert von Naturgesetzen, und es steht uns frei, uns gegen den allgemeinen Trend zu einer Entschleunigung unserer Familienzeit zu entschließen. Wenn man lernt, die Stille zu schätzen, ist sie keine vergeudete Zeit mehr. Einige Kulturen haben das Nichtstun als eine sehr wertvolle Sache betrachtet. Traditionelle Japaner empfinden zum Beispiel besondere Hochachtung für das Konzept des „ma", des Zwischenraums zwischen Gegenständen und Aktivitäten. Europäer würden den Raum zwischen einem Tisch und einem Bett als leer bezeichnen, Japaner definieren den Zwischenraum als „voll von nichts". Die Stille wird als eine kreative und produktive Kraft gesehen und nicht als Pausenfüller zwischen Tätigkeiten. Erst daraus kann Neues und oft Entscheidendes entstehen. Spiegelt das nicht das Gefühl wider, das viele von uns, die wir in der permanenten Hektik unserer Terminplaner dahinleben, bisweilen beschleicht? „Irgendwie müsste ich zur Ruhe kommen und wieder den Überblick gewinnen, nur leider fehlt mir die Zeit!" Vielleicht wäre es ja auch einen Versuch wert, Freiräume im Kalender mit genau der gleichen Sorgfalt zu planen, wie wir es gewohnt sind, alle unsere „wichtigen" Termine festzuhalten!

Der Zen-Meister Thich Nhat Hanh hält dazu einen guten Rat bereit. Statt zu sagen: „Sitz nicht einfach nur da; tu irgendetwas" sollten wir fordern: „Tu nicht einfach irgendetwas; sitz nur da."

Die Forschungsarbeit, für die der Biopsychologe Roger Sperry und seine Mitarbeiter vom California Institute of Technology 1981 den Nobelpreis gewannen, hatte den unterschiedlichen Verarbeitungsmodus unserer zwei Gehirnhälften zum Inhalt. Beide Gehirnhälften scheinen sich auf eine unterschiedliche Art von Information zu konzentrieren und bevorzugt zu verarbeiten. Die linke ist für analytisches, verbales Denken zuständig und punktet besonders beim Ordnen, Zählen, Planen, der rationalen

Entscheidungsfindung auf logischer Basis und bei der Zeitwahrnehmung. Die rechte Gehirnhälfte hat ihre Stärke im nonverbalen Bereich. Bei ihr steht die Intuition im Vordergrund, sie arbeitet ganzheitlich, relational und ohne einen zeitlichen Rahmen.

Auch wenn es hilfreich ist, von einem rechts- oder linksseitigen Denkmodus zu sprechen, ist diese populärwissenschaftliche Vereinfachung wissenschaftlich nicht korrekt; es könnte ja der Eindruck entstehen, die eine Hirnseite arbeite, während die andere „abgeschaltet" ist, völlig unabhängig vor sich hin, was natürlich nicht stimmt. Beim gesunden Menschen ist es so, dass das Corpus callosum, der Balken, für einen beständigen Austausch der beiden Seiten sorgt. Man müsste also genauer von einer vorrangigen Verantwortung der einen oder anderen Gehirnhälfte für die jeweilige Aufgabenstellung sprechen. Jerry Levy, einer der wichtigsten Forscher zum Thema Gehirnsymmetrie, hat das recht treffend so formuliert: „Die linke Gehirnhälfte denkt analytisch über die Zeit nach, während die rechte Hälfte mithilfe des Raums Verbindungen schafft."[50]

Wenn man sich mit Tätigkeiten beschäftigt, die vorrangig den Arbeitsmodus der rechten Gehirnhälfte ansprechen, lässt dies das Zeitempfinden in den Hintergrund rücken. Menschen erleben dieses „zeitfreie" Denken vor allem bei kreativen Tätigkeiten, beim Malen oder Musizieren und bei Aufgaben, die die Aufmerksamkeit auf das Arrangieren von Teilen im Raum lenken.

Über die Förderung ihrer Kreativität kann man seinen Kindern einen Zugang zu Ruheinseln verschaffen, auf denen das Zeitempfinden außer Kraft gesetzt ist, und ihnen so Ressourcen für Freude und positives Identitätsgefühl erschließen. Mit den Worten von Pablo Picasso: „Jedes Kind ist ein Künstler. Das Problem ist nur, es zu bleiben, wenn man erwachsen wird."

Tempo, Tempo!

Kein anderes Element bestimmt den Takt des Lebens so sehr wie das Tempo. Der Begriff ist eigentlich der Musiktheorie entlehnt. Er bezieht sich auf die relative Geschwindigkeit, mit der ein Stück gespielt wird. Da gibt es ein *largo* oder *adagio* für langsame Geschwindigkeiten, ein *allegro* oder *presto*, wenn es schneller gehen soll, ein *accelerando* oder *ritardando* für einen Tempowechsel und sogar ein *tempo rubato*, wörtlich übersetzt eine „gestohlene Zeit“, wenn kleine Tempoabweichungen in der Auslegung erlaubt sind. Da das Metronom erst 1816 erfunden wurde und die meisten klassischen Komponisten daher noch keine Taktzahl des Metronoms angeben konnten, können die Noten mit den alten, nicht quantitativen Tempoangaben der Komponisten durchwegs verschieden interpretiert werden. Der „Minutenwalzer“ von Chopin kann dann schon einmal etwas länger dauern.

Ähnliches gilt für die menschliche Zeit. Wir alle spielen die Noten unserer Lebenszeit mit ein wenig Variation im Tempo. Dessen ungeachtet lassen sich unterschiedliche grundsätzliche Tempo-Elemente abgrenzen, die außerhalb unserer bewussten Wahrnehmung liegen und uns zu einem ständig getriebenen oder zu einem gemächlicheren Lebensgefühl verhelfen.

Die wichtigste Determinante für das Tempo, das an einem Ort herrscht, ist die Wirtschaft. Die ökonomischen Variablen und das Tempo tendieren dazu, sich gegenseitig zu verstärken. Das eine ist ohne das andere nicht zu haben. Wohlstand bringt Geschwindigkeit mit sich. Wirtschaftlich benachteiligte Minderheiten legen sogar Wert darauf, sich über ihren Zeitbegriff von der wirtschaftlich erfolgreichen führenden Schicht abzugrenzen. Es ist, als ob diese individuelle Zeitetikettierung einen identitätserhaltenden Aspekt hätte. Indianer sprechen gern vom „Leben nach indianischer Zeit“, Afroamerikaner aus von Arbeitslosigkeit und Verarmung gekennzeichneten Ghettobezirken verwendeten früher den Begriff der „CPT", der „colored people's time", gern auch mit „cool people's time" übersetzt, und grenzten sich damit von der „white people's time", die nach der Uhr ging, ab.

Als ich im März 1990, drei Monate nach der Revolution, nach Bukarest kam, wirkte die Hauptstadt Rumäniens in erster Linie langsam auf mich. Die Gehgeschwindigkeit erschien mir wesentlich langsamer als daheim in Wien, die Kellner schienen unendlich lange zu brauchen, bis sie an meinen Tisch kamen, und noch länger, bis sie mit der Bestellung wieder zurückkamen, die Verkäuferinnen packten die gekauften Gegenstände meinem Gefühl nach umständlich, im Zeitlupentempo, ohne jede Hast ein, und andauernd schienen sich auf der Straße Bekannte zu treffen und Zeit für ein Pläuschchen zu finden oder mit ihren Kindern im Park zu spielen und bunte selbstgebaute Drachen steigen zu lassen. In den Geschäften gab es vor allem leere Regale, selbst die Dinge des täglichen Bedarfs waren rar, aber man hatte eines, wie es mir schien: viel langsam dahinfließende Zeit und die Bereitschaft, sich auf Menschen einzulassen. Nur einmal in meinem Leben, während meiner Studienzeit, haben sich so viele spontane Gelegenheiten wie 1990 in Bukarest ergeben, als man beim Diskutieren und Spintisieren hängen bleiben konnte, als die Zeit bereitwillig in den Hintergrund trat, zugunsten der unmittelbaren Bedürfnisse nach Gemeinsamkeit und dem Leben des Moments.

Letztes Jahr war ich wieder in Bukarest: eine pulsierende Metropole, wie man so sagt. Dahinhastende Menschen mit dem starren Großstadtblick, der auf ein imaginäres Ziel gerichtet zu sein scheint, und gereizte Autofahrer, die nicht rasch genug vorwärtskommen. „Zeit ist Geld", unterwies mich ein Taxifahrer in der neuen Glaubensrichtung. Kaufen kann man in Bukarest heute auch alles, wenn man genügend Geld hat. Das haben zwar die meisten nicht, aber seltsamerweise auch keine Zeit mehr und am Himmel über Bukarest finden sich nur mehr vereinzelt bunte Drachen.

Was Bukarest wie jede andere Großstadt für ein hohes Tempo prädestiniert, ist die hohe Einwohnerdichte, die Ballungszentren auszeichnet. Viele Menschen, an einem Ort dicht gepackt, führen offenbar dazu, dass die Umdrehungszahl des Lebensmotors dramatisch steigt.

Das Grundwertesystem einer Kultur findet sich in ihren Temponormen abgebildet. Einer der größten und entscheidendsten kulturellen Gegensätze ist der zwischen Individualismus und Kollektivismus – ob das Wohl und der Erfolg des Individuums und seiner Kernfamilie im Vordergrund stehen oder sich der Verhaltenskodex am Erfolg für das größere Kollektiv orientiert. Individualismus geht nachweislich mit einer Tempoerhöhung einher. Europäische genauso wie US-amerikanische Eltern kennen keine größere Freude als einen Sprössling, der möglichst noch in den Windeln schon einen Beweis individualistischen Verhaltens zeigt. Entsprechende Anekdoten werden gern in den „Familienmythos" aufgenommen und dienen als Kristallisationspunkt für die Zuschreibung zukünftigen Erfolgs. „Damals, als Max im Kindergarten beim Kreisspiel einfach aufgestanden ist und die Pädagogin ignoriert hat, weil er auf die Toilette musste, da war schon klar, dass der Kleine seinen Weg gehen wird." Oder: „Annika hat sich überhaupt nicht von dem ein Jahr älteren Mädchen einschüchtern lassen, die ihr das Sandspielzeug weggenommen hatte. Sie hat ihr ihren Sandkübel einfach wieder weggenommen. Die kann sich schon jetzt richtig durchsetzen."

Ganz anders reagieren da traditionelle japanische Eltern. Vorkommnisse wie die zitierten wären nicht geeignet, in positiver Form in die Familienchronik einzugehen. Hier gilt als höchste Tugend, sich in die Gruppe einzufügen. Kinder, die auffallen, bereiten Eltern Schande. „Der Nagel, der heraussteht, wird als erster vom Hammer gefunden", lautet ein japanisches Sprichwort, dem Europäer und Amerikaner ein „Das quietschende Rad bekommt zuerst Öl" entgegensetzen. Tatsache ist, dass unsere (hyper-)individualistische Globalisierungskultur, in der nur noch das Individuum Richtschnur des Lebens ist und nicht einmal mehr die Kernfamilie als Orientierungsfeld dient, eine weitere enorme Erhöhung des Lebenstempos mit sich gebracht hat.

„Connaisseure der Zeit"

Japan ist, was den Umgang mit Zeit und besonders den wesentlichen Subdimensionen Tempo und Rhythmus betrifft, ein mehr als interessantes Modell. Japaner brauchen sich, was Schnelligkeit und Effizienz betrifft, vor keinem Land zu schämen, trotzdem lassen sie sich nicht unbedingt von der Uhr tyrannisieren. Wiewohl Japaner weitaus mehr Arbeitsstunden in ihrem Unternehmen verbringen, weitaus weniger Urlaubstage in Anspruch nehmen und Leistung ein Wort ist, das mit Großbuchstaben geschrieben wird, schienen sie bis vor kurzem vor Herzinfarkten als der typischen Stresskrankheit verhältnismäßig geschützt zu sein, weil der für den individualistischen europäischen wie amerikanischen Lebensstil charakteristische hohe Konkurrenzdruck wegfiel. Die hohe Teamorientierung – „Erfolg ist der Erfolg der ganzen Gruppe" – kann als kardialer Schutzfaktor gesehen werden. Wie sehr diesem Faktor, der Einbettung in die soziale Gemeinschaft, Bedeutung eingeräumt werden muss, zeigt die sprunghafte Zunahme des Karoshi-Syndroms in Japan – des Tods durch Überarbeitung, seit durch den wirtschaftlichen Druck Unternehmen nicht mehr in der Lage sind, ihre sozialen Verbindlichkeiten in gewohntem Maß zu erfüllen, und durch die entstehende Unsicherheit auch Konkurrenzdruck unter den Arbeitnehmern aufkommt.

Doch traditionelle Japaner haben in Sachen „Umgang mit der Zeit" noch mehr zu bieten als die Fähigkeit, die Gefährdungsfaktoren hohen Arbeitstempos über einen kollektivistischen Lebensansatz auszubalancieren. Man kann Japaner ebenso als „Meister der Schnelligkeit" wie als „Meister der Langsamkeit" bezeichnen.

Viele Abläufe und Rituale sind als Orte des Rückzugs aus der Zeit angelegt, als Strategie, die Zeit anzuhalten und aus ihr herauszutreten und so die Balance wiederzufinden. Spezifische Kulturmechanismen sorgen für Beruhigung, Zeiteinkehr und Bodenhaftung. Man kann sich das vielleicht am besten als kleine Ruheinseln vorstellen und gleichzeitig als Disziplinierungsübung, um vom Tempostrom nicht weggespült zu werden.

Wie gesund ist, was wir tun?

Die durchgreifende Beschleunigung unserer Gesellschaft, die auf uns und unsere Kinder selbst in alltäglichen Abläufen wirkt, steht außer Zweifel. Wir haben zum Beispiel, obwohl das kaum jemandem bewusst ist, eine weitaus höhere Gehgeschwindigkeit – und bringen diese unseren Kindern auch so bei – als indonesische oder mexikanische Eltern. Allein über diese Bagatelle eröffnen sich weitere Ausschnitte aus dem Lebenskosmos, es macht nämlich einen Unterschied, ob man beigebracht bekommt, einen Weg schnellstmöglich, zielorientiert und jegliche Ablenkung vermeidend zurückzulegen, oder ob man eine Wegstrecke offenhält für vielerlei Begegnungen und Beobachtungen.

Aber ist dieses Anwachsen des gesellschaftlichen Lebenstempos auch gesund? Ist dieses Tempo mit dem Leben an und für sich, den Geschwindigkeiten und Rhythmen, die unserer körperlichen und seelischen Verarbeitungsfähigkeit entsprechen, noch im Einklang? Oder laufen wir Gefahr, einmal alles getan, alles erlebt zu haben und trotzdem leer zu sein, physisch krank und seelisch zerrüttet?

Vieles deutet darauf hin, dass wir uns als „moderne" Gesellschaft bereits in diese Richtung bewegt haben, und unsere Kinder müssen mit, dürfen es gar nicht mehr anders kennenlernen, weil wir nur Geschwindigkeit und Aktivität bewerben. Keiner startet eine Kampagne, die die Pflege des Innehaltens und der Langsamkeit zum Inhalt hat. Gesundheit ist aber letzten Endes ein Zustand, in dem unser ganzes Sein in harmonischem Gleichgewicht steht, eingebettet in den Strom des großen Zyklus von Geburt, Werden und Vergehen.

Wir sind kein System, das bedingungslos immer höher und höher gedreht werden kann. Ein Herz schlägt nur in einer gewissen Bandbreite optimal. Wenn wir laufen, aber auch wenn wir unter Stress sind, wirkt dies als eine Erhöhung der Schlagfrequenz. Unser Herz ist gutmütig. Für eine kurze Zeit sind enorme Turbosteigerungen drin. Das war auch für Notsituationen sinnvoll und hat vielen unserer Vorfahren das Leben gerettet. Doch wenn wir chronisch „aus dem Tritt geraten", von unserem Herzen und unserem ganzen Sein ein zu schnelles Tempo verlangen, macht uns das krank.

Bei zahlreichen Erkrankungen steht heute Stress als wesentliche mitverursachende Komponente außer Zweifel, allen voran bei koronaren Herzerkrankungen. Die wohl eklatanteste Stresskrankheit ist das Burn-out-Syndrom. War es früher unter der Bezeichnung „Managerkrankheit" bekannt und vorwiegend in dieser Berufsgruppe und in den helfenden Berufen anzutreffen, so findet man es heute in praktisch allen Bevölkerungsgruppen, vom Arbeitslosen über die Hausfrau und Mutter bis zum Industriekapitän. Vieles, was in der Kasuistik unter dem Titel „gesellschaftliche Einflussfaktoren" rangiert, bewegt sich im Themenkreis von Zeitdruck und überhöhten Ansprüchen an die Erledigungsdichte pro Zeiteinheit. Die Krankengeschichten von Burn-out-Patienten sind voll von unproportionalen Erfüllungsversuchen, verbunden mit einem Hochjagen der eigenen Lebensgeschwindigkeit. Vor dem Hintergrund von gesellschaftlichen Werten, die ein derart selbstzerstörerisches Wilde-Jagd-Spiel mit Anerkennung belohnen, erscheint den Betroffenen ihr Tun die längste Zeit sogar erstrebenswert – in vielen Fällen sogar bis zum Ende, bis der Kollaps kommt. Dann ist es allerdings auch mit der Anerkennung vorbei. Medizinisch gesehen stehen beim Burn-out ein abgestürztes Motivations- und Bedeutungsgenerationssystem – ausgebrannte Antriebsaggregate des Lebens sozusagen – einem dauerhaft hochgefahrenen Stresssystem mit seinen „ganz normalen" Begleiterscheinungen wie gesteigerter Infektionsanfälligkeit und Anfälligkeit für koronare Herzkrankheiten sowie Neigung zu Geschwürbildung im Magen-Darmtrakt gegenüber. Auf der Neurotransmitterebene bewirkt die Dominanz des Stresssystems ein permanentes Hochfahren des Cortisolspiegels und auf der anderen Seite ein Zusammenbrechen der Dopaminachse. Hier schließt sich der Kreis und hier liegt auch die Antwort dafür, warum Burn-out-Kranke keinen Sinn mehr im Leben sehen und sich in einem abwehrenden, oft feindselig gefärbten Rückzugsraum verschanzen.

Zugleich wird aber auch deutlich, woraus das „Gegengift", das Antidot, besteht. Es ist die aus dem ersten Kapitel bekannte liebevolle Zugeneigtheit, die Fähigkeit, enge, Geborgenheit vermittelnde Freundschaften zu leben; auf der beruflichen Ebene sind es Teamgeist und Kooperation, denn hier liegen die stärksten Anreize für unser Motivations- und Bedeutungsgenerationssystem. Warum also fördern wir von klein auf in der Erziehung unserer Kinder den Konkurrenzgedanken, statt auf Teamarbeit und Kooperation zu setzen und unseren Kindern so einen wirksamen Schutz in dieser schnelllebigen Zeit zu verschaffen?

Wo wir konkret ansetzen können

Wir müssen nicht zu Zen-Buddhismus-Meistern werden, um zur Ruhe zu kommen, unsere Zeit gut zu verwalten und unseren Kindern damit eine wesentliche Grundlebensfertigkeit zu vermitteln. Bedienen wir uns dazu eines einfachen Bildes für eine neue Form von Zeitmanagement, fern von dem in Zeitmanagementseminaren angebotenen Effizienzmanagement, das uns ohnehin nur beibringt, wie wir rationeller mit unserer Zeit umgehen können.

Stellen Sie sich einen Schrank mit vier Laden vor. Jede dieser Laden trägt eine andere Aufschrift. Die erste ist fürs Geld bestimmt, die zweite für Menschen, die Ihnen nahestehen, Ihre Familie, Freunde und Bekannten, spontane Begegnungen mit Menschen, wo man noch nicht weiß, was daraus werden wird, die dritte Lade ist für Ihr weiteres Umfeld bestimmt, für verschiedene Tätigkeiten und Hobbys, die Natur, Ihre Umwelt, und in der letzten Lade befindet sich Ihre innere Welt, Ihre Gedanken, Gefühle und Träume. Die eigentliche Leitwährung für das Befüllen der Laden ist die Zeit, Ihre Lebenszeit. Sie kann gegen den Inhalt einer jeden Lade eingetauscht werden. Aber das Spielkapital ist begrenzt und kann nicht vermehrt werden, lediglich in der Zuordnung zu den jeweiligen Laden können Sie frei schalten und walten! Sind Sie zufrieden mit der Verteilung?

Viele Menschen investieren einen überproportionalen Teil ihres Zeitkapitals in die erste Lade und verschieben die Befüllung der anderen drei Laden auf später. Doch der Spielleiter ist nicht zu betrügen und Kredit gibt es in diesem Spiel keinen!

„Aus dem Tempo aussteigen ist so schwierig. Ich nehme es mir immer wieder vor und dann bin ich wieder in den Alltagsstrudel hineingezogen", höre ich immer wieder die zerknirschten Klagen, „erst wenn ich dann mein Kind aus lauter Stress anschreie, sich endlich zu beeilen, wird mir manchmal klar, dass es mein Stress ist, der da vergiftend in meiner Familie wirkt."

Es ist tatsächlich schwierig, eine „verinnerlichte Kulturvariable" kritisch zu hinterfragen. Nehmen wir Anleihe beim traditionellen Japan und entwickeln wir unsere eigenen Ruhe- und Entschleunigungsinseln, die es uns erlauben, aus dem Zeitstrudel bewusst auszusteigen. Dafür eignen sich auch einfache Handlungen des Alltags; wesentlich, um wieder in den Einklang mit der Zeit als Erlebniszeit und nicht als Uhrzeit zu kommen, ist nur, diese Dinge mit voller Zuwendung zu tun. Das kann eine einfache Haushaltstätigkeit sein oder ein Essen im guten alten Slow-Food-Takt zuzubereiten. Sie werden sehen, abgesehen von der Ruhe, die die Zubereitung vermittelt, wenn man jeden Zeitdruck beiseite lässt, wird auch der Geschmack ein anderer sein.

Wenn Sie Eltern junger Kinder sind, so lassen Sie sich von Ihren Kindern ruhig einmal auf eine derartige Zeitinsel führen. Kleine Kinder leben noch außerhalb der Zeitnormen und sind die besten Weggefährten für ein „slow down". Kinder und Erwachsene leben in unterschiedlichen Zeitdimensionen. Kinderzeit ist Erlebniszeit, Erwachsenenzeit ist Uhrzeit!

Einen meiner spannendsten Spaziergänge habe ich einmal an der Hand meiner zwei Jahre alten Tochter unternommen. Er umfasste etwa 600 Meter und dauerte gut zwei Stunden. Er ist mir unvergesslich geblieben und hat mir neue Perspektiven sowohl zu meiner Tochter wie zu diesem Weg vermittelt, obwohl ich diese Strecke in unserem Dorf seit Jahren kannte.

Erobern wir die Oberhoheit über unser Zeitkapital zurück, verwenden wir es überlegt und bringen wir unseren Kindern bei, wie man den Tick-Tack-Mann als Partner für gewisse Lebensbereiche gewinnt und ihn nicht als Kerkermeister für das ganze Leben zulässt.

In einem Bus von Eilat nach Tel Aviv habe ich vor vielen Jahren neben dem Ausstieg ein paar hingekritzelte Zeilen gelesen: „*Slow* wird mit vier Buchstaben geschrieben, wie *life*. *Speed* wird mit fünf Buchstaben geschrieben, wie *death*."

Leben ohne Grenzen – Die hyperindividualisierte Gesellschaft

Der Mensch, der seine Ganzheit bewahrt, wird niemals von den Stürmen des Seins bezwungen; er besitzt die Kraft, Schwierigkeiten zu überwinden und weiter seinen Weg zu gehen.

Paulo Coelho

Der zweite Sündenfall

Die Menschen verdienten sich im Schweiße ihres Angesichts ihr Brot und die Frauen gebaren unter Schmerzen die Kinder, entsprechend dem Richterspruch Gottes. So verhielt es sich Tausende von Jahren. Irgendwann bekam der Mensch den Kopf, der auf den Pflug und die Erde hinter dem Pflug gerichtet war, ein kleines Stück nach oben, gerade so weit, dass ihm der Schweiß von der Stirn in die Augen tropfte und er in die angsterfüllten Augen der schreienden, gebärenden Weiber blickte. Und da sprach er: „Das mit der Strafe Gottes ist schon klar, aber geht es nicht mit ein bisschen weniger Schweiß und ein bisschen weniger Geburtsschmerz auch?" Und das Volk ging zu seinen Weisen und fragte: „Sagt mal, nur mal angenommen, wir würden uns unser tägliches Brot mit einem klitzekleinen bisschen weniger Schweiß verdienen, und unsere Weiber würden bei der Geburt unserer Kinder ein klitzekleines bisschen weniger Schmerz leiden, wäre das ein Aufbegehren gegen den Richterspruch Gottes?" Und die Vorlauten, die meist selbst gern Weise wären, denen das Bekennen einer Meinung aber zu gefährlich erscheint und die deswegen lieber als Kri-

tiker auftreten, fügten hinzu: „Es steht doch nirgendwo geschrieben, mit wie viel Schweiß wir uns unser Brot verdienen müssen und mit wie viel Schmerz unsere Weiber gebären müssen, oder?" In ihrem Ton war etwas Aufbegehrendes, Forderndes. Da tuschelten die Weisen miteinander, zogen sich zu Beratungen zurück, schlugen nach in dem, was an Wissen vorhanden war, und wiegten die Köpfe hin und her. „Was die Menge von Schweiß und Schmerz betrifft, steht nicht wirklich etwas geschrieben", mussten sie zugeben, „aber wir glauben, schon viel", fügten sie vorsichtig hinzu, denn das Ganze war ihnen nicht geheuer und sie wollten nicht schuld sein an einer neuen Unstimmigkeit mit dem Herrn. „Schon ziemlich viel", wiederholten sie mit gewichtigen, aber unsicheren Stimmen, „denn damals im Paradies hat es sich doch eher um eine grundlegende Auseinandersetzung gehandelt." Und einer der Weisen fügte hinzu: „Vielleicht hat Gott in seinem Zorn damals auch vergessen, das ganz genau zu definieren. Ihr wisst ja, wie das ist, wenn man rasend wütend und enttäuscht ist, und das würde schon auf sehr viel Schweiß und Schmerz hinweisen." Aber die Vorlauten, nun vermehrt um die Aufbegehrenden, fühlten sich durch die Undeutlichkeit der Aussage der Weisen bestärkt, und auch jene, die schon immer unter ihren weichen Händen gelitten hatten, die es ihnen schwer machten, mit dem Pflug umzugehen, sodass sie lieber im Schatten der Bäume saßen und sich Dinge ausdachten, waren auf ihrer Seite, und sie alle blähten ihre Brustkörbe auf, stellten sich breitbeinig hin und sagten: „Na eben, wenn Gott selbst nicht festgelegt hat, mit wie viel Schweiß und Schmerz wir auf Erden unser Dasein zu fristen haben, dann kann es kein Verstoß gegen seinen göttlichen Willen sein, weniger leiden zu wollen, sondern es hängt von der Interpretation ab, und wir interpretieren den Wunsch des Herrn so, dass wir auch mit weniger Schweiß und weniger Schmerz leben können." Und das Volk stapfte davon und erfand den Fortschritt.

Das Leben wurde jetzt besser, das heißt weniger mühevoll und Geburten weniger schmerzvoll, aber gerechter wurde es na-

türlich nicht. Denn Gott der Herr hatte den Menschen den freien Willen gegeben und diese machten davon unterschiedlichen Gebrauch. Die Mutigen schritten aufrecht durchs Leben und überall, wo sie Mangel sahen, versuchten sie diesen zu lindern. Die Früchte der Erde und die Erleichterungen des Fortschritts wollten sie allen Menschen gleichermaßen zukommen lassen. Doch es gab auch die Ängstlichen. Und Angst macht das Herz klein und eng und missgünstig und wünscht dem Nachbarn, wenn er eine bessere Ernte hat, nur Böses. Mit denen hatte Samael, der Teufel und als solcher ein trefflicher Verführer, leichtes Spiel. „Was scheren uns die anderen?“, schrien sie, wenn sie Erfolg gehabt hatten, und verschanzten sich ängstlich hinter dicken Mauern, um ihren Besitz zu verteidigen. Und wenn sie keinen Erfolg gehabt hatten oder gar keinen Schweiß der Anstrengung mehr auf ihrer Stirn spüren wollten, ersannen sie Lügen und Wege, um an den Besitz der anderen heranzukommen.

So ging das Tausende Jahre, die Menschen teilten sich in Mutige und Ängstliche, solche, die die Nähe des Herrn spürten und sich nie verlassen fühlten, und solche, die nur ihre Leere zu füllen trachteten und so zu willigen Knechten Samaels wurden. Und immer dann, wenn die ängstlichen Kräfte zweier Völker stärker wurden als die besonnenen, mutigen, gab es Krieg, was Samael sehr gefiel und ihn amüsierte, weil dann seine Macht für alle spürbar war.

Einmal aber gelang Samael ein besonderer Coup. Er hatte es geschafft, die ganze Welt, zumindest jenen Teil, der sich für den zivilisierten hielt, gleich zweimal hintereinander mit Krieg zu überziehen, und das innerhalb sehr kurzer Zeit. „Die Menschen sind schwach und böse, siehst du das nun endlich ein“, höhnte er Gott. Der Herr saß in tiefem Brüten auf seinem Thron und Samael, der sich um kein Protokoll scherte, kam, wie immer, in einem ungünstigen Augenblick. Manche Erzengel kolportierten gar, Gott hätte sich gerade in einer Sinnkrise bezüglich seiner Schöpfung befunden. „Sie gehören mir, überlass sie mir doch end-

gültig", fuhr Samael fort und fühlte sich stärker denn je. „Nein", donnerte Gottes gewaltige Stimme, dass sie den unaufhörlichen Geschützlärm unten auf der Erde übertönte und das Himmelsgewölbe erzitterte, als wäre der Jüngste Tag bereits angebrochen. „Dann wirst du eingreifen müssen. Du wirst ihnen helfen müssen", erwiderte Samael unbeeindruckt, und wäre jemand in der Lage dazu gewesen, hätte er den Anflug von Sarkasmus in seiner Stimme bemerken können. „Hörst du sie schreien? Und dein Volk Israel stöhnt am meisten", setzte er unbeirrt fort. Dass er sich dafür, dass es die Juden am härtesten traf, weit aus dem Fenster hatte lehnen müssen, behielt er für sich. „Sie verfluchen dich auch", legte er noch eins drauf, „sie sind es nicht wert, lass sie mir und es ist alles gefügt", setzte er, ganz der Schmeichler, der es versteht, mit Engelszungen zu reden, hinzu. „Nein", donnerte Gott abermals und es klang nicht nach Verhandlungsbereitschaft. „Dann hilf ihnen doch endlich." Samaels Stimme nahm einen beschwörenden Ton an. „Hilf ihnen, lass die Sache mit dem freien Willen endlich fallen, du hast sie zu schwach gemacht, das funktioniert nicht. Gib ihnen deinen göttlichen Willen und mach so ein Ende." Samaels Augen verengten sich zu zwei bösen Schlitzen. „Du wirst sonst bitter von ihnen enttäuscht werden!" „Nein", donnerte Gott zum dritten Mal und die Erzengel waren der Überzeugung, dass sich der Disput ohnehin erübrigte, weil das Himmelsgewölbe in sich zusammenstürzen würde.

Gott seufzte, fuhr sich mit der Hand über sein göttliches Antlitz und machte, so wie man mit einer gewissen Mattigkeit Mücken zu vertreiben versucht, eine Geste in Samaels Richtung, mit der er ihn entließ. Was sollte er dem Teufel auch begreiflich machen? Dass gerade das unmöglich war, einzugreifen in seine Schöpfung, dass er seine Kinder leiden lassen musste, wollte er der Schöpfung ihre Göttlichkeit erhalten und seinen Kindern die Einheit mit ihm?

Samael aber gab nicht auf. Der Augenblick war günstig, sich die Schöpfung unter den Nagel zu reißen, und darauf hatte er seit

Anbeginn der Zeit gewartet. Also ersann er die Bombe. Nicht irgendeine, sondern die *Bombe. Und er stellte sicher, dass sie verwendet wurde. So würde ihm, rechnete er sich aus, die Menschheit endgültig zufallen und sein Warten belohnt werden. Und als sich der Rauch der Bombe, der der Form eines Pilzes glich, gelichtet hatte, nach dem gleißenden Lichtblitz und der Hitze, die alles zerschmolz, sahen die Menschen das Ausmaß der Zerstörung, und die Besonnenen befiel ein Grauen und sie sprachen: „Das Morden muss ein Ende haben." Die Menschen wunderten sich, weshalb ihnen das erst jetzt klar vor Augen stand, und sie fragten sich, was denn zuvor gewesen wäre, wo sie mit solcher Fügsamkeit getötet hatten. Sie schüttelten die Köpfe und es war ihnen, als ob sie aus einem schrecklichen Traum erwachten, und so mancher wähnte sich, als sei er gar nicht dabei gewesen. „Hört", sprachen die Mutigen aller Völker zueinander, „im Moment sitzt uns der Schrecken darüber, wozu wir fähig sind, noch tief in den Knochen, doch wir sind schwach, und wir werden es wieder vergessen, und diesmal ist es noch haarscharf gut gegangen, soweit man das gut nennen kann." Und alle nickten mit den Häuptern und seufzten. Das Leid der Menschen um sie herum schnitt tief in ihre Seelen. Sie gründeten einen Rat, eine oberste Instanz, in der alle Völker vertreten sein sollten. Aber da sie um ihre Schwäche wussten, errichteten sie auch Mauern, solche aus Stein und solche aus Eisen. „Leider", sagten die Besonnenen, wenn sie einander zu Gesprächen trafen, „leider geht es nicht anders, aber die Zeit wird kommen."*

Eine neue Generation wuchs heran, nicht mehr so hart wie die Väter, mit kaum noch Erinnerungen an Hunger und Krieg und mehr Raum für luftige Pläne im Kopf. Und der Raum im Kopf verwandelte sich in Raum im Herzen und die Menschen auf beiden Seiten der Mauern rissen diese gemeinsam ein, fielen einander in die Arme und konnten es gar nicht fassen, dass sie so lange getrennt gewesen waren. Samael aber war nicht untätig gewesen. Er hatte die Menschen studiert und bemerkt, dass alle, die Mutigen und die Ängstlichen, die schwer und die leicht zu Verführenden, sich in einem Punkt glichen. Ihre Kinder folgten ihnen nach! Jeder Vater, jede Mutter, ob besonnen, mutig oder feig, musste die Aufgabe der Elternschaft annehmen und sein Kind führen, bis es auf eigenen Beinen stand, das war der Lauf der Natur seit Adam und Eva.

Und wieder einmal näherte sich die Schlange dem Menschen, und weil sie der Teufel ist und äußerst gerissen, machte sie ihre Sache gut und erwählte sich den zivilisierten Menschen. „Hör mal", sagte sie und ihre Stimme hatte den einschmeichelnden Klang des Verführers, der im Auge des Gegenübers den Schlüssel für seine Worte findet, „hör mal, du bist wirklich großartig, du hast dir die Erde untertan gemacht, ganz so, wie in der Bibel aufgetragen, Kompliment! All die schrecklichen Krankheiten, die dir der Herr, sein Name sei gepriesen, geschickt hat, wozu, war nie ganz klar, hast du besiegt. Kriege hast du auch schon lange keine mehr geführt, zumindest nicht auf deinem Gebiet. Und der Fortschritt ist fantastisch! Du schwitzt kaum mehr bei der Beschaffung deines täglichen Brotes und die Weiber gebären nur mit so viel Schmerz, wie sie leicht aushalten. Großartig, wie du das hingekriegt hast! Du bist die Krone der Schöpfung, was sag ich", hier hielt die Schlange inne, um sich vom Effekt ihrer Worte zu überzeugen, „mehr als die Krone der Schöpfung bist du", flüsterte sie mit gesenkter Stimme und machte wieder eine Kunstpause, „du bist Gott!" Dem Menschen gefielen die Worte der Schlange, trafen sie doch ein Gefühl, das er schon seit längerem mit sich herumtrug. Tausende von Jahren rackert man sich ab, ohne jede Anerkennung, und dann kommt endlich einer und sagt einem, dass man großartig ist und es sich ausgezahlt hat, sich so zu schinden. Das ist Balsam auf die Wunden der vielen Irrtümer und Fehlschläge. „Du meinst also, ich wäre wie Gott", erwiderte der Mensch geschmeichelt. „Nein, nicht wie Gott, du bist Gott", versetzte Samael mit Inbrunst, und als er eine mehr dem guten Ton als der Überzeugung verpflichtete Geste der bescheidenen Ab-

wehr beim Menschen bemerkte, schob er nach: „Ganz sicher, du bist Gott.“ „Angenommen, ich würde das auch so sehen“, gab sich der Mensch vorsichtig, „wie würde das von der rechtlichen Seite her aussehen?“ „Ganz einfach“, der Schlange fiel es schwer, ihre Freude zu verbergen und einen sachlichen Tonfall beizubehalten, „rechtlich ist das Ganze wasserdicht. Steht schon in der Bibel: Und er schuf den Menschen nach seinem Angesicht. Klarer geht's nicht. Das ist sozusagen in Stein gemeißelt. Du bist nach dem Angesicht Gottes geformt, also bist du Gott, und jetzt weißt du es endlich auch!“ – „Ja, ich bin nach dem Angesicht Gottes geschaffen, ich bin Gott“, wiederholte der Mensch langsam, jetzt mit Ehrfurcht vor sich selbst, „wie hätte ich sonst all das schaffen können, es stimmt, ich bin Gott!“

Von nun an huldigte der Mensch nur noch sich selbst. In jedem Spiegel, jedem Dorfweiher, jedem Schaufenster blickte ihm sein göttliches Spiegelbild entgegen. Verzweifelt fragte er sich aber, wie er seine Göttlichkeit manifestieren könne, wie er dieses Gefühl der Leere, das ihn befallen hatte, mit Göttlichkeit füllen könne, denn an seiner Sterblichkeit hatte sich nichts geändert. Er kam zum Schluss, dass Gott nur für sich selbst war und also der wahre Weg darin bestünde, all sein Streben auf sich selbst zu richten. Samael sah diese Entwicklung, wann immer er auf Erden wandelte, mit Wohlgefallen. Er hatte sich mit ein paar Einflussreichen, Künstlern und Herolden, angefreundet. Durch sie ließ er die Menschen wissen, dass ihrer Göttlichkeit nur das permanente Gefühl von Glück, materiellem Wohlstand, Jugend und Schönheit geziemte und dies zu realisieren ihre einzige und oberste Aufgabe war, der ihre volle und ausschließliche Hingabe gelten musste. Angespornt durch die von den Herolden verkündeten Beispiele von Göttlichkeit, die ihnen täglich in ihre Wohnstuben geliefert wurden und an jeder Hauswand prangten, mühten sich die Menschen, und im Zelebrieren seiner Einzigartigkeit sah jeder seine Göttlichkeit. Samael rieb sich die Hände, denn die Menschen waren schwach und diesem neuen Krieg, in dem sie nicht *einmal den Feind erkannten, sondern ihm die Wange zum Bruderkuss reichten, waren sie nicht gewachsen, und auch die Besonnenen sahen es kaum und wenn doch einer mahnte, wurde ihm kein Gehör geschenkt und er als Miesepeter gebrandmarkt.*

Doch was geschah mit den Kindern? Für die Kinder wurde es eine schwierige Zeit. Natürlich liebten die Menschen ihre Kinder, manche abgöttisch, sahen sie doch in ihnen den Abglanz ihrer eigenen Göttlichkeit und erklärten ihre Kinder zu ihrem „Projekt" der Manifestation ihrer Göttlichkeit. Den Kindern war es anfangs ganz recht, wenn die Eltern einander ansahen und mit andächtiger Stimme sagten: „Ist er nicht ein Engel?" Doch später rebellierten sie und manches Kind erfuhr, als bittere Enttäuschung für seine Eltern, einen Sturz in die Hölle, in Samaels Arme. Und viele wurden in diesen Zeiten auf die eine oder andere Weise ihrer Eltern beraubt. Samael hatte so manche Weisen verführen können, den Menschen zu verkünden – und seine getreuen Herolde verbreiteten es aus vollem Herzen, doch mit unwissendem Geist –, dass alles, was sie an Schwierigkeiten und Ungemach erlitten, aus der Schuld ihrer Eltern resultierte, die sie klein gehalten und unterdrückt hatten, weil sie um ihre Macht bangten. Die Menschen aber, weil sie ihre Kinder liebten und weil sie sahen, wie mühevoll es war, die verlorene Göttlichkeit wiederzugewinnen, wollten besser zu ihren Kindern sein, als ihnen schien, dass ihre Eltern zu ihnen gewesen waren. Das alte Gesetz, dass der Vater den Sohn, die Mutter die Tochter führe, wurde verworfen und viele Eltern erklärten ihre Kinder zu ihren Führern und wollten es ihnen gleichtun in ihrer Spontaneität und Kindlichkeit, sah man darin doch die frühe Manifestation der Göttlichkeit.

Am schlimmsten war die Unsicherheit, die viele erfasst hatte – die Unsicherheit, ob das Glück, das sie gerade verspürten, das größtmögliche wäre, ob sie ihre Göttlichkeit ideal verwirklicht hätten. Diese Unsicherheit machte sie rastlos und suchend und versuchend, alte Frauen vergaßen ihre Würde und benahmen sich wie junge Mädchen und klammerten sich an einer Jugend fest, die sich nur an der Oberfläche manifestierte, und viele stürzten sich in Schulden für Dinge, die sie nicht brauchten und nie bezahlen können würden, von denen sie sich aber das Gefühl von Göttlichkeit versprachen. Schlimm traf es die Eheleute, denn ständig plagte sie der Zweifel, ob denn der andere wirklich der bestmögliche Partner für die eigene Göttlichkeit sei, und so testeten sie einander immerzu und stellten einander Fallen, um sich in permanentem Streit und Unsicherheit wiederzufinden. So fügte es sich, dass die meisten Menschen viel zu sehr mit sich beschäftigt waren, um das mühevolle, unspektakuläre Geschäft der Erziehung zu erfüllen. Da erhoben sich die führungslosen und vernachlässigten Kinder, die schon in viel zu jungem Alter gezwungen waren, sich wie Wölfe in Rudeln herumzutreiben, um ihre Einsamkeit zu bekämpfen. Der Sohn kehrte sich gegen den Vater, die Tochter hob die Hand gegen die Mutter, sie achteten weder Eltern noch Lehrer. Da waren die Menschen verzweifelt und eine große Verwirrung breitete sich über die Erde aus und guter Rat war teuer. Und Samael lachte.

Konkursfall Erziehung

Seit beträchtlicher Zeit schon versorgt uns die Boulevardpresse mit Berichten über tyrannische Kinder und verhaltensauffällige Jugendliche. Dazu werden, je nach ideologischer Ausrichtung, unterschiedliche Verdächtige als Schuldige präsentiert. Viel ist zur Erziehungsresistenz der heutigen Kinder zu lesen und noch mehr zur pädagogischen Unfähigkeit von Eltern und Lehrern. „Supernannys" haben Hochkonjunktur und schalten und walten in heimischen Wohnstuben an Eltern statt, bisweilen mit einer Art Null-Toleranz-Haltung, und der Ruf nach mehr Mut zur Erziehung, die dann auch körperliche Züchtigung miteinschließt, wird in der allgemeinen Ratlosigkeit wieder laut.[51]

Ein wesentlicher Umstand wird im medialen Diskurs allerdings weitgehend verschwiegen: die Gewichtung der gesellschaftlichen Grundkonstanten, des uns prägenden Selbstverständnisses in dieser schönen neuen globalen Welt. In welche gesellschaftliche Grundmatrix ist Erziehung heute eingebettet? Was sind die Haltungen, Zielsetzungen und Werte, denen sich die postmoderne elektronische Gesellschaft verpflichtet fühlt? Inwieweit unterstützen sie die notwendigen Interventionen einer auf ein selbstständiges, sozial integriertes Leben hin ausgerichteten Erziehung?

Glaubwürdig Rücksichtnahme und Grundbescheidenheit weiterzugeben, gestaltet sich als ausnehmend schwierig, wenn jede nur denkbare Identifikationsfigur vermittelt, dass man beinhart „sein Ding“ durchzuziehen hat, will man zu den Erfolgreichen gehören. Wenn im alles bestimmenden, rund um die Uhr präsenten Mainstream immer nur „die Schönen“ Achtung, Respekt und das dazupassende Glück in der Liebe bekommen, nimmt sich das Eintreten für die sogenannten „inneren Werte“ in den Ohren heranwachsender Kinder etwas weltfremd aus. Wir scheinen in einer Epoche des beschleunigten sozialen Wandels zu leben. Im Kern liegt diesem Wandel eine technologische und ökonomische Revolution zugrunde, die einen globalen und digitalen Finanzkapitalismus mit all seinen Konsequenzen herbeigeführt hat.

Das Tempo dieser Veränderungen, die sich innerhalb einer einzigen Generation vollziehen, entwickelt eine Eigendynamik in den Psychen der Menschen. Man ist geneigt, sich an Alvin Tofflers bekanntes Werk „Zukunftsschock“ zu erinnern, das, obwohl bereits 1970 erschienen, in manchen Aspekten höchst aktuell erscheint. Nicht die Veränderung an sich ist Verursacher für die tief greifende Verunsicherung, sondern die Schnelligkeit, mit der sich der Wandel vollzieht. Es scheint so, und das Studium der Kulturgeschichte bekräftigt diese Annahme, als verfügten wir als Spezies über eine grundsätzlich breite Anpassungspalette, was die unserem Selbstverständnis zugrunde liegenden Werte und Anschauungen betrifft. Gleichzeitig drängt sich die Beobachtung auf, dass diese Prozesse, sollen sie über eine breite und eindeutige Verankerung verfügen, gesellschaftliche Orientierung geben und verbindlich für jeden wirken, eine jahrzehntelange Vorbereitungs- und Entwicklungszeit benötigen. Die neue Beliebigkeit, das „Nix is fix und alles ist möglich", dieses Klima des experimentellen gesellschaftlichen Wertepluralismus, scheint dagegen den Stabilitätszusammenbruch einer globalen Einheitskultur zu repräsentieren; diese nimmt in Ermangelung eines Wurzelgefühls im Zelebrieren eines naiven Hyperindividualismus der Marke „Leben und leben lassen" Zuflucht und möchte die Lösung brennender Sachfragen angesichts durchgreifender Politikverdrossenheit an „Experten" delegiert sehen. „CO_2, was ist das? Und wenn es ein Problem ist, dann sollen es die Experten lösen! Wir machen inzwischen Party!" Der globalisierte Zauberlehrling des 21. Jahrhunderts steckt angesichts der Besen, die er rief, lieber gleich den Kopf in den Sand und widmet sich der Eventkultur.

Was, bitte, heißt heute „fit for life"?

In der Erziehung der Kinder manifestiert sich, wie könnte es anders sein, diese Grundverunsicherung der Eltern. Der Erziehungsauftrag, den Eltern jeder Generation zu erfüllen haben, lautet, ihre Kinder „fit for life" zu machen, in den Tornister ihres Marschgepäcks all das zu packen, was sie zu lebenskompetenten, in ihr soziales Beziehungsgefüge integrierten Menschen macht. So weit, so gut. Doch was heißt das, wenn in der eigenen Erwachsenenwelt der Bezugsrahmen der Werte zunehmend abblättert, wenn nicht gar sich aufzulösen beginnt und stattdessen immer mehr Fragezeichen zur Tauglichkeit traditioneller Werte auftauchen? Was spielt sich im kollektiven Unbewussten ab, wenn zum Beispiel kaltschnäuzig lächelnde Banker Finanzinstitute gegen die Wand fahren, deren Spareinlagen vieler kleiner Anleger auch Symbole des Vertrauens in unsere Institutionen darstellen, und wenn sie dann meinen, dass „schlechte Geschäfte zu machen doch kein Verbrechen wäre“? Und wenn das Ganze auch noch global erfolgt, sodass sogar in den „reichen“ Ländern das heilige Konsumniveau einzubrechen droht – von den vielen Millionen Menschen in Dritte-, Vierte-Welt- und Schwellenländern, denen diese wirtschaftliche Fehlsteuerung ganz *hardcore* das Leben kostet, ganz zu schweigen –, und die daran Beteiligten durch alle möglichen Hintertüren versuchen, doch noch ihre Bonuszahlungen einzustreifen? Ja, dann ist schon einsichtig, dass eine Erschütterung durch die kollektive Seele geht, ein seismisches Beben, das bis ins Frontalhirn hineinreicht und zu Verwirrung darüber führt, was denn Werte wie Treue, Ehrlichkeit, Ehre, Zuverlässigkeit, Verbindlichkeit, Fleiß, Höflichkeit oder gar Disziplin noch mit Lebenskompetenz heute zu tun haben sollen. Da könnte der eine oder andere schon zum Schluss kommen, diese sogenannten Sekundärtugenden wären eher kontraproduktiv für eine erfolgreiche Lebensplanung, wohingegen Ichzentriertheit, rücksichtsloses Durchsetzungsvermögen und Selbstmarketing unter Einbeziehung aller Tricks, die Werbeindustrie und Kosmetik einschließlich der Schönheitschirurgie zu bieten haben, weitaus empfehlenswerter wären.

Was also den Kindern vermitteln? Eltern wollen „das Beste“ für ihre Kinder, doch noch nie war die Verunsicherung so groß, was denn „das Beste“ ist! Eltern mühen sich aus vollem Herzen ab, ihren Kindern im Nebel des neuen Pluralismus gute Startpositionen für das große Rattenrennen des Erwachsenenlebens zu sichern, und stehen gleichzeitig selbst nur zu oft auf schwankendem Grund. Bei vielen ist ein Mangel an Sicherheit und Souveränität im eigenen Wertegebäude zu spüren. Ist es wichtig, maximal in die ewige Jugend zu investieren, und hat man so Chancen zu punkten? Muss man zu den Fernreisenbuchern und Cityhoppern gehören, um respektvolle Blicke zu kassieren? Muss man in einer länger dauernden Beziehung immer das absolute Prickeln verspüren, wenn man sein Lebensglück und seine seelische Gesundheit nicht verspielen will? Muss man jedes Erschlaffen der Anziehung mit einer Marktrecherche nach neuen Prinzen oder Prinzessinnen beantworten, um nicht in Beziehungsfrustration zu versinken?

Eltern, die ja in der Matrix gesamtgesellschaftlicher Haltungen operieren, haben heute viele Fragen im Kopf, die ihr eigenes Leben und das drängendste menschliche Grundbedürfnis, nämlich „dazuzugehören", betreffen. Es hat maßgebliche Bedeutung für die Erziehung der Kinder, wie Eltern diese Grundfragen für ihr eigenes Leben beantworten, denn nicht was wir sagen, sondern was und wie wir es tun, ist für unsere Kinder entscheidend.

Eltern sind in den oft widersprüchlichen und auf den ersten Blick gänzlich intransparenten Verhältnissen des Wertekanons einer globalisierten Gesellschaft mit sich und ihren Kindern allein gelassen und befinden sich vielfach in einer Art Experimentalsituation. Daraus leiten sich mehrere schwerwiegende, wenn auch im besten Bestreben gelebte, Fehlhaltungen in der Erziehungsbeziehung zwischen Eltern und ihren Kindern ab.

Führen, ohne autoritär zu sein

Als ich noch ein Kind war, waren Kinder Kinder und Erwachsene Erwachsene. Das heißt, Kinder wurden als Kinder wahrgenommen und lebten als solche, und Erwachsene lebten als Erwachsene und steuerten das Schiff Kindheit mit Kurs auf die Erwachsenenwelt. Diese eindeutige und klare gesellschaftliche Wahrnehmung einer Kinderwelt und einer davon *getrennten Sphäre der Erwachsenen* hatte weit reichende und lebensdefinierende Konsequenzen. Zum Beispiel war von vornherein die Position klar, auf der jeder rangiert. Eltern waren Kindern übergeordnet und ihr Führungsauftrag war ihnen mit jeder Faser ihres Seins naturgesetzmäßig klar, Kinder ihren Eltern nachgeordnet und auch ihnen war klar, und auch das naturgesetzmäßig, dass Eltern weite Bereiche des Lebens bestimmen. Meine Mutter hätte nie im Leben mit mir darüber diskutiert, ob ich im Winter in Sandalen in den Kindergarten gehen könnte; musste sie auch nicht, denn es war mir in diesem Alter klar, dass meine Mutter über diese und ähnliche Dinge bestimmte. Moderne Mütter müssen derartige Sachverhalte heute mit ihren Kindern diskutieren und ich habe schon manche Kinder mit jahreszeitlich völlig unpassendem Schuhwerk in den diversen Kindergartengarderoben meiner Kinder erlebt.

Im Rückblick scheint mir auf Basis dieses Grundverständnisses – des Führungsauftrags, den erfolgreiche Elternschaft erfüllen muss – vieles von vornherein geklärt zu sein und zur Matrix eines ruhigen Grundgefühls, in das Leben und Zusammenleben und damit soziales Lernen eingebettet sind, zu führen. Kinder redeten selbstverständlich und ohne dass man sie ständig ermahnen musste, nicht dazwischen, wenn ihre Eltern wichtige Dinge miteinander besprachen. Waren Freunde meiner Eltern da oder wir bei ihnen, unterhielten sich die Erwachsenen, und wir Kinder spielten miteinander und alleine und ohne dass wir in der Zwischenzeit die diversen Gärten verwüstet hätten. Als Volksschüler konnten wir grüßen, dabei sogar die Hand geben und in die Augen schauen; dass die Erledigung von Hausaufgaben notwendig war, wurde gar nicht diskutiert, und genauso war klar, dass das Fernsehprogramm am Abend nur für Erwachsene bestimmt war und uns unsere Eltern von den Nachrichten fernhielten, weil sie diese für uns noch nicht als geeignet erachteten. Außerdem war klar, dass man abends zur von den Eltern festgesetzten Zeit ins Bett zu gehen hatte, natürlich nach einer Runde durchs Badezimmer, die man schon in der ersten Volksschulklasse erfolgreich selbstständig absolvierte.

Manch werter Leser, manch werte Leserin ist vielleicht über den letzten Absatz gestolpert. Kinder, die still zu sein haben, klingt nach Mund verbieten, das Denken unterbinden. Ein Kind zum Grüßen dressieren, wie reaktionär! Und manifestiert sich nicht bereits in jungen Jahren ein großer Denker und Freigeist in meinem Kind, wenn es das System Schule und den damit verbundenen Zwang, Dinge nicht nach Bedürfnis, sondern nach Vorgabe und somit kreativitätszerstörend zu tun, mit der Verweigerung der Hausaufgaben thematisiert? Und Fernsehen kann doch wohl in einer Informationsgesellschaft nicht so ein Problem sein, wenn bereits in jeder U-Bahn ein Bildschirm hängt! Und wer, bitteschön, nimmt gern den Verdacht auf sich, die Selbstregulationsfähigkeit seines Kindes in ihrer Entwicklung zu beeinträchtigen, indem es mit straffen Zu-Bett-geh-Zeiten traktiert wird? Das weiß man heute doch alles viel besser; und das ist samt dieser Hygieneversessenheit alles zusammen ein Überbleibsel einer schrecklich autoritären Elterngeneration.

Aber wurden wir von unseren Eltern unterdrückt? Das Grundgefühl meiner Kindheit ist ein beschütztes, sicheres, ein vertrauensvoll aufblickendes, in dem stufenweise immer mehr neue Räume entdeckt werden konnten. Selbstverwaltung wurde für immer weitere Bereiche meines Lebens als ganz selbstverständlich entwickelt, und irgendwann, ohne allzu große Wehleidigkeit meiner Eltern oder Nesthockerallüren meinerseits, wuchs ich in mein eigenes, unabhängiges Leben hinein. Bei den allermeisten Freunden meiner Kindertage und den Kindern der Freunde meiner Eltern ist das ganz ähnlich verlaufen.

Hier geht es auch nicht darum, neurotische Familiensysteme, die die in ihnen aufgewachsenen Kinder unter Umständen schwer beeinträchtigt haben, oder tyrannische Elternteile im Nachhinein zu rehabilitieren oder gar zu glorifizieren. Wir befinden uns hier auf dem viel größeren Spielfeld des gesellschaftlichen Grundverständnisses zum Thema Kinder und Erziehung von Kindern, wir sprechen von den allgemeinen Rahmenbedingungen, die von allen geteilt werden, sozusagen von der Textur und Beschaffenheit der Leinwand, auf der sich dann das Gemälde entwickelt. Wie dieser gesellschaftliche Grundkonsens – „was es bedeutet, ein Kind in die Welt zu setzen, und unter welchen Grundannahmen es ins Erwachsenenleben zu begleiten ist“ – dann in der einzelnen Familie methodisch umgesetzt wird, welches Bild im einzelnen Fall gemalt wird, ist ein anderes Kapitel.

Weniger auf wissenschaftlicher denn auf intuitiver Basis war das gesellschaftliche Selbstverständnis darauf ausgerichtet, Kinder als in der Entwicklung ihrer Fähigkeiten und damit in ihrer Verletzlichkeit zu begreifen, die Eltern jedoch durch ihren Erfahrungsvorsprung als überlegene und damit führungsverpflichtete Partner in diesem Tanz. Für die allermeisten von uns, auch wenn viele in den Gemälden ihres Lebens diverse anachronistische Farbflecke mit sich herumschleppen, hat sich die Leinwand als tragfähig für das Bild herausgestellt. Die Fähigkeit zur Bedürfnisverschiebung, um nicht vom beständig anbrandenden infantilen Lustprinzip übermannt zu werden, eine ganz wesentliche Komponente für die Entwicklung einer passablen Arbeitshaltung und die Grundkompetenz für eine selbstständige Lebensweise, wurde erfolgreich als psychische Funktion erworben. Ganz anders präsentiert sich die Situation bei so manchen unserer heute Heranwachsenden. Lehrherren klagen über mangelnde Selbststrukturierung von Lehrlingen, für die schon allein Pünktlichkeit eine echte Lebensherausforderung bedeutet, der sie sich nicht kontinuierlich zu stellen vermögen. Lehrer sprechen von einer „Unbeschulbarkeit“ einer wachsenden Gruppe von Kindern, denen es an der Basisbereitschaft fehlt, dem Unterricht zu folgen, und die durch jede Unterrichtsstruktur, die die Fähigkeit zur Selbstdisziplinierung und Impulskontrolle voraussetzt, überfordert sind. Hier zeigen sich bereits dramatische Risse in der Textur der Leinwand, in der dann etwas später ganze Stücke fehlen werden. Doch wenn es keinen Untergrund gibt, kann sich kein Lebensgemälde entwickeln, dort herrscht im wahrsten Sinn des Wortes ein Defizit. Ein gefährliches Defizit, denn die Erfahrung von Versagen und in der Folge von Ausgegrenztheit und Nichtdazugehören macht traurig und böse, depressiv und aggressiv.

Vorsicht, Autorität! Moderne Eltern haben es schwer

Wie kam es dazu? Auf der breiten gesellschaftlichen Basis von durchwegs begrüßenswerter Demokratisierung der letzten Jahrzehnte wurde ein bemerkenswerter semantischer Irrtum begangen, indem Autorität mit autoritär gleichgesetzt wurde, jenem Set von Verhaltensweisen, hinter dem sich führungsungeeignete Individuen verschanzen. Bestärkt von der neuen Euphorie, die das Individuum, seine unmittelbaren Bedürfnisse und seine Selbstentwicklung als Richtschnur heranzog, wurde auf der anderen Seite alles, was den Anstrich von Autorität hatte, zum Abschuss freigegeben. Mit fatalen Konsequenzen. Auch hier, lieber Leser, liebe Leserin, sei eine gedankliche Fußnote zur Sicherstellung des Verständnisses eingefügt. Ich beklage nicht, dass so manche honorige Führungsperson von ihrem Thron gestürzt wurde, ich beklage die Zerstörung der Glaubwürdigkeit ganzer Berufsstände in Bausch und Bogen, die Demontage des Prinzips der positiven, durch die Integrität ihres Handelns begründeten Führungsautorität, die den ihr Anvertrauten Orientierung und Sicherheit zu geben imstande war.

Beklagenswert ist dies aus mehreren Gründen. Zum einen, weil anstelle der Autorität ein verwaschener, aber unantastbarer Individualitätsbegriff, gleichsam als Ikone eines neuen Lebensgefühls, getreten ist und dieser sich in Ermangelung anderer Leitvorstellungen in der Grundhaltung „Ich tu nur, was ich will und worauf ich Bock habe!" äußert. Das ist schade, denn die Entfaltung von Individualität und Kreativität auf dem Boden einer entwickelten Persönlichkeit mit stabilen psychischen Funktionen ist eine wirklich beglückende Lebenszielsetzung. Nur braucht sie einen anderen Nährboden als die zuvor genannte Leitidee.

Zum andern beklage ich diese Entwicklung deshalb, weil es sowieso nicht funktioniert und nur das Spielfeld für allerlei Scharlatane und dubiose Führungsinstanzen bereitet hat. Gute Autoritäten mussten sich immer durch ihre fachlichen und persönlichen Kompetenzen rechtfertigen. An ihre Stelle sind heute Idole getreten und übernehmen Autoritätsfunktion, die durch Exzesse im globalen Medienzirkus auffallen oder aufgrund ihrer Finanzkraft punkten und Bewunderung kassieren. Alles zusammen eher ein defizitäres gesellschaftliches Phänomen.

Am meisten beklage ich diese Entwicklung allerdings wegen ihrer Auswirkungen auf das gesellschaftliche Grundverständnis von Erziehung. Auch hier wurde Autorität mit autoritär gleichgesetzt. Und mit einem durchwegs gerechtfertigten Feldzug gegen autoritäre Eltern und Lehrer wurde der Führungsauftrag von Eltern und Lehrern auch gleich gestrichen und die Entwicklung der Individualität des Kindes *ab origine* als angeblich kontrastierendes und befreiendes Prinzip angesetzt. Kinder wurden zu Experten ihrer selbst erklärt. Kinder wurden damit, wie es gern heißt, auf Augenhöhe der Eltern geholt und endlich als mit ihren Eltern gleichwertige Individuen ausgerufen. Die Vorwürfe, die man gegen eigene autoritäre Eltern noch immer im Bauch mit sich herumtrug, meinte man sich auf diese Weise, nun selbst in die Position der Elternschaft vorgerückt, auch gleich ersparen zu können. Der partnerschaftliche Umgang mit dem Kind, seinen Lebensäußerungen und Bedürfnissen und elendslange Diskussionen, die sich um jede Alltagshandlung herumranken, wurden damit geboren. Hier werden wir Zeugen einer klassischen wie fatalen gesellschaftlichen Fehlentwicklung, denn Probleme, ihre Kinder als gleichwertige Individuen zu sehen und ihre kindlichen Bedürfnisse und Fähigkeiten zu akzeptieren, hatten auch früher schon nur autoritäre Eltern, die die Erziehung ihrer Kinder aus einem Zustand persönlicher Defizite heraus gestalteten.

Ich habe mich in meiner Wertigkeit immer auf Augenhöhe mit meinen Eltern empfunden, auch wenn ich ihren Anordnungen Folge leistete, denn sie waren sicher und liebevoll überzeugend in dem, was sie von mir wollten, und ich hatte eine Fülle an Referenzerfahrungen, dass sich das, was mir aufgetragen wurde, auch als gut und vorteilhaft für mich herausstellen würde. Diese Grundsicherheit und Souveränität gemeinsam mit der Zuverlässigkeit und dem Zusammenhalt, die meine Eltern in ihrem eigenen Leben und im Umgang mit mir lebten, verschafften mir auch das Vertrauen, mich ihnen anvertrauen zu können. Die Frage nach einer Gleichwertigkeit im menschlichen Sinn war gar nicht gegenständlich, da selbstverständlich, und eine Gleichwertigkeit der Entscheidungskraft für mich nicht nötig. Ich musste kein Experte für mich selbst sein, eine Anforderung, die mich meiner Kindheit beraubt hätte. Ich konnte mich darauf konzentrieren, einfach Kind zu sein, zu wachsen und in der Spiegelung der Reaktionen der Erwachsenen meiner Umgebung zu lernen, wie man sich in einem sozialen Gefüge zu bewegen hat.

Das Grundgefühl, das Eltern heute beschreiben, rangiert in allen Schattierungen von Unsicherheit, Angst, etwas falsch zu machen, bis hin zu blanker Orientierungslosigkeit. Die Furcht, durch Strukturen und Regeln oder gar Grenzsetzungen einen nachhaltig negativen Abdruck auf der Kinderseele zu hinterlassen, ist die meistgeäußerte Sorge von Eltern. Man möchte doch nicht, dass das eigene Kind in der Entwicklung seiner Individualität beeinträchtigt würde und eventuell leiden müsse. Über das Leiden der Struktur- und Regellosigkeit, die das Kind allein lässt oder, noch schlimmer, für die eigene Unsicherheit missbraucht, wird dabei hinweggesehen. Die Angst, als autoritäre Eltern entlarvt zu werden, geht um und ist nicht unbegründet, denn schon der Satz „Im Winter zieht mein Kind einfach feste Schuhe an, das entscheide ich!“ trägt einem in entsprechend aufgeklärten Kreisen befremdete Blicke ein.

Ist die Globalisierung eine Nummer zu groß für uns?

Dazu kommt die generelle Lebensverunsicherung einer globalen Gesellschaft, in der zwar zunehmend alles von gegenseitigen Abhängigkeiten geprägt ist, kaum jemand allerdings durchblickt, was das bedeutet. Man spürt nur die Auswirkungen. Die Twin Towers gehen zu Boden und bei uns wird die Milch teurer, ein paar Banker machen faule Immobiliengeschäfte und basteln ebensolche Fonds, bitte, was ist das eigentlich, und ich verliere in der Folge meinen Arbeitsplatz und mein Lebensszenario wird zur Seifenblase! Nicht wirklich emotional nachvollziehbar oder gar beeinflussbar, aber dennoch Realität.

Erinnert, übertragen auf einen globalen Schauplatz, irgendwie an Martin Seligmans berühmte Elektroschockversuche mit Hunden, an die er seine berühmte Theorie der erlernten Hilflosigkeit knüpfte. Es gibt drei Interpretationen für diese Versuche, doch egal, ob man sich zu den Verfechtern der zitierten These der erlernten Hilflosigkeit rechnet oder zu jenen, die die Interpretation der „konsekutiven Unaufmerksamkeit" als Reaktionsmuster bevorzugen, oder ob man eher in der Inaktivitätshypothese die korrekte Interpretation erkennt – eines vereint alle drei: Als Folge davon, dass die Hunde erfahren, dass die ihnen verabreichten Elektroschocks unbeeinflussbar von ihrem Verhalten sind, werden sie passiv, in sich gekehrt und nur noch auf sich selbst bezogen.

Ist unser Hyperindividualismus Ausdruck dieser erlebten Unbeeinflussbarkeit globaler Prozesse? Ziehen wir es deswegen vor – und unsere Jugend in noch viel größerem Ausmaß –, uns von Politik abzuwenden und uns mit einer Selbstbespiegelungskultur zu beschäftigen, die von der Übertragung neoliberaler marktwirtschaftlicher Prinzipien bis in unser Privatleben und unsere Wertekultur gesteuert wird?

Verunsichert, aber dennoch mit allerbesten Absichten und viel Liebe im Herzen waten junge Paare in ein Feld der Elternschaft hinein, in dem sie knietief in neuen Problematiken versinken, die ihre Eltern noch gar nicht kannten und für die sie im eigenen Marschgepäck auch keine erprobten Lösungsvorschläge mitführen können. Viele Eltern finden sich darin allein gelassen wieder.

Die Rolle, die Eltern heute in der Erziehung ihrer Kinder dem gesellschaftlichen Verständnis nach einzunehmen haben, ist im Graubereich zwischen Coach, Freund und Financier angesiedelt; und in der Definition der Geschlechterbeziehung zueinander, gerade wenn es um das komplexe Feld Eltern plus Kind, also Familie, geht, wartet ein weiteres Minenfeld. Natürlich ist am Reißbrett längst alles paritätisch zugeteilt, das Montieren der Winterreifen genauso wie der Wäschekorb oder die Kinderarzttermine. Allein, der Alltag sieht ganz anders aus, haben es doch allen Beschwörungen zum Trotz erst 24 Prozent unserer deutschen männlichen Nachbarn zum „familiären Mann" geschafft , der sich gleichmäßig am Haushalt und an der Kindererziehung beteiligt – und es gibt guten Grund anzunehmen, dass österreichische Männer nicht viel anders ticken.[52]

Auch die Langzeitprognose, zu rund 50 Prozent entweder als alleinerziehender Elternteil mit wirtschaftlicher Mehrbelastung und zeitlichem Dauerstress mein Kind weiterzubringen oder als Besuchswochenenddaddy die wichtigsten Momente im Aufwachsen meines Kindes zu verpassen, ist nicht wirklich ermunternd.

Und dann leben wir ja auch noch in einer Welt, in der mühsam erworbenes Fachwissen dazu tendiert, eine Halbwertszeit gegen null zu entwickeln, und ständig am Ball zu bleiben, immer den neuesten Branchentrend vorwegzunehmen, wichtig ist, will man zu den Erfolgreichen gehören. Da trampelt den Erwachsenen dann in Gestalt ihrer eigenen Kinder der rasante technologische Fortschritt auch noch ins mühsam gezimmerte Selbstbild. Die Kids sind smart, knacken jede Internetsperre, die unsereins mühsam errichtet, mit einem im Mundwinkel hängenden Lächeln und sind mit spätestens neun als voll ausgebildete Verkaufsprofis für Handybetreiber einsetzbar. Technisch haben sie es drauf, gehört ja zur Grundzusammensetzung ihrer Muttermilch, aber über die möglichen Konsequenzen von Chatforen, Cyberbullying und Kreditkarteneinkäufen via Internet wissen sie nicht Bescheid. Und viele Eltern stoßen hier an ihre eigenen Grenzen, die es ihnen scheinbar gar nicht ermöglichen, ihren Führungsauftrag wahrzunehmen, was zu ihrer weiteren Verunsicherung und der Förderung eines „liberalen" partnerschaftlichen Beziehungsbilds zwischen Eltern und Kindern beiträgt.

In diesem gesellschaftlichen Grundklima erscheint es dann ganz logisch, dass so mancher anlässlich meines Beispiels, dass Kinder früher selbstverständlich *nicht* dazwischenredeten, wenn sich ihre Eltern unterhielten, nur noch an niedergeknüppelte Kinder denkt. Wenn Kinder nicht grüßen wollen, wird das gern als Zeichen von früher Selbstbestimmtheit und Individualität, die sich nicht in starre Konformität pressen lässt, gedeutet. Ich allerdings gehe davon aus, dass es diesen Kindern einfach nicht beigebracht wurde und dieser Mangel an Umgangsformen sie einmal selbst treffen wird. Und „freche Kinder" gibt es überhaupt nicht mehr. Schon der Ausdruck allein klingt in den allermeisten Ohren reaktionär. Ein Kind, das früher so bezeichnet worden wäre, wird heute gern als selbstbewusst und durchsetzungsstark angesehen, und wenn es gar zu toll wird, als kreativ.

Eltern sind auch nur Menschen, doch bisweilen scheint es so, als müsse man mit schier übermenschlichen Kräften am Steuerrad – das viele trotz intensivster Suche in der Ratgeberliteratur nicht einmal zu finden vermögen – hängen, um das Schiff „Familie" durch die schlingernden Gewässer zu steuern. Das gegenwärtig zu attestierende defizitäre, die tägliche Arbeit von Eltern torpedierende gesellschaftliche Grundverständnis von Kindheit einerseits und die persönlichen Problemkreise von Eltern andererseits verbinden sich vielfach zu einer unheiligen Erziehungsallianz und werden bereits als alarmierende Phänomene in unterschiedlichen Erziehungsfehlhaltungen und ihren Auswirkungen auf die Kinder sichtbar.

Die Entkopplung der Elternallianz

Britta ist 13, von ihren Fotos her, die sie auf Facebook posted, würde man sie auf zumindest 16 schätzen. Wenn man ihr gegenübersitzt, wie ich in meiner Praxis, und Gelegenheit hat, ihre laszive Körpersprache zu studieren, wie die Zunge im rechten

Moment über die Lippen huscht, Beine übereinandergeschlagen werden und der Körper im Polstersessel gerekelt wird, und wenn man vielleicht männlichen Geschlechts wäre, könnte man durchwegs auch willig sein, sie für 18 zu halten, ohne sich dabei wirklich genieren zu müssen. Damit sind wir auch schon mitten im Problem. Britta ist eine Architektentochter, beide Eltern sind Architekten und bei mir zur Scheidungsbegleitung und Krisenbewältigung, nachdem ihre Mutter fand, dass Britta sich seit der Scheidung ihrer Eltern vor etwas mehr als einem halben Jahr dramatisch verändert hätte. Das aufgedonnerte und ihre sexuellen Reize in den Vordergrund rückende neue Outfit irritiert ihre Mutter aufs Äußerste. „Es ist“, beschreibt sie ihren Eindruck, „als hätte sie sich über Nacht künstlich vom Kind zu einer jungen Frau verwandeln wollen.“ Aber Brittas Mutter hat selbst über Jahre während ihrer Ehe ihren Mangel an Esprit vorgeworfen bekommen, der ja nach dem Familienmythos auch dafür verantwortlich war, dass ihr Mann auf andere Gefährtinnen zurückgegriffen hat, um dieses Defizit auszugleichen, und so ist sie gleichzeitig auch verunsichert, ob Teenager wie Britta heute vielleicht einfach so sind.

Britta findet die Scheidung ihrer Eltern zumindest oberflächlich gesehen eher cool, weil ihr die ewigen lautstarken Streitereien „so und so nur mehr den Nerv gezogen haben“. Ihren Daddy legt sie unter „Loser“ ab, verachtet ihn wegen seiner dauernd wechselnden Affären mit weitaus jüngeren Frauen und torpediert erfolgreich die Besuchswochenenden; ihre eher konservative, aber in ihren Erziehungsinterventionen ambivalente Mutter rangiert unter dem Label „Fossil“.

Britta hat als neueste Errungenschaft ihres jungen Lebens einen Freund, einen drei Jahre älteren Schulkollegen aus einer höheren Klasse. Ihre Mutter tippt auf Händchenhalten, ich auf mehr und Britta mauert derzeit zu diesem Thema.

Eine Woche später, am Tag vor unserem nächsten Termin, erhalte ich von Brittas Mutter um 21.00 Uhr einen aufgeregten Anruf. Britta ist verschwunden. Die Schule wäre um 14.00 Uhr zu

Ende gegangen, kein Nachmittagsunterricht sei für diesen Tag angesetzt gewesen und es habe auch keinerlei Vereinbarung gegeben, mit Freundinnen noch unterwegs oder zum gemeinsamen Lernen zusammen zu sein. Über ihr Handy sei sie nicht zu erreichen, sie hätte schon ein Dutzend Nachrichten auf Brittas Box hinterlassen, die ihre Tochter nicht beantwortet hätte. Brittas Mutter ist aufgelöst vor Sorge, Entführungs- und Unfallszenarien wechseln sich ab mit der Angst, die Scheidung der Eltern könnte Britta veranlasst haben, jetzt, in einer Art verzögerter Reaktion, von zu Hause wegzulaufen. Sie möchte meine Einschätzung dazu. Ich empfehle ihr, noch bevor sie die Polizei einschalte, zu versuchen, Klassenkameradinnen zu erreichen. Vielleicht könnten diese Auskunft zu Brittas Plänen geben. Sie verspricht mich auf dem Laufenden zu halten. Kurz nach 23.00 Uhr ruft sie wieder an. Die Sorge um die unmittelbare körperliche Unversehrtheit ihrer Tochter ist aus ihrer Stimme gewichen, doch sie wirkt tief erschüttert.

Von Brittas Freundinnen erhielt sie den Tipp, dass ihre Tochter sich wahrscheinlich bei ihrem Freund aufhalten würde. Nachdem es ihr gelungen war, die Telefonnummer seiner Familie zu eruieren, habe sie mit der Mutter des Burschen, einer sich sehr lässig und aufgeschlossen gebenden Frau, gesprochen und erfahren, dass Britta heute eben bei ihrem Freund übernachte. Sie möge doch keine solche Spielverderberin sein! Die beiden würden doch nichts Kriminelles anstellen und wären eh schon total im Bild, wie der Hase liefe. Ob sie denn schon vergessen habe, wie es sei, wenn man jung ist? Dass Britta sie nicht informiert hätte, wäre natürlich schlimm, aber das läge sicher in einer zu strikten Erziehung ihrerseits, die Britta nur den Weg ins Verheimlichen offenließe. Großzügigkeit wäre eine bessere Haltung im Umgang mit Pubertierenden! Lässige Souveränität könne sie als Zugang empfehlen, und außerdem wären die Jugendlichen heute doch sowieso viel weiter. Sie verstehe überhaupt nicht, warum sich Brittas Mutter so aufrege. Britta wäre immerhin schon 13 und ihr Sohn nur drei Jahre älter, also liege sicherlich kein irgendwie gearteter bedenk-

licher Sachverhalt vor. Sie wollte auch Britta und ihren Sohn jetzt eigentlich nicht stören, und nur durch heftiges Insistieren konnte Brittas Mutter dann doch mit ihrer Tochter sprechen, die ihr, bestärkt durch die hörbaren Zureden des Burschen und seiner Mutter, zu vermitteln versuchte, dass sie der letzte Dinosaurier auf Gottes Erdboden und absolut peinlich wäre.

Hier wird das eigentliche Problem mit dem Dauerbrenner Sexualität camoufliert. Es geht nicht in erster Linie darum, den gesetzlichen Rahmen auszuschöpfen und mit Lässigkeit und Aufgeschlossenheit fürs eigene Selbstbild zu punkten, sondern darum, dass Brittas Verhalten, ihre Mutter zu hintergehen, den Führungsauftrag ihrer Mutter negiert. Darin müssten sich alle Eltern, unterschiedliche Vorstellungen zum Einstieg in die Sexualität hin oder her, einig sein! Entsprechend unterminiert das Verhalten der Mutter von Brittas Freund die Führungssicherheit von Brittas Mutter und damit letztendlich die Stützfunktion, die sie für das Aufwachsen ihrer Tochter hat.

Wir führen ein entsprechendes Telefonat, worauf sich Brittas Mutter aufmacht, um ihre Tochter, peinlich oder nicht, nach Hause zu holen.

Geschichten wie diese, in denen die elterliche Allianz, das gemeinsame Grundverständnis des Führungsauftrags außer Kraft gesetzt werden, sind heute keine Seltenheit. Das Grundmuster ist immer dasselbe. Eine von einem Elternteil gesetzte Grenze wird von einem anderen Elternteil als scheinbar autoritär entlarvt. Bisweilen macht sich dieser Elternteil dann zum Anwalt des fremden Kindes und versucht zu einer Verschiebung der markierten Grenze zu überreden. Gelingt dies, ist der Beifall des eigenen und des fremden Kindes gewiss, man punktet als „cooler Dad“ oder „coole Mum“, gelingt es nicht, wird der andere Elternteil als altmodisch, engstirnig, unaufgeschlossen erlebt. Wo dann die momentanen

Sympathien der Kinder und Jugendlichen verortet sind, braucht nicht näher erläutert zu werden. Grundsätzlich erfolgt damit allerdings eine Untergrabung der Leitfunktion beider Eltern, die sich von den Kindern und Jugendlichen steuern lassen.

Eltern, die in ihrem Grundempfinden, was angemessen ist für ihre Kinder und was nicht, ohnehin verunsichert sind, reagieren auf die Intervention anderer Eltern, die joviale Großzügigkeit und ein scheinbares konfliktfreies Gelingen ihrer Erziehungsbeziehung zu ihren Kindern zur Schau stellen, vielfach peinlich berührt, empfinden sich auf dem Prüfstand und haben Angst, dass ihnen Erziehungsunfähigkeit attestiert wird, wenn sie auf der von ihnen gesetzten Grenze beharren. Nach dem Motto: Schau dir die an, die checkt es mit ihren Kindern nicht und ist einer von diesen schrecklichen autoritären Dinosauriern – das arme Kind!

Auf diese Weise werden neuerdings verlängerte Ausgehzeiten, die Erlaubnis zu einer Interrailreise oder bei viel jüngeren Kindern Übernachtungen bei Freunden nicht mehr zwischen den Eltern und ihren Kindern verhandelt, sondern auf die elterliche Ebene verlagert, wo sie zu einer Art ideologischem Grabenkrieg zwischen den modern-partnerschaftlichen Eltern, die auf Selbstbestimmung ihrer Kinder setzen, und der Liga der als verknöchert und autoritär abgestempelten Eltern ausarten. Und wer läuft in unserer Spaßgesellschaft schon gern mit dem Label eines autoritären Lebensverhinderers herum? Es ist nicht verwunderlich, dass zahlreiche Eltern, derart in die emotionale Zange genommen, zu Dingen Ja sagen, bei denen sie spüren, dass ein Nein die weitaus bessere Option wäre. Die Folgen sind bisweilen unschön, anstrengend und für alle Beteiligten, vor allem die Kinder, enttäuschend und zuweilen unter Misserfolgserlebnis abzulegen, so etwa die nächtliche Einsatzfahrt einer Mutter quer durch Wien, um ihren fünfjährigen Sohn um 1.00 Uhr früh, nachdem er in unstillbares Weinen mit Hustenanfällen und Erbrechen verfallen war, von seinem Kindergartenfreund nach Hause zu holen. „Ich habe es gleich gespürt, dass das für Max noch zu viel sein würde, doch die Mutter von Adrian hat so auf mich eingeredet, ich möge doch keine Spielverderberin sein und den Buben das Zusammensein gönnen, dass ich mich irgendwie nicht mehr getraut habe, dem etwas entgegenzusetzen. Und nachmittags wollte Max es auch selbst", beschrieb sie mir, wie es zu dieser Situation gekommen war, der Max verdankt, dass er seiner Mutter, gar nicht altersadäquat, nun nicht mehr vom Schürzenband weichen mag. Die eigenen Eltern sind im Normalfall eben doch die besseren Experten für ihr Kind mit all seinen Ecken, Kanten und Entwicklungsebenen – und nicht die Kinder selbst, denen die Einschätzung für Situationen noch fehlt, und auch nicht andere Erwachsene. Das sollten wir für unsere eigenen Kinder beanspruchen und für andere Kinder respektieren!

Die Partnerschaftlichen und ewig Jungen

Maya ist 47 und heißt mit bürgerlichen Namen Maria. Maya nennt sie sich in ihrem Unternehmen, einer Fluglinie, doch sie benutze den Namen eigentlich seit vielen Jahren jetzt schon grundsätzlich, außer in offiziellen Dokumenten natürlich. Maya klinge irgendwie peppiger und passe besser zu ihr als das sperrige, fade Maria, das sich ihre Eltern in einem kleinen Kärntner Ort Anfang der 1960er-Jahre ausgedacht hätten. Und peppig ist sicherlich ein Ausdruck, der zu Maya insgesamt wirklich gut passt, peppig, spannend, sorgfältig hergerichtet und ein klein wenig aufreizend. Schwarzes, eng anliegendes, weit ausgeschnittenes Trikotoberteil mit flauschigem Pelzbesatz und Paillettenstickerei, kurzer Lederminirock, feine Netzstrümpfe, die Füße in hochhackigen Pumps, sorgfältig unterstreichendes Make-up, da steckt viel Arbeit drin. Maya hat es in ihrem Unternehmen weit gebracht. Nach dem Abbruch ihres Dolmetschstudiums erfolgte der gelungene Einstieg in das Flugunternehmen, in dem sie sich die letzten 25 Jahre hochgekämpft hat. Während ihrer Erzählung wird klar, dass ihr nichts geschenkt wurde und viel Arbeit und persönlicher Verzicht in der Sicherheit und dem Wohlstand, den sie ihrer Tochter immer bieten wollte, stecken. Immer voll Spannkraft, permanent energiegeladen, jede Situation mit einem noch so problematischen Gast mit einem Lächeln im Griff, souverän und auch in den internen Querelen belastbar und natürlich jung oder zumindest alterslos müsse sie sein. Das Schlimmste im Flugbetrieb wäre, mit dem Etikett „altes Eisen" versehen zu werden. Dann fallen sie über dich her, dann bist du draußen aus dem Team, wirst als „alte Zicke" gesehen und bei jeder Anweisung verdrehen die jungen Kolleginnen dann die Augen oder tuscheln. So etwas ist unerträglich, ein Flugzeug ist ein enger Arbeitsplatz, da muss das Team funktionieren. Und Flugbegleiterinnen sollten nun mal in erster Linie jung und schön sein, das ist das Image, das auch die Fluggäste verlangen. Doch wegen ihrer beruflichen Situation ist Maya nicht bei mir.

Sehr viel mehr Kopfzerbrechen bereitet ihr die Beziehung zu ihrer 14-jährigen Tochter Nadine. Die Veränderungen der letzten Monate wären genauso dramatisch wie rätselhaft für sie. Sie habe ihre Tochter schon immer, eigentlich schon als kleines Mädchen, sehr gleichberechtigt behandelt. Das wäre auch schon durch ihre Situation als früh nach Nadines Geburt alleinerziehender Mutter begründet gewesen, die ihr und sicher auch Nadine viel abverlangt hätte. Nadine wäre immer ein kooperatives, vernünftiges Kind gewesen, der sie die berufsbedingten Trennungen schon früh gut erklären hätte können und die immer brav funktioniert habe. Auch habe sie es bewusst anders machen wollen als ihre bäuerlichen, konservativen Eltern und immer versucht, ihrer Tochter mehr eine Art großer Schwester und Freundin zu sein, als eine autoritäre Position einzunehmen. Und jetzt, gerade jetzt, wo Nadine beginne, erwachsener in ihrem Verhalten und Denken zu werden, wo man auch wirklich schon gemeinsam spannende Dinge, die alle gleichermaßen interessieren, unternehmen könne, jetzt werde alles, was sie sich immer für später ausgemalt habe, vom unerträglichen Benehmen ihrer Tochter unterminiert und vielfach sogar verunmöglicht. Ein Eklat löse den nächsten ab und sie selber finde sich oft in Situationen wieder, denen sie nur noch mit total autoritären Interventionen begegnen könne, was all die Jahre nie nötig gewesen wäre. Nadines Umgangston mit ihr sei ein patziger, genervter, zum Teil feindseliger bis provokanter und vor allem beständig abwertender, und das, bevor noch irgendetwas vorgefallen wäre. Sie versuche immer wieder, das alte freundschaftliche Klima und den vertrauten Umgangston zu etablieren, gehe mit ihrer Tochter shoppen, erzähle ihr aus ihrem Leben, aus dem beruflichen wie privaten Bereich, doch erfahre sie jetzt nur mehr Spott und unangemessene, zum Teil zynische und, was sie besonders kränke, auf ihr Alter anspielende Kritik durch die Tochter, die sich zunehmend gänzlich verschließe. Auch die früheren „Mädelsabende", zu denen sie immer ihre Tochter und zwei, drei Freundinnen zu sich eingeladen habe, um zu quatschen und Beauty zu machen, wolle sie nicht mehr. Andererseits sei es so, dass Nadine in all ihren „Verantwortlichkeiten" begonnen habe, unzuverlässig zu werden. Sie könne sich jetzt viel weniger auf sie verlassen als noch vor zwei Jahren. Neulich zum Beispiel sei sie nach ein paar Tagen von einem Langstreckenflug heimgekommen und der Mistkübel, den sie Nadine noch vor ihrem Abflug ersucht habe zu leeren, sei überquellend und stinkend an seinem Platz gestanden.

Einige Tage später sitzt mir Nadine gegenüber. In vielem ist sie eine jüngere Version ihrer Mutter, peppig, spannend, sorgfältig hergerichtet und ein klein wenig aufreizend. Rasch wird klar, wo das Problem begründet liegt. Nadine liebt ihre Mutter, aber ihre Achtung schmilzt mit der Entwicklung ihrer Reflexions- und Kritikfähigkeit als Teenager wie Schnee an der Sonne. Zunehmend erlebt sie ihre Mutter als peinlich. „Mama hat panische Angst, alt zu werden, und drum will sie meine Freundin sein und sich an mich anhängen", bringt sie es undiplomatisch und mit einer Por-

tion Selbstzentriertheit auf den Punkt. Vieles an ihrer Mutter fällt ihr erst seit kurzem auf und stört sie. Dass sie beim Shoppen für sich dieselben Kleidungsstücke kauft, wie sie Nadine wählt, oft sogar in der gleichen Farbe, und damit „ihren Stil" kopiert, ärgert sie. Dass sie bemüht ist, die gleichen Ausdrücke zu verwenden wie Nadine und ihre Freundinnen und sich immer anbiedern will mit ihren „Mädelsabenden", findet sie unheimlich peinlich, vor allem auch deswegen, weil sie sogar schon von ihren Freundinnen darauf angesprochen wurde. Und dass sie ihr immer ihre Tändeleien mit einem Kollegen brühwarm im Ton konspirativer Schwesterlichkeit anvertraut, findet sie schlichtweg grässlich, wie mir scheint. Die von Nadine geschilderte Freude ihrer Mutter, wenn sie für „Schwestern" gehalten werden, schließlich gibt sie völlig der Lächerlichkeit preis. „Denn dass wir nicht Schwestern sein können, sieht ja jeder Blinde, aber sie glaubt das wirklich", sagt sie kopfschüttelnd und zugleich tief verunsichert. Zu guter Letzt vertraut sie mir an, dass sie darüber nachdenke, zu ihrem Vater zu ziehen, was sie sich nie vorstellen hätte können. Ihr Vater wäre zwar grundsätzlich viel strenger als ihre Mutter, aber wenn man sich an seine Regeln hielte, käme sie gut mit ihm zurecht. Sie wisse allerdings, dass dieser Schritt ihrer Mutter das Herz brechen würde, und so sei sie hin und her gerissen und wüsste nicht, was sie tun solle.

Nadine steckt in einem tiefen Konflikt. Zwar liebt sie ihre Mutter aufrichtig und fühlt sich von ihr genauso tief geliebt, doch gleichzeitig wird sie durch das distanzlose, sie auf gleicher Ebene ansprechende Verhalten ihrer Mutter bedrängt und irritiert. Gerade jetzt in der Pubertät würde sie liebevoll angebotene Orientierung, die ihr genügend eigenen Raum lässt, brauchen, zumal in einer Welt, die für eine 14-Jährige mit einer unüberschaubaren Fülle an Optionen und widersprüchlichen Werten aufwartet. Statt ihre Führungsaufgabe anzunehmen und ihren Erfahrungsvorsprung einzubringen, gegebenenfalls auch zu verteidigen, sitzt ihre Mutter bildlich gesprochen mit ihr im Teenagerlook auf einer Mauer, blättert im neuesten „Bravo“ und findet sich total cool. Nadine reagiert, wie es ihr Repertoire zulässt: mit Opposition und Regression. Einerseits versucht sie eine Grenzziehung gegenüber der eindringenden Mutter zu etablieren, andererseits geht sie den Weg der Regression und verweigert ein ihrem Lebensalter angemessenes verantwortliches Verhalten, um auch auf diesem Weg, wenn auch als Pyrrhussieg, die Ungleichheit zwischen ihr und ihrer Mutter zu unterstreichen. „Ich bin ein Kind und du die Mutter“, scheint ihre Weigerung zu rufen, „Kinder können sich noch nicht um den Mist kümmern, das ist Elternangelegenheit!“

Hier verbinden sich biografische „Schwachstellen“ in nachteiliger Form mit den gesellschaftlich transportierten neuen Grundwerten in der Erziehung. Maya war es wichtig, die Enge und das autoritäre Muster ihres Elternhauses zu durchbrechen. Das neue Ideal der „Partnerschaftlichkeit mit dem Kind“, das noch dazu selbstbewusste, ihre Bedürfnisse wahrnehmende und artikulierende Kinder versprach, begegnete einem willigen Herzen. Dazu kam, dass durch Mayas Alleinerzieherinnentum – Beziehungen waren immer nur im Rang von amourösen Liebschaften angesiedelt – und Nadines „große Vernünftigkeit als Kind“ diese Art der Partnerschaftlichkeit auch im Alltagsleben eine Verstärkung erfuhr. Mit zunehmendem Aufwachsen und nun mit dem Eintritt in die Teenagerjahre offenbart sich die Problematik dieses Ansatzes immer mehr, gleichzeitig wird diese Haltung in einer Welt, die ewige Jugend verlangt, um Lebenstauglichkeit zu bescheinigen, gerade in der Pubertät der Kinder für Eltern im 21. Jahrhundert besonders interessant. Verwandeln sich die eigenen Kinder in junge Erwachsene, führen sie einem beinhart und täglich vor Augen, dass man weiterrücken muss auf der Skala, die pfeilgerade in die Seniorität führt, ein für viele Menschen heute äußerst beklemmender und gern verleugneter Umstand. Für die Lüge der ewigen Jugend werden Unsummen ausgegeben und Industriezweige leben gut von der Angst, dass das wahre Lebensalter aufgedeckt werden könnte. Sich den eigenen Kindern als Freundin statt als Mutter zu offerieren, und besonders das Gefühl, zu der Gruppe der Jungen dazuzugehören, unterstützt den Traum, eigentlich noch viel jünger zu sein, als es die Geburtsurkunde bescheinigt. Ein wenig Trittbrettfahren auf der Jugend der eigenen Kinder ist der „Gewinn", den Eltern durch das partnerschaftliche Beziehungsmuster mit ihren Kindern dem Zeitgeist entsprechend einheimsen – auf Kosten ihrer Kinder!

Die ewig Widerständigen

Ein Großvater ruft mich an. Eine starke Stimme, ein Mann, der es gewohnt war, die Zügel in der Hand zu halten, und der jetzt fassungslos erleben muss, dass sein bewährtes Repertoire nicht mehr greift. Es ginge um seine Enkelin, setzt er an und jetzt ist in seiner Stimme nur mehr Verzweiflung zu hören. Er habe Angst um seine 15-jährige Enkelin. Seine Einschätzung lege ihm nahe, dass sie im Begriff sei, in die Punk- oder Gothic-Szene abzugleiten, und die Mutter, seine Tochter, würde nichts unternehmen. Er denke sogar schon darüber nach, das Jugendamt einzuschalten, da die Kommunikation mit seiner Tochter sehr schwierig sei. Da die Familie sehr verwoben wäre, fände er eine gemeinsame Sitzung mit allen Beteiligten sinnvoll. Wir treffen eine entsprechende Vereinbarung.

Zum festgesetzten Termin erscheinen zuerst nur er und seine Frau. Beide stehen am Beginn ihrer Siebziger, beide sind rüstig und agil. Die Großmutter wird mir von ihm als das Abbild der perfekten Hausfrau und Seele der Familie durchwegs mit Hochachtung vorgestellt. Sie fügt mit bemerkenswerter Offenheit hinzu, dass ihre Aufgabe auch immer darin bestanden habe, den „Deckel" auf ihren Mann, „ein gaches Häferl", zu halten, was er mit einem Lächeln quittiert. Sich selbst bezeichnet er als den Familienerhalter, Firmenchef eines ehemaligen Mittelbetriebs, der, wie er selbstkritisch und mit gewissem Bedauern in der Stimme anmerkt, sicher einiges in der Familie verpasst habe. „Ich war halt immer auf den Betrieb ausgerichtet, das war damals einfach so. Man hatte auch das ehrliche Gefühl, dass man seine Pflicht der Familie gegenüber so am besten erfüllt, wenn man sich als Mann ganz auf die Firma konzentriert und etwas weiterbringt", beschreibt er seine frühere Lebenssituation. Erst mit der Enkelin habe sich da einiges geändert. Nach einer komplizierten Herz-OP mit zusätzlicher Bypass-Operation, die ihn vor etwas mehr als zehn Jahren dann dazu bewogen habe, den Betrieb abzugeben und sich ins Privatleben zurückzuziehen, habe er sein Leben neu überdacht und die Prioritäten mehr ins Beziehungsleben verlagert. Das Verhältnis zur Tochter beschreiben beide als sehr kompliziert und seit ihren Pubertätsjahren von Konflikten überschattet, obwohl sie es auch als sehr eng bezeichnen. Sie wären alte Eltern gewesen, die Mutter bezeichnet sich als übervorsichtig, der Vater als streng und fordernd. Eine Zeitlang habe sich die Tochter mit Studieren beschäftigt, ohne zu einem Abschluss zu kommen, und wäre mit einem Künstler, der auch der Vater der Enkelin sei, doch kurz nach deren Geburt die Familie verließ, für mehrere Monate in Indien gewesen. Nach Carinas Geburt wäre Doris, ihre Tochter, ruhiger geworden. Durch seine Kontakte habe sie wenigstens einen Posten in einer großen Versicherungsgesellschaft bekommen, den sie nun schon seit mehr als einem Jahrzehnt ohne besonderen Ehrgeiz bekleide.

An diesem Punkt der Erzählung stößt Doris, die Tochter und Mutter der Enkelin Carina, zur Sitzung dazu. Sie ist 37, zierlich und mit einer gewissen lockeren Nachlässigkeit gekleidet. Während sie mir gegenüber überaus höflich und fast überzogen respektvoll auftritt, steht ihre Haltung ihrem Vater gegenüber in krassem Gegensatz dazu. Patzig und gleichzeitig sich rechtfertigend geht sie auf seinen Vorwurf wegen ihres Zuspätkommens ein und verkündet gleich, dass sie ihrer Tochter freigestellt habe, ob sie kommen möchte oder nicht, weil sie diese „Befehlerei" so-

wieso satthabe. Es entspinnt sich sogleich ein heftiger Streit zwischen Vater und Tochter, in dem der Vater die Lauterkeit seiner Absichten beteuert und die Tochter auf stur stellt, worauf er mit Gegenangriffen, ihre Lebensunfähigkeit betreffend, kontert. Die Mutter, der die Szene angesichts meiner Person besonders unangenehm zu sein scheint, versucht einerseits ihren Mann zu besänftigen und andererseits für ihre Tochter seine positive Absicht herauszustreichen, was ihr vonseiten der Tochter hämische Verachtung für ihre angebliche Unterwerfung, vonseiten ihres Mannes ungeduldige Kommentare, doch endlich einmal hinter ihm zu stehen, einbringt.

Schließlich und für alle unerwartet taucht noch die Enkelin Carina in meiner Praxis auf. Wahrscheinlich aus Neugierde auf das zu erwartende Familienspektakel. Ihr Haar hat sie auf einer Seite bis zum Scheitel hinauf abrasiert, das schulterlange Haar auf der anderen Seite ist schwarzlila gefärbt. Am Hinterkopf trägt sie eine markante Tätowierung, die nach altdeutschen Buchstaben aussieht, die rechte Ohrmuschel ist an ihrem Rand dicht mit Piercings besetzt. Schwarze schwere Schnürstiefel, schwarzer Rock mit Metallringapplikationen, unter dem schwarze zerrissene Strümpfe sichtbar werden, ein ebenso schwarzes Oberteil und als Überhaut ein fast bodenlanger schwarzer Mantel mit großen aufgenähten Taschen komplettieren das Outfit. Der dicken schwarzen Umrahmung der Augen und dem fast ebenso dunklen Lippenstift gelingt es nicht zu verbergen, dass es sich um ein ganz junges Gesicht handelt. Beide Großeltern sehen diesen scheinbar neuen Outlook ihrer Enkelin in meiner Praxis offenbar zum ersten Mal und reagieren entsetzt. Die Enkelin grinst, während ihre Mutter versucht, die Ängste des Großvaters, dass Carina nun endgültig von „dieser Szene" geschluckt würde und die Schule abbrechen werde, herunterzuspielen und meint, ihre Tochter sehe eigentlich eh cool aus und sie bewundere sie für ihren Mut. Darauf wird sie von ihrer Tochter verächtlich niedergefahren, sie brauche ihre Anerkennung wirklich nicht, vor allem, wo sie sich sonst immer in alles einmische und alles besser wisse. Dies wiederum löst eine Zurechtweisung durch den Großvater aus, der seiner Enkelin einen derart respektlosen Ton ihrer Mutter gegenüber verbietet. In einer Endlosspirale scheinen alle Familienmitglieder in heftigem Streit miteinander verbunden. Die Struktur dieses Familiensystems nimmt in meinem Sprechzimmer deutliche Züge an. Irgendwann hebt Carina den Kopf und blickt mir direkt ins Gesicht: „Na, haben Sie ein Bild vom Wahnsinn in meiner Familie?"

Der Konflikt, den alle drei Generationen dieser Familie, in einem geheimnisvollen Ballett vereint, gemeinsam Gestalt werden lassen, mag in seinen lebensbestimmenden Ausmaßen bizarr wirken, neu ist er nicht und in unterschiedlichen Schattierungen und Intensitätsgraden weit verbreitet. Das Spiel im Spannungsfeld von Macht und Autonomie auf der Bühne der Generationen ist wahrscheinlich so alt wie die Menschheit selbst. Die Regeln allerdings werden zunehmend unklarer und scheinbare Abkürzungen auf dem Weg in die Autonomie erweisen sich nur allzu leicht als Sackgasse. In einer späteren Sitzung beschreibt mir der Großvater seine eigenen Erfahrungen zu diesem Thema.

Auch sein Vater wäre streng und dominant gewesen, allerdings will er ihn, um gerecht zu sein, eingebunden in seine Zeitepoche und nicht mit heutigen Maßstäben gemessen sehen. Dem Zwang, wie sein Vater ein Jusstudium zu absolvieren, habe er sich noch unterworfen, um sich dann, nach einem freudlosen Berufseinstieg, mit seiner eigenen Firma und viel Einsatz zu emanzipieren. Ab einem gewissen Punkt habe er gewusst, dass er es geschafft hatte und aus dem Zugriff seines Vaters herausgewachsen war. Er habe ihm einfach zeigen müssen, dass er genauso gut, wenn auch anders, im Leben stehe wie er. Von da an habe er mit seinem Vater auf Augenhöhe und in wechselseitigem Respekt Umgang gehabt und sein Vater habe ihm danach auch nie die Anerkennung für seine Leistungen vorenthalten.

Die Schilderung skizziert einen erfolgreichen Weg von der naturgegebenen Abhängigkeit des Kindes und Jugendlichen hin zur Inbesitznahme des eigenen Lebens als junger Erwachsener, eben in die Autonomie. Und natürlich hatte er seine Unabhängigkeit in erster Linie sich selbst und nicht seinem Vater beweisen müssen. Aber sehen wir weiter. Doris, heute 37, entwirft ein ganz anderes Bild ihrer Jugend.

Sie beschreibt ihren Vater – mit denselben Worten, mit denen dieser seinen Vater charakterisiert hat – als streng und dominant. Aber Doris hat „ihren Freud" gelesen, war in diversen Selbstfindungsgruppen unterwegs und sieht sich durch die Haltung ihres Vaters geschädigt. Durch seine Forderung, ein Studium zu absolvieren, wäre sie unter Druck geraten, hätte die Freude verloren und wäre in ihrem Selbstfindungsprozess gestört worden. Der Job bei der Versicherung, den er ihr vermittelt hat, wäre nicht wirklich ihr Berufstraum, aber eine sichere, nicht zu verachtende Lebensbasis. Ein Kind zu bekommen, war für sie damals auch wichtig, um ihre Unabhängigkeit zu demonstrieren. Freilich mache auch sie sich Sorgen um Carina, wolle dies aber ihren Eltern nicht eingestehen. Obwohl sie ihre Beziehung zu ihren Eltern als äußerst konflikthaft einschätzt, respektiert sie, dass ihre Eltern ihr in den Jahren seit Carinas Geburt viel Unterstützung zukommen haben lassen, und fühlt sich ihnen auch verbunden.

Doris ist in ihrer Ambivalenz ihren Eltern gegenüber gefangen. Vollständige persönliche Autonomie hat sie noch nicht erfolgreich etablieren können. So hängt sie zu einem Gutteil in einer Widerständigkeit gegenüber der übermächtig erlebten „bösen" Autorität des Vaters fest. Doch Doris' persönliche Entwicklungsgeschichte verlief nicht in einem sterilen sozialen Vakuum familiärer Beziehungen. Im Unterschied zu ihrem Vater, der die Reifungsansprüche des jungen Erwachsenen in den vom Wirtschaftswunder geprägten 1950er-Jahren, als die Autorität der älteren

Generation noch unbeschädigt war, erlebte, befand Doris sich Anfang der 1990er-Jahre in einem gegenläufigen gesellschaftlichen Wertekontinuum, das die Autorität der Elterngeneration zum Lebensübel der Kindergeneration zu stempeln begann. Herbert Grönemeyers 1986 bejubeltes Lied „Kinder an die Macht“ bringt es auf den Punkt: „Die Armeen aus Gummibärchen, die Panzer aus Marzipan, Kriege werden aufgegessen, kindlich genial. Es gibt kein Gut, es gibt kein Böse, es gibt kein Schwarz, es gibt kein Weiß …“

Diese auf breiter gesellschaftlicher Basis und durch die Medien mitgetragene Sicht eröffnete scheinbar einen neuen Weg, sozusagen eine Abkürzung zur Erlangung der Autonomie. Statt die „inneren Eltern“ durch Anstrengung und eigene Entwicklungsarbeit zu „überwachsen“ und damit den „äußeren Eltern“ die Möglichkeit zu geben, in den „Erziehungsruhestand“ zu gehen, begann man die Elterngeneration unter dem „Rechtstitel“, dass sie autoritär und die Entwicklung beeinträchtigend gewirkt hätte, zu stürzen, um sich selbst den Platz der Autorität zu geben, wobei die vollständige Ausbildung von Lebenskompetenz oft auf der Strecke blieb. Doris hat in ihrem Leben, wenn auch mithilfe ihres Vaters, berufliche und wirtschaftliche Autonomie erreicht, blieb jedoch in weiten Bereichen in einer Grundhaltung der Widerständigkeit an ihre Eltern fixiert und kann dadurch dem Leitungsauftrag ihrer Mutterrolle nur beschränkt nachkommen.

Carina, die 15-jährige Enkelin auf Herbergssuche in der Gothic-Szene, ist das Bauernopfer in diesem trüben Reigen. Sie hat, vor allem durch die Demontage von Autorität als gesellschaftlichem Konsens, in dem sie aufgewachsen ist, die schlechtesten Karten in Händen. Sie ist mit dem unbewussten Auftrag der Widerständigkeit ausgerüstet und schreitet quasi mit dem Schwert in Händen durch ihr junges Leben, um alles, was nur irgendwie nach Autorität riecht, unter dem Gejohle des Zeitgeists kurz und klein zu schlagen. Doch was kommt danach? Die Verweigerung von Autorität und Anforderung kann, empirisch betrachtet, nicht unbedingt als Erfolgsstraße in die Lebenskompetenz angesehen werden. Wesentliche Bereiche der Selbstorganisation können nicht erschlossen werden, die Entwicklung der Kompetenzen Liebes-, Arbeits- und Sublimierungsfähigkeit bleiben aus. Stattdessen werden die Peergroups, die eigentlich einen Übergangscharakter als äußere Bühne für juveniles Probehandeln haben sollten, zur Ersatzfamilie.

Als Carina im Laufe unserer Sitzungen ihre gefährdete Position klar wird, willigt sie ein, in eine betreute Wohngemeinschaft zu ziehen. Heute besucht sie die siebte Klasse des Gymnasiums und plant ein Genetikstudium.

Die Verunsicherten und Symbiotischen – „Projekt Kind"

Adrian ist acht Jahre alt. Er hat es sich im Vorzimmer zu meinem Sprechzimmer gemütlich gemacht. Er nimmt keine Notiz von mir, als ich aus meinem Sprechzimmer trete, sondern bleibt darin vertieft, mit einem roten Rennauto, das er aus einem ganzen Berg von Autos, die er auf den Boden geleert hat, ausgewählt hat, über den Teppich zu kurven. Auch als ich ihn anspreche, ändert sich das nicht. „Adrian geht immer total in dem auf, was er tut", erklärt mir seine Mutter mit einer Mischung aus Entschuldigung und Stolz in der Stimme, noch bevor wir einander begrüßen. Beide Elternteile sind zum Erstgespräch mitgekommen. Adrian sei sehr wichtig, man könne ruhig sagen, das Zentrum ihres emotionalen Lebens. Adrian ist das einzige Kind seiner Eltern, die sehr viel Sorgfalt und Überlegung in seine Erziehung investiert haben. Seine Mutter, studierte Betriebswirtin, hat sich die ersten sechs Jahre ganz Adrian gewidmet und geht jetzt einer „karrierefreien", wie sie mit gewissem Bedauern anmerkt, 20-Stunden-Beschäftigung nach. Adrians Vater, ein Pharmazeut, arbeitet im väterlichen Betrieb, einer Apotheke, was ihm zwar eine gewisse zeitliche Flexibilität ermögliche, aber dennoch ein wirklicher „Knochenjob" sei. Die Familie lebt in einem größeren Dorf am Stadtrand von Wien. Von Anfang an sei es ihnen wichtig erschienen, Adrian in Richtung Selbstbestimmung und Selbstwert zu erziehen und nur die allernotwendigsten Grenzen zu ziehen. Beide Eltern beschreiben Adrian als von klein auf sehr wissbegierig und auf persönliche Durchsetzung ausgerichtet, was sie als sehr positives Zeichen gewertet hätten. Wenn Freunde mit ihren Kindern im Alter von Adrian zu Besuch gekommen seien, hätten sie sich im Anschluss daran mit Adrian zu einer Manöverkritik zusammengesetzt, bei der ihnen ihr Sohn offenbart habe, welche Kinder er nicht mehr einladen möchte. So habe man sichergestellt, dass auch seine Kinderfreundschaften für ihn bisher gepasst hätten. Natürlich wäre es auch anstrengend und aufwendig, mit Adrian immer alles auszudiskutieren. Doch beide Eltern haben sich durch eine erstaunliche Buchrückenbreite von Ratgeberliteratur zum Thema Erziehung durchgearbeitet. „Wir haben es uns wirklich nicht einfach gemacht", beteuern sie. „Wir sitzen nahezu jeden Abend und diskutieren über Adrian und was wir eventuell falsch gemacht haben könnten", erläutern sie und blicken mich fragend an, und es scheint mir fast, als erwarteten sie von mir eine Art Absolution, dass sie für die Probleme, die augenscheinlich aufgetreten sind, nicht verantwortlich zu machen seien. Adrian sei mit vier Jahren in den Kindergarten im Ort gekommen. Der Einstieg habe sich schwierig gestaltet, da die anderen Kinder, wie die Eltern berichten, mit seiner selbstbewussten Art nicht umzugehen vermochten und auch die Kindergartenpädagogin eindeutig überfordert gewesen sei. Adrian sei dann von ihr zum „bösen Kind" gestempelt worden, weil er eben alles hinterfragt habe und beim Aufräumen nicht die Putzfrau spielen wollte. Natürlich hätten sie ihren Sohn in einer derartigen Situation nicht im Stich gelassen. Im Nachhinein sei ihnen dann klar gewesen, dass sie den Umstand nicht genügend ins Kalkül gezogen hätten, dass in einer kleinen dörflichen Gemeinde eben nicht fortschrittliche Pädago-

gik zu erwarten sei. Der zweite Anlauf in einer alternativen Montessori-orientierten Kindergruppe in Wien sei dann klaglos verlaufen, die Zeit dort sicher als eine sehr glückliche und freie zu bezeichnen.

Seit dem Schuleintritt scheine sich das Unheil über Adrian zu verdichten. Adrian habe seine Schulkarriere in der ersten Klasse bei einer sehr autoritären Lehrerin begonnen, die sogar bisweilen in der Klasse gebrüllt habe. Obwohl sie einsähen, dass gewisse Regeln zu gelten haben, wären sie in vielen Punkten mit der pädagogischen Klassenführung nicht einverstanden gewesen und hätten sie als dem Lernwillen und der Wissbegier von Kindern, die in ihrer Aufmerksamkeitsbereitschaft in diesem Alter noch schwankend seien, nicht angemessen, ja sogar als schädigend empfunden. Dahingehend habe es auch Aussprachen mit der Pädagogin gegeben, als Adrian wenig Interesse am Schreiben- und Lesenlernen zeigte. Dies sei eine Folge der Lehrmethodik der Pädagogin, denn im Kindergarten habe Adrian bereits seinen Namen buchstabieren und schreiben können. Deswegen hätten sie ihn auch voriges Jahr nicht, wie von der Schule gefordert, zu Hause mit weiterem Üben traktiert. Durch einen Lehrerinnenwechsel habe er heuer eine neue Klassenpädagogin. Jetzt sei die Situation noch schlimmer. Sie bezeichne Adrian als „Klassenclown", nicht zum Arbeiten zu bewegen und als unreif. Da der Mutter von Adrian aufgefallen sei, dass dieser bisweilen „b" und „d" vertausche, was eigentlich der Pädagogin ins Auge springen hätte müssen, habe man ihn auf Legasthenie testen lassen. Der Befund sei zwar negativ, doch bestünden bei beiden Eltern gewisse Bedenken, was die Durchführung der Testung betreffe, und eine neuerliche Untersuchung bei einer renommierten Fachperson sei bereits angesetzt.

Seit mehreren Wochen sei nun die akute Situation eingetreten, dass sich Adrian weigere, in die Schule zu gehen. Sie hätten ihn mehrfach unter verschiedenen Krankheitsvorwänden daheim gelassen. In die Schule sei er nur mit dem Versprechen von Geschenken, die er beinhart auszuverhandeln scheint, zu bekommen.

Dass diese Situation nicht in Ordnung ist, sei klar, aber sie wären verzweifelt. Zusätzlich sei Adrian jetzt, wahrscheinlich durch die belastende Situation in der Schule, in seiner Stimmung sehr schwankend, zwischen völlig anlehnungsbedürftig und bei ihnen im Bett schlafend bis hin zu verschlossen und aggressiv, wobei er bei seinen Wutausbrüchen mit Spielzeug und Einrichtungsgegenständen um sich werfe. Manchmal verweigere er auch das Zubettgehen und nehme keine gemeinsamen Mahlzeiten mehr ein, sondern bediene sich, wann er wolle. Irgendwie fühlten sie sich als Eltern als Versager, zumal auch die nähere soziale Umgebung ihre Situation kommentiere, was durch die dörfliche Enge und die exponierte Position mit der Apotheke unvermeidbar sei, andererseits imponiere ihnen im Grunde ihr Sohn damit, dass er so eigenständig seinen Weg gehe. Doch wie soll es weitergehen?

Adrians Eltern sind ehrlich an ihrem Sohn interessiert, er ist ihr gemeinsames Lebensprojekt. Sie lieben ihn aufrichtig und trotzdem ist es offenkundig, das sich eine Katastrophe anbahnt. Den Eltern fehlt die notwendige Abgrenzung zu ihrem Kind. In den allermeisten Bereichen ihrer elterlichen Interaktion sind sie schwer verunsichert und wissen nicht, wie die durch das Trommelfeuer der „neuen Pädagogik" verbreiteten gesellschaftlichen Ideale von Selbstwert, Durchsetzung und Selbstbestimmtheit, die es von klein auf zu fördern gilt, umzusetzen sind. Der Druck, es richtig zu machen, ist hoch, lauert doch auf der anderen Seite das Risiko und mit ihm das Schuldgefühl, die Lebensgestaltung seiner Kinder zu beeinträchtigen. Wie alle Eltern mit dieser Problemkonstellation – große Hingabe an die Erziehung ihrer Kinder bei gleichzeitiger tiefer Verunsicherung – projizieren sie die Bewertung ihres Tuns in den Erfolg ihres Kindes. In einem weiteren Schritt kommt es zu einer Art symbiotischer Verschmelzung mit dem Kind, die Eltern vermögen keine kritische Distanz ihrem Kind gegenüber mehr einzunehmen. Kritik, die sich auf das Verhalten ihres Kindes bezieht, wird persönlich genommen, jene, die sie äußern, werden abgewehrt. Das Verhalten des Kindes wird uminterpretiert, entschuldigt oder bemäntelt.

Eltern, die in symbiotischer Verschmelzung mit ihren Kindern leben, sind durch den damit verbundenen Distanzverlust in einer Situation, die eine reale Auseinandersetzung und Bewertung der Sachverhalte und damit die Entwicklung wirklicher Lösungsmodelle verunmöglicht. Gleichzeitig werden den Kindern, die solcherart in einer frühkindlichen Entwicklungsstufe fixiert bleiben, gerade jene Impulse verwehrt, die wesentliche Voraussetzung für psychisches Wachstum und die Ausbildung stabiler psychischer Funktionen sind, wie Impulskontrolle, Selbstdisziplin oder Respekt den Grenzen anderer gegenüber. Sie bleiben in einem altersinadäquaten primären Narzissmus verhaftet, der ihnen in ihrer Bezugsgruppe sehr leicht den Platz von Außenseitern zuweist und sie aus dem Blickwinkel neutraler Erwachsener sehr schnell als unerzogen bis tyrannisch erscheinen lässt. Gefangen im Kreislauf, ihre Kinder vor der „feindlichen, verkennenden Außenwelt" schützen zu müssen, und der zunehmend anmaßenden Dominanzausübung der Kinder im innerfamiliären Bereich, verwandelt sich das mit bestem Willen und größter Einsatzbereitschaft begonnene „Projekt Kind" zum Alptraum.

Die verratene Kindheit oder Die Sozialhilfeempfänger von morgen

Flo ist 17 und ich gehöre sicher nicht zur Gruppe seiner bevorzugten Gesprächspartner. Doch der Jugendstrafvollzug könnte nur allzu bald an seine Tür klopfen und der mit seiner Familie befreundete Anwalt, der seine anstehende Verteidigung übernommen hat, bedrängt die Eltern, ihren Sohn noch vor Verfahrensbeginn in eine Psychotherapie zu stecken. So sitzen wir einander in meinem Sprechzimmer unter denkbar ungünstigen Bedingungen gegenüber. Flo hat bereits eine „Geschichte", nicht nur einen Polizeiakt.

Ein eher schüchternes Kind ist er gewesen, eines, das lang am Schürzenband seiner Mutter hing und das der laute Vater, der immer in die Familie hineinzuplatzen schien, lange Zeit geängstigt hat. Eine ältere Schwester gibt es noch, und zwischen ihr und ihm einen „toten Bruder“, der als Frühgeburt nach mehreren Wochen verstorben ist. Er, Flo, ist sozusagen der Ersatzspieler, der Stammhalter für den Vater und das Nesthäkchen für die Mutter. Der Erziehungsstil der Eltern wird als grundsätzlich partnerschaftlich, der kindlichen Entwicklung Raum gebend, beschrieben. Schon in der Volksschule ergeben sich erste Unregelmäßigkeiten, eine von den Eltern als „sadistisch“ entlarvte Lehrerin, deren genaues Verhalten aber heute nicht mehr beschreibbar ist, führt zu einem Schulwechsel und wird für Flos erste, frühe Phase der Schulverweigerung verantwortlich gemacht. Die vierte Volksschulklasse absolviert er im heimischen Unterricht zu Hause mit seiner Mutter, die ausgebildete Gymnasialpädagogin ist. Seit der Geburt der Kinder und bedingt durch die umfassende finanzielle Absicherung, die ihr Mann der Familie bietet, führt sie den Haushalt, und dieses gemeinsame Jahr haben beide als sehr harmonisch und in einer gewissen Allianz gegen die ganze Welt in Erinnerung. Die ersten Gymnasialjahre verlaufen relativ unauffällig. Flo ist zwar keiner, der stabile Freundschaften entwickelt, doch durch seine immer wieder erfolgenden Inszenierungen, die hart am Rande der Schulordnung liegen, ist ihm andererseits auch der Applaus der Kommilitonen sicher. Die Eltern „bügeln“ immer wieder alles aus, eine respektable Familie liegt in der Waagschale und schafft es lange Zeit, für den pubertierenden Sohn ein Klima der Nachsicht zu bewirken. Mit Beginn der Oberstufe verweigert Flo zunehmend den Schulbesuch sowie die Erfüllung der an ihn gestellten Aufgaben. Lerndefizite sind die Folge sowie mehrere Schulwechsel in Schulen mit unterschiedlichen Neigungsschwerpunkten. Nachhilfestunden boykottiert er, indem er das mitgegebene Honorar unterschlägt, die vereinbarte Stunde telefonisch im Namen seines Vaters absagt und mit wechselnden Freunden in Kaf-

feehäusern Billard spielt. Auch zu Hause wird die Situation für seine Eltern, seine Schwester ist zu diesem Zeitpunkt bereits ausgezogen, zunehmend unkontrollierbar. Flo fordert ständig mehr Taschengeld, ist jedoch andererseits nicht fähig, familiäre Pflichten wie die Versorgung eines von ihm gewünschten und angeschafften Hundes oder die Rasenpflege im Garten zu übernehmen. Es kommt zu mehreren lautstarken Eklats, im Zuge derer es auch, wie nie zuvor in seiner Erziehung, zu Handgreiflichkeiten des Vaters gegenüber dem Sohn kommt. Flo seinerseits tritt wiederholt Türen im elterlichen Haus ein. Auseinandersetzungen dieser Art werden von nachfolgenden Kuschelperioden mit den Eltern flankiert. Als Flo seinen Eltern, die sich seinen finanziellen Forderungen erstmals konsequent verschließen wollen, Geld zu stehlen beginnt, entschließen sich diese schweren Herzens, ihren Sohn in ein Internat zu geben. Auch dort akzeptiert Flo die Hausordnung nur anfänglich und wird der Schule verwiesen.

Das letzte Jahr verbrachte Flo daheim, die Ressourcen seiner Eltern einfordernd und ohne jegliche Bereitschaft, seinen Beitrag zu leisten. Die Schule bezeichnet er als „abgehakt", eine Lehrstelle interessiert ihn nicht. Er verbringt seine Zeit mit „seinen Leuten", einer Gruppe von Jugendlichen, von denen seine Eltern annehmen, dass sie ähnliche „Karrieren" hinter sich und kaum Zukunftspläne vor sich haben, oder, wenn er daheim ist, in seinem Zimmer vor dem Computer. Davon, dass seine Mutter Lebensmittel einkauft, den Haushalt versorgt und seine Wäsche macht, geht er als selbstverständlich aus. Diskussionen zu diesem Thema quittiert er damit, dass er aus dem Zimmer zu gehen pflegt. Von mir auf seine Berufswünsche angesprochen, meint er, dass er später einmal Geschäftsführer einer großen Firma werden würde wie sein Vater. Das klingt aus seinem Mund wie der Berufswunsch eines Fünfjährigen, der Lokführer oder Hubschrauberpilot werden will. Darauf hingewiesen, dass es dann eine gute Investition wäre, zumindest mal die Matura zu machen, und dass seine letzte abgeschlossene Klasse die vierte Klasse Gymnasium sei, meint er nur: „Keinen Bock drauf!" Damit ist das Thema auch mit mir vorderhand abgehakt.

Wir wechseln das Gebiet und widmen uns dem unmittelbaren Anlass unseres Termins. Vor drei Monaten hat Flo ein Moped gestohlen und das, obwohl er in der elterlichen Garage ein ebensolches stehen hat. „Ich hatte einfach gerade Lust, Moped zu fahren", kommentiert er die Begebenheit und blickt mich treuherzig an wie ein Kleinkind, dem jedes Unrechtsbewusstsein fehlt. In gewisser Weise fehlt ihm dieses auch tatsächlich. Nein, er habe dabei nicht an irgendwelche Konsequenzen gedacht, beantwortet er meine Frage, und da ist wieder dieser treuherzige, fast charmante Zug von vollkommener Offenheit in seinem Blick. Er ist auch der Meinung, dass es sich hier nicht um Diebstahl handle, denn er habe, führt er aus, das Moped ja nicht verkauft, sondern sei nur ein wenig mit einem Freund in der Gegend herumgefahren, um es dann wieder stehen zu lassen. Und bei der letzten Sache vor zwei Wochen wäre einfach viel Pech im Spiel gewesen. Ein Freund und er hätten ein paar Bier getrunken und sich das Auto der Eltern des Freundes geliehen, um eine Spritztour zu unternehmen. Dass diese in einer schmalen Gasse mit der Demolierung mehrerer abgestellter Fahrzeuge geendet habe, sei einfach Pech gewesen. Während seiner Erzählung bekomme ich den Eindruck, dass ihm sogar jetzt das Verständnis für die Tragweite seines Tuns fehlt und er das Ereignis unter „Spaß und cool" abgelegt hat.

Flo könnte sich ohne weiteres vorstellen, noch sehr lang bei seinen Eltern wohnen zu bleiben. „Schließlich sind sie ja meine Eltern und haben mich in die Welt gesetzt", verkündet er, „sie haben doch auch die Pflicht, sich um ihre Kinder zu kümmern!"

Flo zeigt das Vollbild einer dramatischen Entwicklungsstörung. Ein gigantisches Reifungsdefizit bestimmt sein Leben und führt dazu, dass er zusehends an den Sachzwängen der äußeren Umwelt scheitert. „Willkommen in der Realität" bedeutet für Flo ein hartes Aufschlagen in einer Welt, für die seine Lebenskompetenzen nicht ausreichen und der er mit zunehmendem Trotz als Ausdruck seiner tiefen Verwirrung begegnet. Wesentliche psychische Reifungsschritte sind unterbunden, er wirkt festgefroren in einem infantilen Narzissmus, der ihn angesichts seines Lebensalters gleichzeitig der Lächerlichkeit preisgibt und in der Folge auf den Kontakt mit ähnlich reifungsdefizitären Jugendlichen als Bezugsgruppe festlegt. Flo befindet sich eigentlich bereits in der frühen Adoleszenz, einer Periode, die der psychosozialen Bewältigung der Pubertät gewidmet ist. Biologisch bereits erwachsen und angetrieben durch die neuen physiologischen Potenziale, sollte der Heranwachsende neue Spielräume entwickeln, um außerfamiliäre Lebensräume zu erschließen, in denen erste Erfahrungen erfolgreicher autonomer Lebensführung gewonnen werden. Reifungsgestörte Jugendliche können diesen Anforderungen nicht erfolgreich begegnen. Häufig wechseln sie von der symbiotischen Abhängigkeit von ihrer Familie in die Verschmelzung mit ihrer Peergroup, die so ihre eigentliche Aufgabe als Trainingsplatz für „Probehandeln“ einbüßt und ihren Übergangscharakter verliert. Die Jugendlichen bleiben an ihr kleben, die Fähigkeit, geschieden und unabhängig zu sein, bleibt aus, ebenso fehlt parallel dazu die Entwicklung einer Verbundenheit mit der Erwachsenenwelt. Dies führt dazu, dass die normale Produktivität, die Zielsetzungen und die Bemühungen zur Schaffung einer eigenständigen Identität, zum Erliegen kommen. Stattdessen steht das momentane Sein, ganz infantiles Muster, im Vordergrund. „Ich bin, was ich sein will!“ Das Erleben ist auf die unmittelbare Gegenwart ausgerichtet, was die auffällige Sorglosigkeit dieser Jugendlichen ihrer Zukunft gegenüber erklärt.

Aufwachen im Hinterhof der Spaßgesellschaft

Verschiedene gesellschaftliche Faktoren tragen dazu bei, den Prozess der Reifung von Jugendlichen zu erschweren. Vielfältige kommerzielle Interessen, die die Jugendlichen als Zielgruppe entdeckt haben, die Juvenalisierung der Gesellschaft und der grassierende Jugendwahn haben dazu geführt, dass diese „Probephase autonomen Handelns“ aufgeweicht wird. Vordergründig suggerieren die Abläufe einer „Fun- und Eventgesellschaft“, die dem Erleben des Moments huldigt – und in der zum Beispiel im Umgang mit Alkohol bereits ein Konsumverhalten von Kindern toleriert wird –, dass die Anforderungen im Sinne einer psychosozialen Reifung ohnehin schwinden, man also nicht so streng zu sein brauche. Hier erleben sich Eltern in ihren Ansprüchen von Bedürfnisbegrenzung an ihre Kinder als hilflos und zu Recht vom gesellschaftlichen Grundverständnis im Stich gelassen; und geben in der Folge häufig resignierend erzieherische Bestrebungen auf, für die sie im Schatten der „gängigen Meinung“ ohnehin zu Dinosauriern gestempelt und mit Widerstand konfrontiert werden.

Hilfe vom Teenager-Gehirn ist zu diesem Zeitpunkt kaum zu erwarten, da der orbitofrontale Cortex, zuständig für Konsequenzabschätzung und planerisches Denken, wegen Umbau geschlossen ist.

Der Verrat an der Jugend zeigt sich in den unausweichlichen Konsequenzen, die eintreten, wenn die Maske des lustvollen Feierns abgelegt und zur Alltagsroutine einer Leistungsgesellschaft übergegangen werden muss, in der dann all jene toughen Eigenschaften der Selbststrukturierung und Selbstdisziplinierung plötzlich vorausgesetzt werden, um überhaupt in den Dunstkreis eines eventuellen Jobangebots zu kommen. Diese Erfahrung bedeutet für viele reifungsdefizitäre Jugendliche ein hartes Aufschlagen auf dem Pflaster einer vormals verführerisch unterhaltsam gezeichneten Welt.

Für Jugendliche wie Flo gibt es allerdings keine „einfachen Standardlösungen“ mehr, vielmehr müssen ganze Helfersysteme aktiviert und in einem koordinierten Zusammenspiel entsprechende psychosoziale Nachreifungsangebote installiert werden. Hier wird deutlich, wie sehr die Gesamtgesellschaft gefordert ist, die Rahmenbedingungen, in denen unsere Kinder und Jugendlichen aufwachsen, zu überdenken und Änderungen schnellstmöglich einzuleiten – hat dieser Realitätsschock doch für immer mehr Jugendliche einen Rückzug in defizitäre „Resträume“ zur Folge, was selbst für ein ökonomisch solides Land wie Österreich auf Dauer kaum bezahlbar sein wird.

Scheidung – Wenn die Liebe zu Ende geht

Heiraten ist nicht das Happy End – es ist immer erst ein Anfang.

Federico Fellini

Eine 50:50-Wette

Scheidungen liegen im Trend – so sehr, dass sie heute über www.easy-divorce.de auch schon online zu haben sind, mit Geld-zurück-Garantie übrigens. Ein lukrativer Geschäftszweig, wenn man sich die Scheidungszahlen ansieht. In Österreich sind es derzeit knapp unter 50 Prozent aller Ehen bundesweit, die nach durchschnittlich rund neun Jahren geschieden werden, in Wien, der Stadt der Scheidungen, sind es sogar 60 Prozent. Bei unseren deutschen Nachbarn schaut es nicht viel anders aus und vergleicht man mit dem Europaschnitt von 1970, als nur zehn von 100 Ehen geschieden wurden, beginnt man zu ermessen, dass wir uns in einer soziologischen Umbruchphase befinden. Der neue Begriff der „Verflüssigung der Familie", den die Sozialwissenschaften für dieses Phänomen geprägt haben, gewinnt angesichts der genannten Zahlen Kontur und die so technisch klingende Neuetikettierung der Lebensabschnittspartnerschaft, die das Zusammenleben von zumeist zwei Partnern für einen bestimmten Zeitraum beschreibt und sich im Hinblick auf langfristige Verbindlichkeit nichts vergibt, klingt logisch, wenn auch wenig wärmend oder Geborgenheit verheißend. Der Marktplatz der Partnersuchenden ist – daraus zwingend abzuleiten – riesengroß und quer über alle Altersgruppen verteilt, wie die diversen Partnervermittlungsportale belegen. Menschen sehnen sich nach einer dauerhaften, zuverlässigen Beziehung, am besten, bis dass der Tod sie scheidet. Was sich geändert hat, ist der Glaube an die Realisierbarkeit dieses Traums. Jugendliche gaben in einer Umfrage an, zwar von einem Partner fürs Leben zu träumen, den sie dann auch heiraten wollten, doch gleichzeitig korrigierten sie ihren Lebenswunsch dahingehend, dass sie nicht annähmen, eine derartige Partnerschaft heute noch finden zu können, dass die Trennung also schon zu Beginn mitkalkuliert werden müsse.[53]

Geheiratet wird andererseits immer noch gern, im Krisenjahr 2009 besonders. Es scheint fast, als würde die Bedrohung von außen die Menschen näher zusammenrücken lassen und das Bedürfnis nach Nähe und Geborgenheit in Beziehungen mit staatlichem Siegel deutlicher zum Vorschein kommen. Dies ist die Gruppe der Romantiker, die ihr Erspartes dem *Wedding Planner* anvertrauen und ein Jahr in der Vorfreude auf die Heirat in Weiß zubringen. Zunehmender Beliebtheit erfreut sich allerdings die Lebensgemeinschaft, die von der immer größer werdenden Gruppe der Pragmatiker gewählt wird und sich für den Fall der Trennung als scheinbar konfliktfrei anbietet, wobei diese Annahme den ganzen Bereich der psychischen Belastungen unter den Teppich kehrt. Zwischen den Volkszählungen 1991 und 2001 hat sich die Zahl der Lebensgemeinschaften mit Kindern unter 15 Jahren österreichweit mehr als verdoppelt.

Doch das Zerbrechen einer Familie, egal, ob dem eine Scheidung der Ehepartner oder eine Trennung einer Lebensgemeinschaft zugrunde liegt, bedeutet für alle Betroffenen eine tiefe Krise. Die Kinder, die in diesem Prozess nicht als Handelnde oder Gestaltende auftreten und für die es in den allermeisten Fällen nicht einsichtig ist, dass dieser Schritt der Eltern ein „richtiger“ ist, trifft das am meisten. 21.000 Scheidungswaisen und eine nicht unbedeutende Zahl von Trennungskindern aus gescheiterten Lebensgemeinschaften, deren Auflösung statistisch nicht erfasst wird, mussten im vergangenen Jahr in Österreich durch diese Krise gehen. Scheidung und Trennung rangieren auf der von Holmes und Rahe 1967 entwickelten und ungebrochen gültigen Social Readjustment Rating Scale (auch bekannt als „Stress Scale"), die die Belastungswerte von Lebensereignissen feststellt, ganz oben. Nur der Tod des Ehepartners erreicht einen höheren Punktewert und sogar Haftstrafen oder schwere Krankheit liegen in ihrer krisenhaften Erschütterung hinter Scheidung und Trennung. Damit wird vielleicht deutlich und nachvollziehbar, welch tiefe Erschütterung hinter dem verschlossenen, introvertierten Blick des siebenjährigen Buben liegt, was das Bettnässen der Achtjährigen ausdrückt oder warum eine Neunjährige, von einem scheinbaren Zwang angetrieben, sich die Lidhaare auszureißen beginnt. Auch das dramatische promiskuitive Verhalten der 15-jährigen Gymnasiastin und die plötzlich auftretenden Attacken von Vandalismus des bisher unauffälligen 16-jährigen HTL-Schülers bekommen in diesem Kontext einen Sinnzusammenhang.

„Halt!", höre ich Sie, geschätzte Leserin, geschätzter Leser, mit einem Anflug von Empörung rufen. „Ist es denn besser, Ehen, die ein Martyrium bedeuten, weiter aufrechtzuerhalten? Sind wir nicht vielleicht sogar verpflichtet, *wegen* unserer Kinder den Schritt der Trennung oder Scheidung zu tun, um ihnen vorzuleben, dass man unerträgliche Lebensumstände nicht mit Schafsgeduld bis in alle Ewigkeit aushalten muss? Sollen wir etwa unseren Kindern nicht zeigen, dass man sein Leben aktiv in die Hand nehmen und auch wieder positiv gestalten kann?"

Nun, darüber ist viel gesagt und fast ebenso viel geschrieben worden und der Dialog zu diesem Thema ist meist mehr von dogmatischen und ideologischen Gesichtspunkten bestimmt, als er sich auf die Realsituation der betroffenen Menschen und den ihnen zur Verfügung stehenden Handlungsmodellen und Konfliktlösungsfähigkeiten bezieht. Die Entscheidung, wann ein Paar den

Zeitpunkt für unverrückbar gekommen ansieht, vor den Scheidungsrichter zu treten, oder ein Partner einer Lebensgemeinschaft beginnt, seine Koffer zu packen, bleibt in der Sphäre der Selbstverantwortung und des Gewissens des jeweiligen Paars. Aus der Scheidungsforschung, die inzwischen ganze Regalkilometer füllt, und den entsprechenden Analysen wissen wir, dass „gute Scheidungen“ in ihren Auswirkungen auf die Kinder besser sind als hundsmiserable Ehen, dass allerdings „schlechte Scheidungen“ mit einer Weiterführung des elterlichen Konflikts über den Scheidungszeitpunkt hinaus, besonders schlechte Auswirkungen auf die Kinder haben.

Jede Scheidung ist ein individueller Prozess. Die Reaktionsmöglichkeiten von Kindern sind altersspezifisch und können von Progression, einer verfrühten Erwachsenheit, zum Beispiel einem raschen Flüggewerden und einer Flucht aus einem problembelasteten Elternhaus in die Peergroup, oder auch von Regression, einem Rückzug in Verhaltensweisen, die inadäquat für das Lebensalter des Kindes sind, wie etwa Einnässen bei Schulkindern, bestimmt werden. Auch wirkt sich die Scheidungsbelastung geschlechtsspezifisch aus. Buben verlieren zumeist die tägliche Präsenz der männlichen Identifikationsfigur und Müttern fällt es oft schwer, den Vater weiter als positives Mannsbild zu vermitteln. Buben beantworten Belastungen häufiger als Mädchen mit Aggression. Mädchen haben zwar meist eine bessere geschlechtsspezifische Identifikationsmöglichkeit, müssen aber mit der Abwesenheit des Vaters und den daraus resultierenden unterschiedlichen Konsequenzen für die Ausbildung ihres Paarkonzepts fertig werden. Sie reagieren auf Belastungen eher mit Rückzug, erzeugen damit in ihrem Umfeld Sorge und Mitleid und legen sich oft auf ein passiv leidendes Muster fest. Allen Scheidungen gemeinsam ist, dass sie eine dunkelgraue Palette von Lebensgefühlen für die Kinder bereithalten.

Schatten auf der Kinderseele

- *Scheidung ist eine Zeit der Sehnsucht und Trauer für Kinder.* Kinder trauern um ihre Familie, zeigen Anzeichen wie Wut, Schmerz, Aggression und tragen diese Gefühle in ihre Lebensumgebung hinaus. Die Sehnsucht nach der Wiedervereinigung der Eltern bleibt oft über Jahre hinweg ungebrochen erhalten.

- *Scheidung ist eine Zeit der Angst für Kinder.* Kinder reagieren auf das Zerbrechen ihrer Familie mit Angst und Verunsicherung. Die sichere Plattform für das Aufwachsen und das Bild der Familie zerbröckeln, das Gefühl, dass einem der Teppich unter den Füßen weggezogen wird, führt zu einer allgemeinen Verstärkung von Angstgefühlen, die sich in gesteigerten Nachtängsten oder auch Schulängsten einen Ausgang auf die Lebensbühne graben.

- *Scheidung ist eine Zeit der Sorge für Kinder.* Sind Kinder noch klein, ist ihre eigene Identität noch stark an ihre Familie geknüpft. Zerbricht diese, bedeutet das auch eine Gefährdung der eigenen Identität. Kinder sorgen sich um sich selbst und sind entsprechend oft selbstunsicher. Eng verknüpft damit ist die Sorge um den sorgeberechtigten Elternteil, dass dieser auch noch weggehen oder krank werden oder verunfallen könnte. Die Frage dahinter ist: Was geschieht dann mit mir? Kinder sorgen sich auch um den anderen, nicht sorgeberechtigten Elternteil, ob er die Einsamkeit, in der er sich nun aus dem Blickwinkel des Kindes befinden muss, wohl aushält und ob der Vater sich wohl selbst versorgen kann.

- *Scheidung ist eine Zeit der Einsamkeit für Kinder.* Kinder schämen sich oft, außerhalb des Elternhauses von der Scheidung der Eltern zu sprechen. Häufig schließt das an eine bekannte Tradition in der Vorscheidungsphase an, in der von den Eltern oft noch alles unternommen wurde, von ihrer Umgebung als funktionierende Familie wahrgenommen zu werden. Kinder scheuen sich auch, einem Elternteil die Sehnsucht nach dem anderen zu gestehen, weil ihnen ihre Eltern, oft zu Recht, als nicht belastbar genug dafür erscheinen oder weil sie deren Ärger fürchten. Und so geht ein nicht unbeträchtlicher Teil der Kinder zumindest für gewisse Zeit in ein inneres Eremitentum und verschließt seine Gefühle tief in seiner einsamen jungen Seele.

- *Scheidung ist eine Zeit des Gefühls der Abgelehntheit für Kinder.*
  Oft sind Eltern vom Prozess der Scheidung emotional so absorbiert, dass sie kaum mehr Platz für die Gefühle und den Verarbeitungsprozess, der bei ihren Kindern stattfindet, haben. Kinder bekommen, wenn ein Mangel an alternativen Bezugspersonen oder Unterstützungsangeboten besteht, sehr leicht das Gefühl, abgelehnt zu werden und funktionieren zu müssen. Oft führt das zu einer tiefen Kränkung, denn eine vormals als sicher erlebte Beziehung wird plötzlich als nicht mehr stabil und zuverlässig erlebt.

- *Scheidung ist eine Zeit des sich schuldig Fühlens für Kinder.*
  Besonders kleine Kinder können, bedingt durch ihren entwicklungspsychologischen Status, eine von ihnen selbst unabhängige Beziehung zwischen den Eltern noch nicht wahrnehmen. Sie erleben Beziehungen „Ich-zentriert“ und gehen beim Zerbrechen der Familie davon aus, das verursacht zu haben. Das Kind „konstruiert“ in seiner Fantasie ein eigenes schuldhaftes und mit massiver Selbstentwertung einhergehendes Verhalten. Ein kleines Mädchen erzählte mir in einer Therapiesitzung, dass ihre Eltern sich getrennt hätten, weil sie im Tiergarten nicht vom Tigerkäfig hatte weggehen wollen, weswegen die Eltern in Streit geraten wären.

- *Scheidung ist eine Zeit gespaltener Loyalitäten für Kinder.* Gerade für kleinere Kinder ist es schwierig, widersprechende Gefühle unter einen Hut zu bringen, und es ist verwirrend zu bemerken, dass man Vater und Mutter gleichzeitig liebt, obwohl diese doch zerstritten sind. Oft kommen Ängste, den jeweils anderen Elternteil zu kränken, hinzu und erschweren einem Kind die weitere Entwicklung der Beziehung zu beiden Elternteilen. Vor diesem Hintergrund wird auch deutlich, wie desaströs sich eine von verfeindeten Elternteilen gepflegte Polarisierung und Verteufelung des anderen Elternteils auf die Kinderseele auswirkt.

Aber wie macht man es dann richtig?

Eine vom Europäischen Zentrum für Wohlfahrtspolitik und Sozialforschung in Zusammenarbeit mit den Vereinten Nationen durchgeführte Untersuchung aus dem Jahr 2003 ergab interessante Hinweise, welche Faktoren es Kindern erleichtern, die Scheidung der Eltern zu bewältigen, und welche Unterstützungen dafür anzubieten wären.[54]

Wichtig ist demnach, dass Kinder die Beziehung zu beiden Elternteilen nach der Scheidung als unverändert sicher und stabil erleben können. Ebenso wichtig ist, dass Kinder das Gefühl haben, für den nicht sorgeberechtigten Elternteil – meistens den Vater – weiter wichtig zu sein, was sich in regelmäßigem und zuverlässigem Besuchskontakt ausdrückt. In diesem Zusammenhang sei auch auf die Bedeutung von Zeitsegmenten hingewiesen, die das Kind allein mit dem Vater und ohne eventuelle neue Halbgeschwister verbringt. Respektvoller und nicht abwertender Umgang der geschiedenen Elternteile miteinander ist eine weitere wesentliche Komponente für eine gelingende Verarbeitung der Scheidung der Eltern für ein Kind – und wird dennoch so oft von den betroffenen Eltern als unwesentlich, da nur sie betreffend, eingeschätzt. Kinder wünschen sich, dass Eltern trotz der Scheidung weiter das bleiben, was sie ja auch sind, nämlich die gemeinsamen Eltern. Es gelingt einem Kind auch dann besser, die Scheidung der Eltern zu verkraften, wenn ein stabiles soziales Netzwerk von Geschwistern oder Großeltern, denen hierbei eine ganz besondere Bedeutung der Kontinuitätsvermittlung zukommt, existiert – sofern dieses keine Konfliktpolarisierung betreibt. Kinder brauchen auch unbedingt ausreichende und klare Informationen, wie sich ihr Leben nach der Scheidung der Eltern gestalten wird, und können Scheidungen umso besser verkraften, je mehr kommunikative und Problemlösungskompetenzen ihnen zur Verfügung stehen. Neue Partner von geschiedenen Elternteilen sollten sich ihrer speziellen Position im Leben der Kinder ihres Partners bewusst sein. Sich in die Beziehung des Partners zu seinem Kind zu mischen, ist tabu, sich zu einer verständnisvollen Bezugsperson zu entwickeln, die mit dem gleichgeschlechtlichen Elternteil jedoch nicht in Konkurrenz treten darf, ist die Kunst und bedarf viel Fingerspitzengefühls.

Wenn die Kinder auf der Strecke bleiben

Christine sitzt mir in meinem Behandlungszimmer gegenüber. Seit sie begonnen hat, von ihrer vor sechs Jahren geschiedenen Ehe zu erzählen, rollen die Tränen ungehemmt über ihre weichen, etwas aufgeschwemmt wirkenden Wangen. Christine hat knappe zehn Kilo Übergewicht, ein Überbleibsel der beiden Schwangerschaften mit ihren Söhnen, wie sie meint, und des permanenten Stresses, unter dem sie steht. Sie muss dann Süßes in Reichweite wissen. Ihr Make-up, das jetzt unter ihren Tränen zerfließt, war vordem sorgfältig gezogen, als wolle sie sich und allen, denen sie begegnet, damit Ordnung und Struktur vermitteln. Doch Ordnung und Struktur gibt es schon lange nicht mehr in Christines Leben, eigentlich nicht mehr seit der Geburt ihrer Kinder. Christine wirkt antriebsarm, erschöpft, und ihre Angst, ihrem Job als Volksschul-

lehrerin bald nicht mehr gewachsen zu sein, scheint sehr realistisch zu sein. Auch die Psychopharmaka, die sie seit mehr als vier Jahren nimmt, können ihr nicht mehr helfen und hätten sich jetzt auch noch als weiterer Pferdefuß gegen sie verkehrt, da ihr Exmann dies herausgefunden hätte.

Doch Christines akutestes Problem ist ihr zwölfjähriger Sohn Max. Max sei praktisch seit sechs Wochen nicht mehr aus seinem Bett aufgestanden, maximal in seinem Zimmer bewege er sich. Jeder Versuch, ihn zu normalem Verhalten und Schulbesuch zu bewegen, ende in Schreiduellen, in denen er sie wie früher ihr Mann als unfähig und für das normale Leben zu blöd beschimpfe, und mit aggressiven zerstörerischen Attacken. Auch das sei die Handschrift ihres Ex. Im Zuge einer derartigen Auseinandersetzung habe Max mit einem Stuhl ihre Schlafzimmertür demoliert. Max habe ihr vor etwa sechs Wochen mitgeteilt, es reiche ihm und er mache jetzt nirgends mehr mit. Auch in die Schule, er besucht die zweite Klasse eines Gymnasiums, gehe er nicht mehr. Aus lauter Angst vor ihrem Ex und dem Jugendamt habe sie der Schule und ihrem Ex eine Erkrankung von Max vorgespielt, doch die Hoffnung, Max würde sein Verhalten wieder aufgeben, habe sich als unbegründet erwiesen, im Gegenteil, jetzt würde es von Tag zu Tag nur schlimmer. Der jüngere Sohn Friedrich, gerade acht geworden und immer schon introvertiert, mache ihr Sorgen durch seine zähe Schweigsamkeit. Zeitweise wirke er auf sie, als würde er seine Umwelt gar nicht wahrnehmen. Doch im Verhältnis zu Max sei Friedrich unkompliziert und falle auch in der Schule nur durch seine geringe Lebendigkeit auf, die sich aber nicht als störend auswirke, da er seine Leistungen erbringe. Doch Max, so fürchtet sie, wird das zu Ende bringen, was ihr Exmann seit Jahren versuche: sie zum endgültigen Nervenzusammenbruch und zur Aufgabe zu bringen.

Christine steht unter extremem Druck. Langsam entrollt sich eine Geschichte der täglichen Grausamkeit, eines jahrelangen Terrorkriegs, der nur verbrannte Erde in Form zweier Kinder-

seelen zurücklässt. Schon während der Scheidung, die sie nach jahrelangem Ringen mit sich dann doch und für ihn ganz unvorhergesehen eingereicht habe, habe ihr Exmann geschworen, sie zu vernichten. Ein fast zufriedenes Lächeln huscht über Christines angespannte Züge, als sie von ihrem Befreiungsschlag und der Fassungslosigkeit ihres Mannes erzählt: „Er war sich so sicher, dass ich es nie schaffen würde, dass er mit mir machen könne, was er wollte. Er, der erfolgreiche, umschwärmte Mediziner mit einer Riesenkarriere vor sich, und ich, die kleine dumme Volksschullehrerin. Und trotzdem ist er heimgekommen nach einem Nachtdienst und ich war einfach weg, weg mit den Kindern, einfach so.“ Sie schnippt mit den Fingern in einer provokant lässig wirkenden Geste und der helle Ton hat etwas Scharfes, Erschreckendes an sich.

Doch die eigentliche Geschichte, um die es hier geht, reicht noch viel weiter zurück und ist geprägt von Dominanzstreben, Abhängigkeit und bitterer, zerstörerischer Kränkung.

Christine und ihr späterer Mann Arthur werden bereits in der sechsten Gymnasialklasse ein Paar. Christine kann ihr Glück nicht fassen. Der „coolste“ Junge der Schule will sie! Obwohl sie ein bildhübsches Porzellanpuppengesicht hat und langes blondes Haar, findet sie sich selbst hässlich, da sie in Kleidergröße 36 knapp nicht hineinpasst. Doch Artur macht durch seine Liebesbezeugungen aus ihr die von allen Freundinnen beneidete Highschool-Queen. Der überaus gut aussehende junge Bursch vermag mit seinem selbstbewussten, charmanten Auftreten jede Szene für sich einzunehmen, ein junges Alphamännchen der Sonderklasse, das auch das männliche Gleichaltrigenrudel fest im Griff hat. Christine begreift schnell, wo ihr Platz ist, soll die Beziehung dauerhaft werden. Nur bei wenigen Gelegenheiten neben Arthur und zumeist hinter ihm, denn seine Freiheit muss unangetastet bleiben. Und so schreibt sie seine Mathematik-Hausübungen und Deutsch-Erörterungen, wenn es sich für ihn nicht ausgeht, und büffelt mit ihm, wenn es ums Durchkommen geht. Sie sieht auch darüber hinweg, dass er mehr mit seinen Freunden als mit ihr unterwegs ist. Arthur versüßt ihr dieses als Demütigung erlebte Ausgeschlossensein damit, dass er auch hinreißend romantisch sein kann und sich nicht davor scheut, sie mit riesigen Rosensträußen oder Minnegesang unter ihrem Fenster wieder zu versöhnen, wenn er es gar zu arg getrieben hat. Nach der Matura übersiedelt das Paar aus der Provinzkleinstadt ihrer Kindheit zum Studium nach Wien. Arthur inskribiert an der medizinischen Fakultät und bestimmt, dass Christine, die gern Jus studiert hätte, stattdessen eine kurze Ausbildung macht. Christine wird also Volksschullehrerin und bestreitet in den noch folgenden Studienjahren von Arthur zu einem nicht unbeträchtlichen Teil die gemeinsamen Lebenskosten. Der Umgangston in der Beziehung wird zunehmend dramatischer. Arthur hält Christine aus seiner studentischen Clique fern, besucht Feste und Veranstaltungen grundsätzlich allein und vermittelt ihr immer öfter, wie mangelhaft und uninteressant er sie findet, um ihr dann wieder ewige Liebe zu geloben. Arthur tritt seine Turnusarztausbildung an und Christine befürchtet, dass ihre Beziehung das neue soziale Bezugsfeld nicht überstehen wird. Ein Ultimatum, das sie Arthur setzt, und die Tatsache, dass sie sich über ihre Sommerferien von ihm trennt und eine Beziehung mit einem jungen Juristen beginnt, führen dazu, dass Arthur um ihre Hand anhält. Das Paar heiratet. Christine wird mit dem gemeinsamen Sohn Max schwanger. Arthur wird eine Facharztausbildungsstelle angeboten und er scheint ganz in dieser neuen Aufgabe aufzugehen. Das Paar lebt eine klassische Rollenaufteilung. Arthur arbeitet viel, ist häufig auf Fortbildungen und Kongressen und erhält die Familie, Christine versorgt den kleinen Sohn und den Haushalt. Doch Arthur bemängelt Christines Haushaltsführung, ihren Umgang mit dem Kind, ihre Kochkünste, ihr Aussehen und ihre mangelnde Intelligenz, was es ihm alles zusammen schwer mache, sie als adäquate Partnerin zu sehen. Arthur geht für ein halbes Jahr nach Amerika und hält in dieser Zeit kaum Kontakt mit seiner Familie. Chris-

tine verzehrt sich in brennender Sehnsucht nach ihm. Als er zurückkommt, wird ihm eine Stelle an der Universitätsklinik angeboten, seine Seilschaften sind inzwischen solide Netzwerke und eine strahlende Karriere beginnt sich abzuzeichnen. Christine wird zum zweiten Mal schwanger. Friedrich ist unterwegs. Doch die Beziehung verschlechtert sich zusehends. Arthur sieht sich in keiner Weise für das Familienmanagement zuständig und lässt andererseits keine Gelegenheit aus, Christine ihre Unfähigkeit und Unattraktivität vorzuhalten. Der Kommunikationsstil eskaliert immer mehr, der charmante, strahlende Arzt beginnt handgreiflich zu werden und den kleinen Sohn Max in eine Allianz gegen die „unfähige" Mutter zu ziehen. Demütigungen und Prügelszenen aus nichtigen Anlässen stehen immer mehr auf der Tagesordnung, die Aussöhnungsversuche und Rosen der Vergangenheit bleiben nun aus. „Irgendwann habe ich begriffen, dass ich auf dem Weg war, endgültig zu verlieren", sagt Christine unter Tränen, „das, was ihn früher an mich gebunden hatte und mich wichtig für ihn gemacht hat, war mir entglitten. Mit seinem beruflichen Erfolg war er unabhängig von mir geworden und konnte seinem Hass freien Lauf lassen. Das Einzige, was ich machen konnte, um ihn nicht gewinnen zu lassen, war zu gehen." Christine blickt mich Zustimmung heischend an.

Tatsächlich gelingt es ihr, Arthur völlig zu überrumpeln. Dass es Christine mitsamt der beiden Kinder schaffen könnte, ihn zu verlassen, schien außerhalb seiner Vorstellung. Christine besteht jetzt auf der Scheidung und der völlig perplexe Arthur stimmt zu und bietet eine großzügige Alimentationsregelung unter der Bedingung einer geteilten Obsorge für die Kinder an. Christine sieht sich konsolidiert und meint erstmals seit vielen Jahren wieder frei atmen zu können. Doch dann erwacht Arthur aus seiner Erstarrung. Sukzessive beginnt er Vereinbarungen mit Christine, die Kinder betreffend, zu unterlaufen, bringt sie nicht zum vereinbarten Zeitpunkt zurück und lässt keine Gelegenheit aus, Christine bei ihren Kindern schlecht zu machen. Christine schießt zurück, droht mit dem Jugendamt und beginnt ihrerseits, nachdem sie sich von diesem nicht genügend unterstützt fühlt, Abmachungen zu torpedieren. Schließlich beantragt sie das alleinige Sorgerecht wegen Arthurs „pädagogischer Unreife". Damit wird allerdings erst die Büchse der Pandora für eine wahre Prozess- und Anzeigenflut geöffnet. Alle Beteiligten werden mehrfach richterlich angeordneten psychologischen Gutachten und Gegengutachten unterzogen, die Kinder wandern nach einem exakt festgelegten Übergabeplan zwischen den elterlichen Wohnsitzen hin und her. Gleichzeitig nimmt die emotionale aggressive Verkrallung von Christine und Arthur immer skurrilere Formen an. Mehrmals kommt es bei der Übergabe der Kinder zu tätlichen Übergriffen, Christine wird zweimal in einem Parkhaus, in dem sie häufig mit ihrem Wagen steht, von einem Unbekannten angegriffen und heftig erschreckt und schwört, dass ihr Exmann, der mittlerweile ein Primariat in einem Krankenhaus in Niederösterreich innehat, dahintersteckt. Auch ihre Autoreifen findet sie immer wieder zerstochen vor, und von nächtlichem Sturmgeläute an ihrer Gegensprechanlage wird sie mitsamt ihren Kindern im Zweitagesrhythmus geweckt. Dann wieder rufen sie fremde Frauen an, die sich als Geliebte ihres Exmanns ausgeben, beschimpfen sie und quälen sie mit Obszönitäten und intimem Detailwissen aus ihrer früheren Ehe. Auch Christine fährt Geschütze auf, ruft Kollegen und Untergebene von Arthur privat an, um ihnen vom schlechten Charakter und der Gewalttätigkeit des „Sunnyboys" zu berichten, und taucht im Spital während der Visite auf, um ihm eine Szene zu machen. Auch an Arthurs Fahrzeug kommt es zu vandalischen Beschädigungen. Arthur droht ihr, alles daranzusetzen, ihr die Kinder zu entziehen, denn an diesem Punkt kann er sie am meisten treffen und sie in Angst versetzen.

Christine bleibt kaum noch die Kraft, ihre Kinder zu versorgen und ihren Berufsanforderungen zu entsprechen, an eine neue Beziehung denkt sie schon lange nicht mehr. Arthur verschafft sein beruflicher Erfolg, der ihm einen luxuriösen Lebensstil er-

laubt, mehr Spielraum. Doch auch ihm gelingt es nicht, eine dauerhafte neue Beziehung aufzubauen, denn seine Emotionalität ist von der Verstrickung mit Christine aufgesaugt. Längst ist das Alltagsleben für alle Beteiligten zu einem Martyrium geworden. Eine Vereinbarung für die Aufteilung der Weihnachtsfeiertage oder der Ferienzeiten zu treffen, gerät regelmäßig zu einer Schlacht der jeweiligen Anwälte, genauso die Kindergeburtstage. Immer mehr werden die Kinder in den Kampf zwischen den Eltern einbezogen und zu Loyalitätsbeweisen veranlasst. Beide Elternteile setzen massiv auf Polarisierung und Verteufelung des anderen Elternteils. Längst hat sich das Terrain des Grundkonflikts zwischen Christine und Arthur auf die Seelen ihrer Kinder ausgedehnt.

Christine fühlt sich von ihrem Sohn Max durch seine massive Verweigerung im Stich gelassen und Arthur preisgegeben. Jetzt, mit Max' Hilfe, so ihre Annahme, wird es ihm gelingen, ihr als Mutter pädagogische Unfähigkeit nachzuweisen. Damit wird er ihr die Kinder wegnehmen und den Kampf endgültig gewinnen.[55]

Zwei pralle Segeltuchtaschen voll mit Gerichtsakten bringt Christine zu unserer Sitzung mit, für den Fall, dass ich mir einen Überblick über die bisherigen Gerichtsabläufe machen möchte. Heute bin ich zur Einsicht gelangt, dass die Dicke der Gerichtsakte einen guten Indikator abgibt für das Ausmaß der seelischen Beeinträchtigung eines involvierten Kindes. Kinder wie Max, die irgendwann im Streitkarussell nicht mehr mithalten können und in größter Not auf die eine oder andere Art ins Exil gehen, sind mir schon mehrfach begegnet.

Christine und Arthur haben mehr als ihr halbes bisheriges Leben damit zugebracht, um die Macht in der Beziehung zu kämpfen. Eine geheimnisvolle Magie kettet sie mit einer besinnungslos zerstörerischen Kraft aneinander. Egal, wer einmal den Siegeslorbeer für sich verbuchen wird, es wird ein bitterer, leerer, sinnloser Sieg sein, denn die beiden Kinder Max und Friedrich sind bereits heute die großen Verlierer.

Einvernehmlich – nicht nur bis zur Gerichtssaaltür

Amerikanische Sitcoms haben uns eingeprägt, wie wir uns einen Staranwalt in Sachen Familienstreitigkeiten vorzustellen haben: protzig zur Schau gestelltes Designeroutfit, kalte Einschüchterung im Umgang mit der Gegenseite, manipulativ eingesetzte Selbstsicherheit, die klarmacht, dass am Ende die Gewinnerstraße beschritten wird, und jener Touch von fast krimineller Unbarmherzigkeit, der unendliche Streitlust verkündet. Alles zusammen natürlich auch sehr teuer, wie man mit einem tiefen Seufzer resignierend akzeptiert.

Michéle Grogger-Endlicher ist ganz anders. Wenn man der zierlichen Frau mit dem rötlichen Haar gegenübersitzt, wird keine der beschriebenen Assoziationen geweckt. Sehr viel mehr ist eine immense Intensität für die Anliegen ihrer Klienten zu spüren. Man denkt an Begriffe wie Besonnenheit, Authentizität, Verständnis und ehrliche Bereitschaft, sich auf die komplexe Lebenssituation, die im Familienstreitverfahren die Bühne bildet, einzulassen. Statt Bulldoggengehabe strahlt sie eine Aura von Mut aus, und mutig ist sie zweifellos, wenn sie für ihre Klienten innovative Wege in oft völlig verfahrenen, hochstrittigen Verfahren entwirft. Aber dieser stille unbeugsame Mut kennzeichnet auch ihren eigenen Lebensweg und ihre persönlichen Entscheidungen. Der Schritt, ihre eigene Familiengeschichte, das dramatische Verlassenwerden der Familie durch den Vater noch in ihren Kleinkinderjahren und die daraus resultierenden Lebensbelastungen, in einer Talkshow offenzulegen, verlangt unheimliche Stehkraft und wird ihr so schnell von keinem saturierten Vertreter ihrer Gilde nachgemacht werden.[56]

Mamas oder Papas, die diese engagierte, kompetente Frau zu ihrem Rechtsbeistand wählen, sind sicher in besten Händen und werden doch eine Überraschung erleben. Denn die wahren Klienten sind für sie immer die Kinder! Grogger-Endlichers Zielsetzung ist es, aus der papierenen Worthülse „Kindeswohl" umgesetzte, gelebte Realität zu machen. Dort sieht sie ihre eigentliche Beauftragung, die es sich lohnt, unerbittlich zu verfolgen. Mit ihrem Expertenteam, in dem auch Psychologen vertreten sind, bietet sie unter www.scheidungsportal.at sowie dem Projekt „KIDS", das bezeichnenderweise für „Kinder in der Scheidungsfalle" steht, umfassende Unterstützung in schwierigen Scheidungs- und Trennungssituationen an. Besonderes Augenmerk wird auf „menschengerechte" zukunftsfähige Lösungen gelegt, die im Unterschied zu vielen anderen Scheidungen nicht nur das Verfahrensende, sondern die konfliktfreie Gestaltung der darauf folgenden Lebenszeit des Kindes im Fokus behält. Ihre Haltung ist einem Stil der Auseinandersetzung verpflichtet, der davon geprägt ist, jeden Beteiligten zu veranlassen, sich bewusst zu halten, dass Menschenrechte und Menschenwürde stets gewahrt bleiben müssen, um das Ziel des Kindeswohls realisieren zu können. Die Anwältin ist auch für ihren vollen Einsatz um einvernehmliche Scheidungen bekannt, ein Einsatz, der der Vermeidung von endlosen Rosenkriegen, der Kostenschonung und vor allem der „Seelenschonung" der betroffenen Kinder dient.

Die Macht der Gutachten

Maria ist gerade 18 geworden und hat die Matura gemacht, als sie 1991, im ersten Jahr nach der Revolution, von ihren Eltern aus ihrer ehemals totalitären Heimat in Südosteuropa zu einer entfernten Verwandten nach Österreich geschickt wird. Bessere Lebenschancen für ihr Kind wünschen sich die Eltern, ein scheinbar unerfüllbarer Traum in der wirtschaftlich und sozial bankrotten Umgebung ihres Heimatlandes. Über eine Freundin der „Tante" lernt sie Karl kennen. Er betreibt auf seinem Hof in Niederösterreich eine Produktion für handgefertigte Weihnachtsware, die auf diversen Adventmärkten als Kunsthandwerk verkauft wird. Ein weiterer Einkommenszweig ist die Restauration von alten Möbeln. Karl bietet ihr Arbeit und Unterkunft, und Maria, die zwar lieber in Wien geblieben wäre, um die Sprache rasch zu lernen – um ihrem Ziel, Jus zu studieren, näher zu kommen –, gehorcht den beiden „Tanten", denn Gehorsam und Unterordnung ist sie gewohnt. Karl ist ein „guter Mensch", so sieht er sich, und alle in der Gemeinde sehen ihn ebenso. Er nimmt Flüchtlinge, vorwiegend aus Rumänien, auf und beschäftigt sie mit seiner Weihnachtsbastelei. Ein paarmal wird er sogar bestohlen, manchmal lässt ihn der eine oder andere Schützling auch plötzlich im Stich und haut ab, aber Karl hält an seiner Politik der Menschlichkeit fest, ein wirklich guter Mensch also. Maria trifft weitere sechs Frauen, alle schon deutlich älter als sie, teilt sich ein Zimmer mit zwei von ihnen und fügt sich klaglos in den Hofbetrieb ein. Sie bastelt Strohsterne oder baut Holztulpen aus den Hobelabfällen einer Tischlerei, die sie bunt bemalt. Karl nimmt das unerfahrene, scheue Mädchen unter seinen besonderen Schutz, schenkt ihr ein paar Kleidungsstücke und Kosmetikprodukte. Er zeigt auch viel Verständnis dafür, dass sie von Heimweh geplagt wird, und gestattet ihr, öfter zu Hause anzurufen. Maria findet bei ihrem väterlichen Freund, der mit seinen 50 Jahren zwei Jahre älter als ihr Vater ist, eine gewisse Geborgenheit und beginnt ihm Zuneigung entgegenzubringen. Bald entwickelt sich mehr zwischen den beiden. Maria zieht ins Haupthaus zu Karl, das Paar verbringt mehrere gemeinsame Urlaube und auch Marias sehnlichster Wunsch, einen guten Deutschkurs besuchen zu können, wird ihr von Karl erfüllt. Auch die Dorfgemeinschaft hat sich an das Paar gewöhnt. Allgemein vergönnt man Karl seine junge Frau. Als Maria drei Wochen nach ihrem 20. Geburtstag feststellt, dass sie schwanger ist, wird geheiratet. Auch Marias Familie betrachtet sie mit Karl als gut versorgt. Die Tochter Viktoria wird geboren und drei Jahre später der Sohn Michael. Haushalt und Kinderversorgung ist Marias Aufgabe, daneben erledigt sie noch die meiste Büroarbeit für die Weihnachtsmarktware, Karl kümmert sich um Produktion und Vertrieb.

Maria ist in den letzten Jahren erwachsener und selbstsicherer geworden. Längst vermag sie in einem Lokal für sich selbst zu bestellen und würde gern auch ohne ihren Mann nach Wien fahren, um ihre Schwester, die mittlerweile ebenfalls in Österreich lebt, zu besuchen. Karl sieht diese Veränderungen mit großem Missfallen. Er entpuppt sich als rasend eifersüchtig, kontrolliert jeden Schritt Marias und setzt auf eine Politik der Isolation. Ein kurzes Gespräch zwischen Maria und dem Postboten führt zu einem heftigen Zerwürfnis, im Rahmen dessen Karl sie als Prostituierte beschimpft. Je mehr Maria auf ihre Selbstständigkeit drängt, umso mehr gewinnt bei Karl ein dominantes, unterdrückendes Verhalten die Oberhand. Als er bemerkt, dass sie Mail-Kontakte pflegt, von denen er nichts gewusst hat, nimmt er ihr den Computer weg; wenn er das Haus verlässt, sperrt er Maria manchmal sogar ein. Über eigenes Geld verfügt sie selbstverständlich nicht. Auch Einkäufe oder Arzttermine der Kinder werden nur mit ihm gemeinsam erledigt. Die Kinder sind inzwischen fast sieben und vier Jahre alt und Maria hat sich zu einer jungen Frau entwickelt, die ihren früheren Wohltäter und Ehemann nur mehr als Tyrannen und Kerkermeister erlebt. Heimlich entwendet sie Karl kontinuierlich kleine Geldbeträge, um die Fahrt nach Wien mit dem Autobus bezahlen zu können, und flieht in einem günstigen Moment zu ihrer Schwester und deren Mann nach Wien.

In den folgenden drei Jahren baut sich Maria unter viel Einsatz ihre eigene Existenz als Bürokraft auf. Ihre Genauigkeit, ihr Eifer und ihre rasche Auffassungsgabe machen sie zu einer beliebten Mitarbeiterin in der Ziviltechnikerkanzlei, in der sie tätig ist. Endlich bekommt sie auch die Scheidung von ihrem Mann, der sich bis zuletzt weigert, seine Einwilligung zu geben. Maria hat die alleinige Obsorge für die Kinder und sie achten peinlichst darauf, die Besuchswochenenden beim Vater für die Kinder positiv zu gestalten. Nach der Scheidung verändert sich sein bis dahin halbwegs kooperatives Verhalten. Er beginnt die Mutter bei den Kindern schlechtzumachen, versucht den Kindern das Leben bei sich als viel schmackhafter darzustellen und überschreitet die vereinbarten Besuchszeiten, wie es ihm passt. Maria lernt in der Zwischenzeit einen jungen Zivilingenieur kennen, mit dem sie eine Beziehung eingeht und gemeinsam mit ihren Kindern zusammenlebt. Endlich vermeint sie ihren Traum von respektvoller Partnerschaft und heiler Familie realisiert zu haben und ihr Traum vom Jusstudium taucht wieder am Horizont auf. Als ihr Exmann von Marias Lebensveränderung erfährt, schreibt er ihr wilde Drohbriefe und beschimpft sie am Telefon mehrfach als Prostituierte. In den Sommerferien 2004 verbringen die beiden Kinder wie geplant die ersten beiden Wochen beim Vater. Im Herbst soll Viktoria mit dem Gymnasium und Michael mit der Volksschule beginnen. Doch der Tag der Rückkehr aus dem Urlaub in Kroatien verstreicht, ohne dass Maria etwas von ihren Kindern hört. Stattdessen erhält sie einen Anruf von Karl, in dem er ihr mitteilt, dass Anzeige bei der Staatsanwaltschaft gegen ihren Lebensgefährten wegen Missbrauch der elfjährigen Tochter erstattet worden sei und sie die Kinder nie mehr sehen würde. Tatsächlich gelingt es Karl, eine einstweilige Obsorge für die Tochter zu erwirken. Den Sohn muss er an die Mutter herausgeben. Doch Michael verhält sich dem neuen Lebenspartner seiner Mutter gegenüber, mit dem er bisher ein entspanntes Verhältnis hatte, sehr abweisend und bezeichnet ihn wiederholt als böse. Es kommt zu mehrmaligen polizeilichen Einvernahmen, Sachverständigengutachten zur Klärung des Missbrauchsvorwurfs und der pädagogischen Eignung der Elternteile werden gerichtlich angeordnet.

Die Gutachterin, die bereits mit Marias Exmann einen Gesprächstermin hatte, fragt Maria gleich zu Gesprächsbeginn, wie lang sie denn in Österreich als Prostituierte gearbeitet hätte, bevor sie ihr Exmann geheiratet habe. Maria bricht daraufhin in Tränen aus und bekommt in ihrem Gutachten zu lesen, dass sie über eine labile Persönlichkeit verfüge und eine duldende Mitwisserschaft eines etwaigen Missbrauchs der Tochter nicht auszu-

schließen sei. Es wird ihr auch nur bedingte pädagogische Reife attestiert, und die Tatsache, dass Viktoria bereits in einem Gymnasium in Niederösterreich eingewöhnt ist und jetzt dort ihre soziale Verankerung zu haben scheint, spricht ebenfalls für einen endgültigen Verbleib des Mädchens beim Vater. Darüber hinaus wird der Mutter der Besuchskontakt mit der Tochter vorderhand nur im Besuchscafé gestattet, einer Einrichtung, in der Elternteile ihre Kinder nur unter Aufsicht Dritter treffen können. Diese Besuche werden von Karl immer wieder unter fragwürdigen Vorwänden vereitelt. Maria gelingt es auch kaum, ihre Tochter ans Telefon zu bringen. Ihr bescheidenes Gehalt erlaubt es ihr nicht, einen Anwalt ihrer Wahl zu beauftragen. Sie ist auf Verfahrenshilfe angewiesen und hat den Eindruck, als ein komplizierter unangenehmer Fall gesehen zu werden. Auch daheim ist die Stimmung zwischen ihrem Sohn und ihrem neuen Partner explosiv. Der darauffolgende Sommer bringt ein böses Déjà-vu-Erlebnis für Maria. Karl gibt den Sohn Michael unter der Behauptung, dass der Lebensgefährte den Sohn schlagen würde und sie dem zusähe, nicht mehr heraus. Ihr Lebensgefährte, nun neuerlich beschuldigt, hält dem Druck nicht mehr stand und verlässt Maria. Maria erleidet einen Zusammenbruch und muss für zwei Tage ins Spital. Damit erscheint in der später folgenden Obsorgeverhandlung die bereits früher geäußerte Befundung einer „labilen Persönlichkeit" erhärtet. Der Richter legt der blassen jungen Frau mit dem schon verhärmt wirkenden Gesicht nahe, nicht an sich, sondern an ihre Kinder zu denken, die es beim gut situierten, ausgeglichenen Vater doch viel besser hätten, noch dazu, da er sich durch seine jetzige Pensionierung der Erziehung der Kinder im Unterschied zu ihr völlig widmen könne. Er empfiehlt ihr, eine Psychotherapie zu machen, um mit ihrer „schwierigen Vergangenheit" fertigzuwerden und dann nochmals neu im Leben durchzustarten.

Maria hat aufgegeben, um ihre Kinder zu kämpfen. Sie möchte ihnen nicht noch mehr Belastungen und Gutachten zu-

muten, Gutachten, die sie fürchten gelernt hat. Sie hofft auf eine Zukunft, in der ihre Kinder selbstständig den Weg zu ihr als Mutter finden werden. Sie ist bereit dafür! In der Zwischenzeit studiert sie Jus.

Maria hat großen Respekt vor Gutachten, man könnte fast sagen, dass sie eine phobische Haltung entwickelt hat. Andere mussten ähnliche Erfahrungen machen, äußern sich jedoch mit deutlichen Worten. Seit ein renommierter Kinder- und Jugendpsychiater 2008 unter Beschuss geriet, da auf Basis seines Gutachtens ein Unschuldiger 21 Monate in Haft saß, mehren sich die kritischen Stimmen zur gängigen Gutachtenspraxis. Von Manipulation und Schlamperei ist da die Rede, vom Montieren von Textbausteinen und von wenige Minuten dauernden Begutachtungen, die über den Kindesverbleib entscheiden. Immer mehr Betroffene fordern eine ernsthafte Diskussion, die Vorwürfe reichen von mangelnder Wissenschaftlichkeit bis zu strafrechtlich relevanten Sachverhalten. Gutachten sind nicht zuletzt ein gutes Geschäft, das mitunter in Millionenhöhe gehen kann, wie die Medien spekulieren, seit eine Gutachterin verlauten ließ, in den vergangenen zwölf Jahren 3000 Gutachten erstellt zu haben.

Trotz der Kontroverse über ihre Brauchbarkeit erfreuen sich traditionelle Gutachten ungetrübter Beliebtheit, wird in nahezu jedem strittigen Obsorgefall ein derartiger Gerichtsgehilfe vom Richter beigezogen, um eine Entscheidungshilfe zu liefern. Rund 12.000 Gutachten werden in Österreich pro Jahr beauftragt, mit ihnen sind die Schicksale von 10.000 Müttern und Vätern sowie rund 5300 Kindern verknüpft.[57]

Kritik kommt auch aus den Reihen der Wissenschaft und der professionell Betrauten selbst, denn selbst wenn ein Gutachten mit aller gebotenen Sorgfalt und Genauigkeit erstellt wurde, bleibt viel Raum für Zweifel an seiner tatsächlichen Brauchbarkeit. Einigkeit herrscht darüber, dass es eine Obsorgeentscheidung durch das Familiengericht am besten gar nicht geben sollte, dass verstärkt Methoden in den Vordergrund treten sollten, die das familiäre System des Kindes stärken. Erziehungsberatung, Mediation, Psychotherapie wären die geeigneteren Instrumentarien, um Veränderungsprozesse zu initiieren und Rahmenbedingungen zu schaffen, die es ermöglichen, die Aufgaben zur Erfüllung des Wohls der Kinder nach einer Scheidung der Eltern möglichst konfliktfrei zu erfüllen. Impulse zu dieser Umorientierung stammen aus der sozialwissenschaftlichen Forschung der letzten 20 Jahre.[58]

Eine besondere Rolle spielte dabei die Erkenntnis, dass klare rechtliche Verhältnisse noch lange nicht bedeuten, dass auch die innerfamiliären Spannungen und Konflikte zu Ende sind. Nicht aufgearbeitete Spannungen sind auch der Hauptgrund dafür, dass der Kontakt von rund der Hälfte aller Scheidungskinder zum nichtsorgeberechtigten Elternteil – meist zum Vater – innerhalb der ersten drei Jahre nach der Scheidung abbricht. Damit wird das wirklich Fatale dieser Situation verstärkt, denn neben der Beruhigung der emotionalen Erschütterung, die die elterliche Trennung bei den Kindern unweigerlich auslöst, ist die fortdauernde, verlässliche, intensive Beziehung zu beiden Elternteilen als wichtigste Bedingung dafür anzusehen, dass die Kinder das Trennungsereignis langfristig und für ihre künftige Lebensentwicklung nicht beeinträchtigend verarbeiten können. Damit wird klar, wie wichtig eine Veränderung in der Gutachtenspraxis ist, die bisher nur klare rechtliche Verhältnisse schaffen hilft, ohne den Konflikt positiv beeinflussen zu können – ja, diesen in manchen Fällen erst richtig anheizt.

Kindeswohl – Verfahrenswohl

Ein offenes Wort attestiert der derzeit gängigen Gutachtenspraxis, dem Verfahrenswohl und nicht dem Kindeswohl zu dienen, ja diesem sogar entgegenzulaufen. Gerichtsbeschlüsse, auch solche, die aufgrund eines Gutachtens getroffen wurden, haben, selbst wenn sie in der Folge vom „Verlierer" nicht beeinsprucht werden, per se weder den Effekt, das Konfliktklima zu entspannen, noch sind sie in der Lage, die Wahrscheinlichkeit einer fortgesetzten Beziehung zu beiden Elternteilen zu erhöhen.[59] Rainer Balloff, einer der anerkanntesten rechtspsychologischen Experten, formuliert das Problem radikal: „Eine richterliche Entscheidung, gerade in hochstrittigen, problem- und konfliktbeladenen Familiensachen (welche die zugehörige bloß diagnostisch orientierte Begutachtung einschließt) ohne vorhergehende Nutzung intervenierender Hilfen für die von Trennung oder Scheidung oder von anderen [...] Anlässen betroffene Familie, stellt, mit Ausnahme der besonders eilbedürftigen und dann oft auch akut kindeswohlgefährdenden Konstellationen, häufig einen Eingriff dar, der dem Kind mehr Schaden als Nutzen bringt. Nicht selten werden durch zu frühe Entscheidungen der Gerichte innerfamiliale Konflikte unnötig festgeschrieben."[60]

Oft muss ich in eigener Praxis feststellen, dass Kinder, die wiederholten psychologischen Begutachtungen im Verfahrenszug ausgesetzt waren, für jede Form der sozialpsychologischen oder psychotherapeutischen Hilfestellung für Jahre „verloren" sind. Die Kinder haben einfach genug von „Psychologen" und fühlen sich, nicht ganz zu Unrecht, als Objekte. Dies gilt umso mehr für Jugendliche, die in ihre Gutachten bereits Einsicht verlangen können und sich dort dann mit oft tiefe Verwirrung auslösenden Diagnosen konfrontiert sehen.

Doch für die Richterschaft scheint alles zu passen, wie es ist. Uwe Jopt, Leiter des Instituts für Lösungsorientierte Arbeit im Familienrecht in der Nähe von Bielefeld, und Julia Zütphen, eine anerkannte rechtspsychologische Expertin in Deutschland, konnten in einer Untersuchung aus dem Jahr 2004 nur bei 2,9 Prozent der befragten Richter Unzufriedenheit mit der bestehenden Gutachtenspraxis verorten. 59,6 Prozent waren zufrieden und 37,5 Prozent zumindest teilweise zufrieden. 98,3 Prozent der Familienrichter nannten die Funktion der Entscheidungshilfe als Grund ihrer Zufriedenheit mit der gängigen Gutachtenspraxis. „Für die meisten Familienrichter", resümieren die Autoren der Studie, „hat der Gutachter seinen Auftrag somit zufriedenstellend erfüllt, wenn er es ihnen ermöglicht, den Rechtsstreit um das Kind zumindest in der 1. Instanz durch Beschluss zu beenden."[61]

Das heißt: Der Akt ist vom Tisch! Hier klaffen der Stand der Forschung und die Umsetzung in der Praxis als Grand Canyon der Obsorgeregelung auseinander. In der Medizin würde das bedeuten, hart am Kunstfehler entlangzuschrammen. Stellen Sie sich vor, Sie haben einen Unfall und eine wirklich schreckliche Wunde am Arm. Das Ganze sieht hoffnungslos aus. Früher hätte man da auf jeder Unfallabteilung ohne Zögern sofort amputiert. Mithilfe neuer medizinischer Erkenntnisse, innovativer Operationstechniken, Instrumentarien und Materialien können Gefäße und Muskelstränge wieder aneinandergefügt, Knochenenden adaptiert und verplattet werden, und auch die Nervenstränge finden wieder zueinander. Am Ende haben Sie mit etwas Glück und nach einem physiotherapeutischen Training wieder eine einsatzfähige Hand. Die Narben werden Sie zwar für immer an das schreckliche Erlebnis erinnern, doch Ihr Leben geht unbeeinträchtigt weiter. Würden Sie stattdessen den Armstumpf vorziehen? Wohl kaum! Die derzeit übliche Gutachtenspraxis kommt in weiten Bereichen einer Amputation der Beziehung zu einem Elternteil nahe. Seine Berechtigung hat diese Vorgehensweise nach dem heutigen Stand der Forschung eigentlich nur dort, wo auch die Medizin noch immer amputieren müsste, dann nämlich, wenn akute Lebensgefahr ein anderes Vorgehen nicht mehr zulässt. Umgelegt auf Obsorgestreitverfahren, hieße das, dem traditionellen, diagnostisch orientierten Gutachten käme sein Platz bei der Abgrenzung einer akuten (bevorstehenden oder eingetretenen) Kindeswohlgefährdung zu, beziehungsweise wenn alle Interventionsversuche scheitern sollten.

Was wäre nun bei Familierechtsstreitigkeiten unter einer „erhaltenden chirurgischen Intervention“ zu verstehen? Die Beauftragung an den Sachverständigen ginge in die Richtung einer „lösungsorientierten“, „familienpsychologischen“, „interventionsgeleiteten“ Gutachtenstätigkeit. Der Gutachter-Auftrag hätte nicht in erster Linie dem Familienrichter zu helfen, möglichst gut begründete Beschlüsse fassen zu können, sondern hätte – im Interesse der Kinder – vor allem die Aufgabe zu erfüllen, Veränderungen im familiären System zu initiieren.[62] Die Zielsetzung wäre dahingehend ausgerichtet, die „Familie in Trennung“ quasi an den Gutachter zu übergeben, um dem sich trennenden Paar Entwicklungsimpulse und Strategien zu weisen, die es befähigen, die Elternfunktion weiterhin zum Wohle des Kindes wahrzunehmen. Dass das erfolgreich funktioniert, wenn diesem Begleitungs-, Umorientierungs- und Entwicklungsprozess Raum gegeben wird, sehen wir in der Praxis dort, wo „Paare in Trennung“ ihre Elternschaft bewusst reflektieren, die Eskalationsspirale, in der sie sich bewegen, rechtzeitig erkennen und lösungsorientierte, familienpsychologische Begleitung, die das Wohl der Kinder zur Zielsetzung hat, aufsuchen. Wenn es gelingt, den Paarkonflikt von der elterlichen Verantwortung zu separieren und dies für alle Beteiligten bewusst zu machen, können aus destruktiven Ehen sogar kameradschaftliche, die Entwicklung des Kindes positiv begleitende Elternbeziehungen werden.

Scheidungen und Trennungen sind heute kein marginales Thema mehr, sondern ein Massenphänomen. Daran gibt es, egal, aus welchem Lager wir kommen und wie wir diesen Umstand deswegen bewerten wollen, nichts zu rütteln. Unabhängig davon sind wir es unseren Kindern aber schuldig, dass wir das Instrumentarium der Sachverständigenhilfe zu ihrem Gedeihen einsetzen und nicht aus Bequemlichkeit an einer fragwürdigen veralteten Amputationskultur festhalten.

Clemens' Geschichte könnte einen Stoff für Hollywood abgeben, doch obwohl sich ein Teil davon in Los Angeles zuträgt, passieren die wirklich dramatischen Dinge in einem kleinen österreichischen Bezirksgericht. Was Clemens tut, macht er mit voller Hingabe. So verwundert es nicht, dass der sympathische sportliche Mitdreißiger mit Grundwerten wie Zuverlässigkeit und Fleiß Dipl. Ing. und Dr. der Technik und bereits in jungen Jahren in leitender Position in einem internationalen Unternehmen ist. Das Glück begegnet ihm bei einer Firmenfeier in der amerikanischen Niederlassung seines Unternehmens in Los Angeles in Gestalt von Daria. Er ist entrüstet über die Oberflächlichkeit und Brutalität, mit der die Väter ihrer beiden Kinder Daria behandelt haben, und versteht, dass ihr einzig Treue und emotionale Tiefe einer Beziehung als die wesentlichsten Kriterien für eine neuerliche Partnerschaft gelten können. Treue und emotionale Tiefe sind auch genau das, was Clemens geben möchte, wohin seine eigene Sehnsucht geht. Das Paar findet einander und Clemens beginnt mit großem Einsatz eine Pendlerexistenz zwischen Österreich und Los Angeles. Daria rollt ihm, dem Kontrastprogramm zu ihren bisherigen Männern, den roten Teppich des „best husband" aus und bald ist Heirat wirklich ein Thema. Das Glück ist perfekt, als sie feststellen, dass Nachwuchs unterwegs ist. Clemens will für seinen Sohn nicht nur Erhalter, sondern sehr bewusst auch Beziehungsvater sein. Um dies zu realisieren, ist ihm keine Anstrengung zu groß. Bald darauf kommt es zu einer zweiten Schwangerschaft und ein weiterer Sohn vergrößert die Familie. Das Glück, seine Söhne im Arm zu halten und zu versorgen, lässt Clemens jeden Jetlag überwinden, wann immer ihm seine Frau die Kinder sofort nach seiner Ankunft in die Verantwortlichkeit übergibt; und auch die erst im Nachhinein für ihn fassbare häufige Abschiebung der Kinder an Kindermädchen übersieht er. Auch als ihm seine Frau die Hälfte der Villa in Los Angeles als Zeichen der Verbundenheit mit großem Pathos über-

schreibt und er kurz darauf mit den gesamten Kreditzahlungen des über seinen Wert verschuldeten Objekts konfrontiert wird, bleibt er gelassen und schuldet den amerikanischen Bubble-Kredit nach Österreich um. Clemens ist eben ein Ehemann mit Grundwerten. Er sieht sich für die Erhaltung seiner Familie zuständig und möchte ihr etwas bieten. Doch das Leben mit seiner Frau ist nach der Geburt der Kinder nicht mehr einfach. Sie ist reizbar und unzufrieden. Die Familie beschließt nach Österreich zu übersiedeln, da Clemens sich dann noch mehr ins Familienleben einbringen kann und auch seine Eltern und die Familie seiner Schwester in unmittelbarer Nähe leben, um zu helfen. Doch Österreich ist für Clemens' Frau zu eng, zu fremd, eben nicht Kalifornien. Die stark auf Außenbeziehungen ausgerichtete Daria findet ihre neuen österreichischen Freundinnen wenig amüsant. Clemens jedoch ist glücklich. Er kann sich nun noch intensiver um seine Söhne kümmern, und während er arbeitet, sind sie nicht bei ständig wechselnden mexikanischen Hausmädchen und dem TV-Set untergebracht, sondern gehen in den Kindergarten oder werden von den Großeltern betreut. Clemens will die Söhne aus der mittlerweile vertrauten Umgebung nicht herausreißen und zeigt zum ersten Mal Widerstand, als er einer sofortigen Rückübersiedlung nicht bedingungslos zustimmt. Man einigt sich auf einen langen Urlaub in Los Angeles. Doch dort erfährt die Situation eine dramatische Wendung. Clemens sieht sich plötzlich mit massiven, haltlosen Vorwürfen, seine eheliche Treue betreffend, konfrontiert und wird aus seinem eigenen Haus ausgesperrt. Der Zutritt zu seinen Kindern wird ihm verwehrt. Das Scheidungsbegehren seiner Frau sieht eine utopische Unterhaltsforderung vor. Dass seine Frau bereits eine Liaison mit einem anderen Mann unterhält, wird ihm erst viel später zugetragen. Beruflich bedingt muss er nach Österreich zurück. In einem mühseligen Gerichtsverfahren gelingt es, das Obsorgeverfahren nach Österreich zu verlegen. Nach Monaten kann Clemens, wenn auch nur im Rahmen der gutachterlichen Befundungssituation, seine Söhne für eine paar Momente wieder in die

Arme schließen. Clemens ist zuversichtlich. Er war immer die Hauptbezugsperson für seine Kinder, und ihre zukünftige Versorgung wäre hier in Österreich transparent und in geordneten Bahnen, während die Lebensumstände in Kalifornien aufgrund zahlreicher Faktoren, unter anderem der Arbeitslosigkeit der Mutter, mehr als vage sind. Auch tauchen psychiatrische Gutachten aus den früheren Obsorgeverfahren seiner Frau auf, die ihr starke Entfremdungsbestrebungen gegenüber den Vätern der Kinder vorwerfen und von einer narzisstischen Persönlichkeitsstruktur sprechen. Doch die Uhren in der Alpenrepublik gehen anders, als Clemens denkt. Es wird ein Gutachten erstellt, der Gutachter – der kaum Englisch versteht, obwohl Daria nur Englisch spricht – gelangt zur Ansicht, dass zwar beide Eltern gleichmäßig zur Obsorge der Kinder fähig sind, dass jedoch kleine Kinder eine naturgegeben höhere Bindung zu ihrer Mutter hätten. Clemens wird ein großzügiges Besuchsrecht eingeräumt und tägliches Skypen mit seinen Söhnen als beziehungsstärkend ans Herz gelegt.

Clemens hat seine Söhne seither weder gesehen, noch mit ihnen per Skype Verbindung aufnehmen können. Die Post an seine Kinder wird ihm wieder retourniert und füllt schon mehrere Umzugskartons. Ein beim Bezirksgericht deswegen eingebrachter Antrag wurde wegen Unzuständigkeit abgewiesen. Die Kreditraten für das Haus in Los Angeles, das ihm nur zu 50 Prozent gehört und das er deswegen nie verkaufen können wird, bezahlt er natürlich weiter. Auf diese Weise hofft er wenigstens ein bisschen Stabilität ins Leben seiner Kinder bringen zu können. Clemens ist nämlich ein wirklicher Beziehungsvater, auch wenn die Rechtsprechung für ihn nur einen Platz als Erhalter vorgesehen hat.

Der Ruf nach „neuen Vätern“ schallt weit hörbar durchs Land. Neue Väter sind in! Freundinnen gratulieren einander, wenn sich ihr Partner anlässlich von Vaterfreuden als solcher entpuppt. Denn man konnte ja nicht wirklich sicher sein ... Allzu viele Frauen, die während der Schwangerschaft mit dem werdenden

Papa durchwegs befriedigende Diskussionen betreffs Haushaltsteilung und Kinderversorgung führen, erleiden eine herbe Enttäuschung, wenn es um deren Einlösung geht.[63] Dabei pfeifen es die sprichwörtlichen Spatzen von jedem Dach, wie wichtig schon die frühe Vaterbeziehung für die Entwicklung der Kinder – Mädchen wie Jungs gleichermaßen – ist. Atemlos haben wir von der frühen Triangulierung, den ersten Lösungsbestrebungen des Kindes von der Mutter, für dessen Gelingen der präsente Vater unerlässlich ist, gehört. Mit erhobenem Zeigefinger in Richtung jener Männer, die noch immer nach Feierabend lieber auf ein Bier verschwunden wären oder ihre Kegelfreunde getroffen hätten, haben wir im Namen der Emanzipation für die neue Väterlichkeit Lobbyarbeit betrieben. Nun trägt die gesellschaftliche Kampagne langsam Früchte. Zumindest ein gewisses Segment von Vätern hat nachgedacht und ist zum Schluss gekommen, dass sich die neue Väterlichkeit durchwegs mit ihrem Geschlechtsentwurf als Mann unter einen Hut bringen lässt. Vaterkarenzmonate wurden legalisiert und der Vorwurf, ein „Weichei" zu sein, vor kurzem noch ein volltönender Chor, ist heute nicht mehr wirklich politisch korrekt. Das sahen wir, die ARGE Erziehungsberatung, kürzlich eindeutig bestätigt, als ein im Rahmen unseres betrieblichen Work-Family-Balance-Programms angebotener Workshop für männliche Betriebszugehörige in einem österreichischen Unternehmen mit dem Titel „Väter – zwischen Kuscheldaddy und Erfolgstiger" gleich doppelt überbucht wurde. Es tut sich also was bei den modernen Männern.

Männer, die den Sprung vom „Erhaltervater" zum „Beziehungsvater" geschafft haben, sind naturgemäß mit ihren Kindern und diese mit ihnen in spezieller Weise verbunden. Doch alles hat seine Grenzen! Die Grenzen der neuen Väterlichkeit sind beim Obsorgestreitverfahren um die Kinder erreicht, wie eine zunehmend größer werdende Gruppe von Vätern leidvoll erfahren muss. Da hört sich dann der Spaß auf! Väter wie Clemens verstehen die Welt nicht mehr. Auf einmal ist wieder der „Erhaltervater" reinster patriarchaler Prägung gefragt, und wer vom „Rauszahlungsrecht" nicht Gebrauch machen möchte, hat schwere Zeiten vor sich.

Der Muttermythos, sonst im feministischen Kreuzfeuer, feiert fröhliche Renaissance. Kinder, besonders kleinere, liest man immer wieder in einschlägigen Schriftsätzen, wären naturgemäß mehr an die Mutter gebunden als an den Vater. „Mütterlichkeit" ist das Zauberwort und – logischerweise, wie es anmutet – auch ausschließlich an die weibliche Geschlechtsidentität gebunden. Da darf allerdings auf die neuere Fachdiskussion hingewiesen werden, die „Mütterlichkeit" nicht mehr, älteren Überzeugungen entsprechend, als an das weibliche Geschlecht gebundenes Verhalten versteht, sondern als von einer primären festen Geschlechtszuordnung an Frauen unabhängiges Verhaltensbündel von nährenden, pflegenden, betreuenden und sorgenden Aspekten beschreibt. Manche Männer sind eben besonders mütterlich – und manche Frauen ganz und gar nicht. Alleinerziehende Väter bewerkstelligen die Kinderbetreuung genauso gut wie alleinerziehende Mütter, sie machen es nur ein wenig anders![64]

Dies alles ist kein Plädoyer für Väter und gegen Mütter, sondern eine Aufforderung, genau hinzuschauen, den gesellschaftlichen Veränderungen Rechnung zu tragen und die „Mütterlichkeit" von Vätern nicht mehr länger pauschalierend in Abrede zu stellen. Basis jeder Einschätzung sollte vielmehr eine genaue Einzelfallanalyse sein. Auch diese Sorgsamkeit schulden wir unseren Kindern!

Scheidungsworkshops für ein anderes Bewusstsein

Scheidung und, in etwas verwaschenerer Form, Trennung aus einer Lebensgemeinschaft markieren einen Lebensübergang, den bereits ein großer Teil der Bevölkerung und der mit diesen Erwachsenen verbundenen Kinder zumindest einmal im Leben erfährt.

Da Lebensübergänge entweder per se eine Krise sind oder erhöhte Anforderungen an unsere Bewältigungsstrategien stellen, wurden sie seit Urzeiten mit Ritualen verknüpft, die der Begrüßung und Aufnahme oder der Verabschiedung aus der Gemeinschaft, in allererster Linie aber der Bewusstwerdung der neuen Position dienen und so den Einzelnen unterstützen. Menschen fühlen sich mit Ritualen wohl, sie geben Sicherheit und vermitteln Orientierung, machen klar, wo man gerade steht. Die großen Rituale wie Hochzeiten und ihre Jubiläen, Taufen, Begräbnisse, Sponsions- oder Promotionsfeiern sind uns alle geläufig, und auch Geburtstagsfeiern zählen dazu, doch das Spektrum reicht hinunter bis zum Freitagabendbier, das das Wochenende einleitet, oder der fixen Kaffeepause am Nachmittag, die die Arbeitszeit wohltuend strukturiert und überschaubar macht.

Auch für den Bereich Scheidung und Trennung würde ich mir eine derartige bewusste „Markierung" wünschen – eine auf den ersten Blick vielleicht seltsam anmutende Idee. Ich denke dabei weniger an eine „Totenfeier" für die Ehe, sondern an die Installierung eines Scheidungsworkshops für trennungswillige Paare. Dieser sollte die Funktion haben, Eltern über die psychologischen Konsequenzen der Scheidung für ihre Kinder zu informieren und sie dahingehend vorzubereiten, was dafür erforderlich ist, dass ein getrenntes Ehepaar weiterhin gemeinsam elterliche Verantwortung tragen kann. Viele Eltern würden sicher viel mehr nachdenken, und manche aufreibende Eskalation könnte vermieden werden, wenn sie früher wüssten, was in den Köpfen und Seelen ihrer Kinder abläuft, wenn sich die Eltern trennen. Wir, die ARGE Erziehungsberatung, haben dazu eine erst im Rohdatenmaterial vorliegende Untersuchung durchgeführt, bei der wir Experten für diese Fragestellung, also Personen, die samt ihren Kindern bereits durch eine Scheidung gegangen sind, zurate gezogen haben.[65] Eine überwältigende Mehrheit hat die Idee eines auf diesen neuen Lebensabschnitt vorbereitenden Seminars, das besonders die Bedürfnisse und Herausforderungen der Scheidungsphase für

Kinder zum Inhalt hat, begrüßt. Kaum jemand, der – eingedenk des unbefriedigenden Erlebens des eigenen Scheidungsverlaufs – nicht hätte teilnehmen wollen, hätte es das gegeben. Gleichzeitig haben uns viele der Befragten vermittelt, dass sie von sich aus diese Möglichkeit zum Zeitpunkt ihrer Scheidung nicht in Betracht gezogen hätten, weil es dafür keine gesellschaftliche Verankerung, keine „Automatik" gäbe. Wir sollten etwas dafür tun, dass wir nicht alle erst durch Schaden klug werden müssen!

Schule – Jetzt wird's ernst!

We don't need no education
We don't need no thought control
No dark sarcasm in the classroom
Teachers leave those kids alone!
Hey! Teachers! Leave those kids alone!
All in all you're just another brick in the wall

Pink Floyd

Gegen Sommerende trifft man sie häufig, jene sechs-, siebenjährigen Mädchen und Buben, die einem mit leuchtenden Augen verkünden, dass sie nun im Herbst in die Schule kommen. Ich habe allerdings viele davon später wiedergetroffen, und von der Begeisterung war dann oft nichts mehr feststellbar. Manche sind letztendlich auch auf meiner Couch gelandet, und „Schulerfahrungen" rangieren unter den ausschlaggebenden Gründen ganz oben.

Bildung hilft dem Menschen ganz eindeutig in der Lebensbewältigung, denn – so wird gern zitiert – „nicht für die Schule lernen wir, sondern für das Leben". Trotzdem hat so ziemlich jeder, mit dem man über dieses Thema spricht, beredte Bedenken gegen diese These, und die Umkehrung des Satzes zu einem „für die Schule lernen wir und nicht fürs Leben" würden sehr viel mehr von uns wohl bereitwillig unterschreiben.

Nach besten Kräften aller Beteiligten

Jakob freut sich auf die Schule. Im Mai hatte er seinen sechsten Geburtstag und im kommenden Herbst wird er in die Volksschule gehen. Stolz verkündet er das bei jeder Gelegenheit. Die Schule scheint das Tor zu einem verheißungsvollen neuen Leben zu sein. Bei den wenigen Gelegenheiten, die er bisher hatte, sie zu betreten – Schuleinschreibung, Schnupperstunde, die der Kindergarten organisiert hat –, war er tief beeindruckt von der Weitläufigkeit des Gebäudes, dem Turnsaal, den vielen bunten Bildern an den Wänden. Jakobs Mutter möchte ihn gern in der Altersstufen übergreifenden Montessoriklasse unterbringen, die allerdings bereits voll ist. So kommt Jakob in die Parallelklasse. Seine Lehrerin ist eine freundliche, den traditionellen pädagogischen Unterrichtsmethoden verpflichtete Frau mittleren Alters. Jakob möchte alles richtig machen. Beim Schreibenlernen strengt er sich besonders an. Seine Finger verkrallen sich in den Bleistift, um mit höchster Konzentration die Linien mit den neuen Buchstaben zu füllen. Doch seine Feinmotorik steht dem Ziel der perfekten Buchstabenzeile derzeit noch im Weg. Regelmäßig verlieren seine Buchstaben gegen Ende der Reihe mehr und mehr an Form, die Zeilen biegen sich in ihrem letzten Stück wie von Geisterhand getrieben hinab oder hinauf, kleine krakelige Häkchen hängen als unerwünschte Auswüchse an den Buchstaben dran und regelmäßig bekommt Jakob sein Heft mit gut gemeinten roten Wellenlinien oder einem „Das kannst Du sicher noch besser!“ und ohne einen der begehrten Sticker für die „besten Schreiber“ zurück. Ende Oktober hat sich in Jakob die feste Überzeugung entwickelt, dass die Schule grässlich ist, und knapp vor Weihnachten ist er zur Einsicht gelangt, zu den „dummen Kindern“ in der Klasse zu gehören. Auch die Lehrerin ist enttäuscht darüber, dass der beim Schuleintritt so fröhliche, wache Junge immer mürrischer und unmotivierter wird und eine schwierige Arbeitshaltung zu entwickeln scheint. Sie kann sich das nicht erklären, wo doch alles so vielversprechend begonnen hat und sie das Kind wirklich mag.

Was Jakob gebraucht hätte, wäre Vertrauen gewesen, Vertrauen in die Entwicklung seiner Feinmotorik. Doch Vertrauen gehört zu den raren Ressourcen, die uns im Zusammenhang mit der Institution Schule einfallen. Jakobs Lehrerin hat es selbst auch nicht bekommen; nicht seinerzeit als Taferlklasslerin und auch nicht später im Gymnasium oder dann an der Pädagogischen Hochschule. Kontrolle und Fehlersuche sind da schon wesentlich vertrautere Kategorien, die mit dem Schulsystem einhergehen – sinnvoll, wenn man selektieren möchte, um Normwerkstücke herzustellen, aber vielfach zerstörerisch, wenn es um die Entwicklung des Potenzials lebendiger Menschenkinder geht, und ganz besonders, wenn diese noch sehr jung sind!

Wie baut man aus einem Fahrrad einen Bentley?

Aber was erwarten wir eigentlich? Würden Sie ein Fahrrad besteigen und sich dabei darüber ärgern, dass es nicht den Komfort eines Bentleys bietet? Wohl kaum! Und wenn wir uns an die „Kinderstube" unseres Schulsystems erinnern, werden wir damit aufhören, uns zu wundern, dass hier noch immer die Geisteshaltung der Fehlersuche herrscht und nicht in erster Linie die Entwicklung von Stärken gefördert wird. Vielleicht werden wir uns sogar bewusst werden, dass uns selbst im Umgang mit unseren schulpflichtigen Kindern diese Haltung noch immer aufgebrannt ist. Und das, obwohl wir lautstark mit allen Spatzen gemeinsam über das „desolate" Schulsystem wettern.

Friedrich der Große war fasziniert davon, seine Soldaten als Rädchen einer großen perfekt abgestimmten Maschine zu sehen und dieser Geist und Drill prägte die preußische Kadettenakademie. Maria Theresia war, nach einigen verlorenen Schlachten gegen ihren Erzrivalen Friedrich, offenbar von den Erfolgen seines militärischen Modells überzeugt und nahm es als Vorbild für die Organisation ihres Schulsystems: Die Jahrgangseinrückung, die Ein-Stunden-Taktung, die Fehlersuche, die Standesdünkel einer frühen Aufsplittung der Kinder in AHS und Hauptschule lassen die Urheberschaft in diesem Weltbild erkennen; sie sind durch nichts anderes und schon gar nicht durch etwaige biologische Variablen in der Entwicklung von Kindern begründbar. Auch das Bild des „Menschen als Mangelwesen" scheint unausrottbar. Homogenisierung und Selektion sind die Kriterien im Hintergrund und bekommen in einer strikten Kategorisierung der Leistungsniveaus – „was man können muss, damit man diese und jene Schulstufe erfolgreich bewältigt" – Logik nachgeliefert. Dabei wird übersehen, dass erst durch diesen Aufbau des Bildungssystems den beschriebenen Mechanismen Sinn verliehen wird.

Auf diesem Bildungsfahrrad, mit dem man durchwegs sinnvoll durch die Lebenslandschaft der Zeit eines Preußenkönigs oder Maria Theresias kurven konnte, sitzen wir in Grundzügen noch immer. Wir haben unser Gefährt zwar „getuned" und aufgemotzt wie „Tom Turbo", doch in einer Zeit, in der man sich mit komplizierten Verkehrsleitsystemen auskennen muss, in der Autobahnen die Reiserouten bestimmen, man Sackgassen erkennen und Querverbindungen finden und vor allem schnell sein muss, um wettbewerbsfähig zu sein, strampeln wir quietschend dahin. Der Schweiß läuft uns in Strömen übers Gesicht, jeder Muskel tut uns weh, unsere Motivation ist im Keller und am Ende stellen wir fest, dass wir links und rechts ständig überholt werden, und das nicht nur in Pisa!

Was, bitte, heißt hier Bildung?

Was Bildung ist, war in meiner Kinderzeit noch klar, und eine hohe Bildung versprach mit relativer Wahrscheinlichkeit, so man bereit war, sich ins gesamtgesellschaftliche Räderwerk mit seinem Verhaltenskodex einzufügen, eine erfolgreiche Lebensposition. Als der sicherste Weg zu dieser Bildung galt, viel Wissen anzuhäufen, wenn möglich mehr als die anderen, um so – eine feine Milchmädchenrechnung – einen Wettbewerbsvorteil zu haben. Wissen war in diesem Zusammenhang vorrangig *Faktenwissen* und so machte es zumindest vordergründig Sinn, in der Schule zu büffeln. Das war sakrosankt, wenn auch nicht angenehm. Die Bedeutung sozio-emotionaler Kompetenzen war noch nicht bekannt, und was unter Intelligenz zu verstehen war, war durch den Hamburg-Wechsler-Intelligenztest (HAWIE-R) festgelegt. Die Infragestellung dieser klassischen psychometrischen Testung durch Howard Gardners Theorie der multiplen Intelligenz war zu dieser Zeit noch ein gutes Stück entfernt. Damals war die Schulwelt zwar ebenfalls nicht in Ordnung und so mancher fragte sich, allerdings leise, warum der eine oder andere brillante Schüler später dann so gar nichts aus seinem Leben zu machen vermochte, oder warum dieser oder jener Schulversager zu hohen Würden aufstieg, doch der Dialog war nur ein Raunen, ein Blätterrascheln, und Schulreform bedeutete damals eher Nachdenken darüber, bildungsausgeschlosseneren Kindern einen Zugang zum Gymnasium zu eröffnen.

Seitdem hat sich vieles dramatisch geändert, aber die Schule nicht! Mit der Hochtechnisierung der letzten Jahrzehnte haben wir uns zu einer Informationsgesellschaft entwickelt, die *alte Wissensgesellschaft* mit ihrer Anhäufung von Faktenwissen ist längst ein Ausstellungsstück im Museum. Heute, da man mit jedem iPhone an mehr Faktenwissen kommt, als ich seinerzeit in der Nationalbibliothek hätte nachschlagen können, ist eine *neue Wissensgesellschaft* des komplexen Managements von Wissen gefragt. Dazu muss man über spezielle Fähigkeiten verfügen, die neben kognitiven auch Fähigkeiten des Selbstmanagements und ein Bündel von Verhaltenskompetenzen einschließen. Trotzdem, so scheint es, bilden wir hartnäckig weiter fürs Museum aus.

Im März 2000 stellte der Europäische Rat auf seiner Tagung in Lissabon fest, dass die EU, resultierend aus den Mechanismen der

Globalisierung, mit einem Quantensprung konfrontiert sei, und man einigte sich folgerichtig auf ein strategisches Ziel für das Jahr 2010. Die aus diesem Sondergipfel hervorgegangene Lissabon-Strategie setzte es sich zum Ziel, die EU innerhalb von zehn Jahren zum wettbewerbsfähigsten und dynamischsten wissensgestützten Wirtschaftsraum der Welt zu machen. Als ein wesentlicher Schlüsselfaktor für die Erreichung dieses Wandels und die Nachhaltigkeit des Prozesses wurde eine innovative Bildungspolitik identifiziert.

Das alte Faktenwissen als Hauptparameter ist damit endgültig out, an seine Stelle tritt das Kompetenzmodell. Neben muttersprachlicher und fremdsprachlicher sowie grundlegender naturwissenschaftlich-technischer und Computerkompetenz geht es dabei ganz wesentlich um die Entwicklung der Fähigkeit des vernetzten Denkens, um interpersonelle, kulturelle wie interkulturelle und soziale Kompetenz. Kreativität, Innovation und Risikobereitschaft, eine Idee auch in die Tat umzusetzen, sind ebenso gefragt wie die Fähigkeit, Chancen bewusst wahrnehmen zu können. Die Frage, warum unsere Schulen dies so wenig lehren, liegt uns allen brennend auf der Seele – umso mehr, als wir schon 2010 schreiben und mancher sich fragen wird, was für die Umsetzung dieser zugegeben hochgesteckten Ziele bisher unternommen worden ist.

Die üblichen Verdächtigen

Wem die Schuld an der Schulmisere zuzuschanzen ist, rangiert unter den beliebtesten medialen Dauerthemen und wird entsprechend häufig ebenso polemisch wie sinnlos diskutiert. Natürlich bieten sich Statistiken zur Zunahme von Verhaltensstörungen bei Kindern und Jugendlichen im zweistelligen Prozentbereich an, um das „Kindermaterial“ als das zentrale Problem zu verorten. Aber auch Lehrer haben schwere Zeiten. Mit ungehemmter Freude an der Demontage hat man sich im breiten gesellschaftlichen Konsens dem Sturz von alteingesessenen Autoritäten angenommen und Pädagogen standen da schon lange auf der Abschussliste. Leider wurde hier das sprichwörtliche Kind mit dem Bad ausgeschüttet und das positive Leitbild des „guten Pädagogen“ verschwand auch gleich aus dem kollektiven Bewusstsein. Neuerdings konnte man sogar via Radio zum Schulschluss seinen Lehrern Zensuren verpassen und dafür Eis kassieren. Die Eltern kommen im Ringelspiel der Suche nach den Versagern auch nicht ungeschoren davon. Die Vorwürfe reichen von Desinteresse bis Kontrollverlust über die Kinder, die bei der Einschulung nicht einmal still sitzen und ruhig sein können.

- Die erste Gruppe der üblichen Verdächtigen: die Kinder
  Jusef ist elfeinhalb, seine dunklen Kohlenaugen erwecken oft den Anschein, sich in seinen Gegner hineinbohren zu wollen. Und Gegner vermeint Jusef überall zu treffen. Im Pausenhof, im Klassenzimmer, bevorzugt in den WC-Anlagen oder einfach am Gang. Wer Jusefs Blick auffängt, riskiert eine Attacke. Seine Faustkämpfe sind fast schon legendär, die zahlreichen Narben von Rissquetschwunden auf seinem Kopf werden Gott sei Dank von seinem dichten dunklen Haarschopf verdeckt. Ursprünglich war Jusef gar nicht schlecht in der Schule. Nach der Volksschule soll sogar kurz ein Wechsel ins Gymnasium ins Auge gefasst worden sein. Wegen seiner Bockigkeit und Verschlossenheit bekam er jedoch schon damals eine Betragensnote und wurde in die nächstliegende Hauptschule verfrachtet. Jetzt besucht Jusef die zweite Klasse des zweiten Klassenzugs, weil er aus Prinzip keine Hausübungen mehr macht. In der Mathestunde und im Turnunterricht treibt er es am schlimmsten, da er diesen Klassenlehrer nicht ausstehen kann. Einmal versuchte er sogar einem vor ihm sitzenden Mädchen mit einem Feuerzeug die Haare anzuzünden. Die einhellige Meinung zum Schüler Jusef spricht von einer „Unbeschulbarkeit“. Eine Transferierung in ein sonderpädagogisches Institut wird vorgeschlagen, nachdem sich bereits mehrere Eltern über ihn beschwert haben.

- Die zweite Gruppe der üblichen Verdächtigen: die Pädagogen
Schüler wie Jusef hat der Mathematiklehrer, der die Klasse auch im Turnunterricht betreut, in seiner 25-jährigen Pädagogenkarriere schon zur Genüge kennengelernt. Widerborstig, unwillig, aggressiv und immer darauf aus, den Unterricht zu stören und ihm sein Leben schwer zu machen. Nicht wirklich dumm, aber weit davon entfernt zu begreifen, dass Schule Einfügen und Unterordnung bedeutet. In der Schulstunde ist kein Platz für Rangstreitigkeiten oder Positionsrangeleien. Es ist auch egal, mit wem man die Sitzbank teilt, da soll sich keiner blöd anstellen und daraus ein Problem machen wollen. Die Augen der Kinder haben auf ihn, den Lehrer, gerichtet zu sein. Was zählt, ist der Stoff und sonst nichts. Stunden mit der Klasse, in der Jusef ist, kosten allerdings wirklich Kraft, zumal Jusef auch noch einige Mitläufer mobilisieren kann, die seine Provokationen und Unterrichtsunterbrechungen zumindest mit gefälligem Lachen verstärken. Mit den Wochen des voranschreitenden Schuljahrs wird die Aversion sehr persönlich und Jusefs Mathematiklehrer empfindet den Unterricht als zunehmend anstrengend. Eine Gegenstrategie, die Jusef zum Schweigen bringen und seinen Platz zuweisen soll, ist angezeigt. Zeitweise verlegt er sich darauf, Jusef demonstrativ zu ignorieren oder mit abschätzigen Bemerkungen vor der Klasse bloßzustellen. Im Grunde ist ihm sein Beruf bereits gänzlich verleidet. Innerlich hat er sein Leben seit längerem in zwei Kategorien geteilt: Lebenszeit gleich Ferienzeit und Leidenszeit gleich Schulzeit. Nur mehr sehr dunkel erinnert er sich an seinen Enthusiasmus als junger Lehrer zurück.

- Die dritte Gruppe der üblichen Verdächtigen: die Eltern
Jusefs Vater kam als Flüchtling des Jugoslawienkriegs nach Österreich. Er ist einer von jenen, die beschlossen haben hierzubleiben und das auch durchgesetzt haben. Die Eingewöhnung in die neue Heimat war schwierig, seine Sprachkennt-

nisse sind nach wie vor von Lücken im Ausdruck und grammatikalischen Unsicherheiten durchzogen. Das belastet den ehrgeizigen Mann, der Maschinenbau studieren hätte wollen. In Österreich hat er unter Schwierigkeiten eine Mechanikerlehre absolviert und arbeitet nun in einem entsprechenden Betrieb sehr zur Zufriedenheit des Werkstättenleiters. Er ist verschlossen und wenig gesellig. Zumeist fühlt er sich zerschlagen und energielos. Seine Freizeit will er möglichst ungestört mit Computerspielen zubringen und dies macht er allen in der Familie klar. Jusef lernt sehr früh, dass es eine Vielzahl von Situationen gibt, in denen es ratsam ist, seinem Vater aus dem Weg zu gehen. Tut man das nicht, kann einen auch die Mutter vor den Schlägen des Vaters nicht schützen. Jusefs Vater ist Kosovo-Albaner. Sein Vater, sein Onkel und seine beiden älteren Brüder wurden in einem Massaker, dessen Zeuge er war, hingerichtet. Jusefs Vater wird von vielen Bildern verfolgt.

Waren Sie nach dem ersten Absatz dieser Falldarstellung auch der Ansicht, dass Jusef ein untragbarer, „entfernenswerter" Schüler ist? Und haben Sie vielleicht beim zweiten Teil eingeräumt, dass Jusef einen weniger erschöpften, mehr auf ihn eingehenden Pädagogen brauchen würde? Und haben Sie dann, als Sie den dritten Absatz gelesen haben, so etwas wie Mitgefühl für Jusef empfunden, der vom Vater mit Schlägen und emotionaler Distanz behandelt wird? Haben Sie vielleicht sogar Zorn auf den Vater gefühlt? Und wie ist es Ihnen ergangen, als Sie den Schluss gelesen haben?

So komplex ist unsere heutige Welt, in der sich Schule als große Sozialisierungsdrehscheibe bewähren muss. Wir sollten dieser Anforderung nicht mit Schuldzuweisungen begegnen, sondern mit dem Willen zur Zusammenarbeit!

„Agents of Change"

Die Geschichte von Jusef und einige andere, ähnlich gelagerte waren der Auslöser für das von der ARGE Erziehungsberatung durchgeführte Projekt „Sozialmoderation in der Schule".

In einer Zeit, in der mannigfache Einflüsse wie hohe Scheidungsraten, Migration, Erwerbstätigkeit beider Elternteile, wachsende Bedeutung und Miterzieherfunktion der jugendlichen Peergroup sowie hohes gesellschaftliches Lebenstempo auf Familien einprasseln und in der der Schule, vor allem in der zunehmend ganztägigen Form, immer mehr auch die Funktion einer großen psychosozialen Entwicklungsplattform zukommt, darf man, so unsere Überlegung, die damit verknüpften sozialen Prozesse nicht sich selbst überlassen. Vielfach, so hat es den Anschein, werken alle involvierten Akteure bisweilen zwar mit enormem Elan, aber doch nebeneinander her. Der „Sozialmoderator" erhielt eine Brückenfunktion zwischen Schülern, Lehrern und Eltern sowie allfälligen notwendigen externen Helfersystemen. Die Installation dieser explizit „für alle" zuständigen Ansprechperson hatte zur Folge, dass Eltern sich in der Schule ihrer Kinder willkommen und bei schwierigen Lehrergesprächen begleitet fühlten. Pädagogen wiederum fanden im Sozialmoderator einen für ihre Sorgen mit Schülern oder ihrem Arbeitsplatz offenen Gesprächspartner und eine Anknüpfungsmöglichkeit für problematische Elterngespräche. Für die Schüler und Schülerinnen wurde der Sozialmoderator zur Anlaufstelle für eine Fülle von schulischen wie familiären Problemen und auch solchen mit ihrer Freundesgruppe. Als „Agent der Veränderung" bestand die eigentliche Aufgabe des Sozialmoderators jedoch darin, an einem Umbau der Verhaltensstruktur und Organisationskultur in der Schule und der Eltern-Schul-Partnerschaft zu arbeiten, die es allen Beteiligten ermöglichen soll, eine aufeinander abgestimmte und befriedigende Form der Zusammenarbeit zu entwickeln.

Nachdem das Lebenspuzzle von Jusefs Familie deutlich sichtbar geworden war, gelang es, seinen Vater zu einer dringend nötigen Traumatherapie zu bewegen, in deren Folge es zu einer deutlichen Entspannung der Familiensituation kam. Jusef wurde eine Zeitlang schulisch intensiv betreut und konnte in den ersten Leistungszug mit einem anderen Mathematiklehrer, der seine Geschichte kannte, zurückwechseln. In der Zwischenzeit haben sich Jusefs Leistungen so stark verbessert, dass er nächstes Jahr, nach der vierten Klasse Hauptschule, ins Gymnasium überwechseln soll. Nennenswerte Raufhändel gibt es keine mehr. Der zündende Impuls für den gesamten Prozess kam von einer aufmerksamen Pädagogin, die mit Einverständnis von Jusefs Mutter ein psychotherapeutisches Erstgespräch von Mutter und Sohn mit einer erfahrenen Therapeutin als ersten Schritt anregte.

Das Kreuz mit den Talentierten

Dass es talentierte Schüler im bestehenden Schulsystem nicht leicht haben, hat uns Andreas Salcher mit seinem Buch „Der talentierte Schüler und seine Feinde" schlüssig und berührend vor Augen geführt.[66] Wie kaum jemand zuvor hat er den Finger in die größte Wunde, die Talentvernichtung, gelegt. Die Konformisierungs-, Selektionierungs- und Nivellierungsmaschinierie, der im Rahmen eines starren Regelwerks alle Beteiligten, Eltern wie Lehrer wie Schüler, auf dem Altar der Benotung ausgeliefert sind, hat für individuelles Talent keinen Platz, kann kaum damit umgehen und erlebt es bisweilen sogar als Bedrohung der Ordnung. So werden aus besonderen Schülern nur allzu leicht Sonderschüler!

Gilbert ist ein besonderes Kind. Als kleiner Junge hatte er Schwierigkeiten, sich von seinen Eltern zu lösen und den Kindergarten zu besuchen. Gleichaltrige haben immer schon wenig An-

ziehung auf ihn ausgeübt. Altersadäquate Spiele oder Verhaltensweisen haben ihn nie berührt. Als Hauptbezugspersonen hat er sich immer Erwachsene gesucht. Obwohl er eher verhalten und zurückgezogen wirkt, verwandelt er sich in einen Wasserfall, sobald er Vertrauen zu einem Erwachsenen gefasst hat, löchert einen mit zahllosen Detailfragen und taucht regelrecht in die Erwachsenenwelt ein. So hat sein Denken immer schon funktioniert. In der Schule gesellt sich ein weiteres Problem hinzu. Gilbert hat große Probleme mit dem Schreiben und Lesen. Zeitweise hat es den Anschein, dass die Welt der Alphabetisierung für ihn immer verschlossen bleiben wird. Zunehmend wird ihm vermittelt, dass er wahrscheinlich dumm ist. Täglich liefert die Schulsituation mit ihren spezifischen Anforderungen die entsprechenden Beweise. Aber Gilbert ist nicht dumm. Er kann sogar in ganz spezifischer Weise denken, nämlich quer! Gilbert findet in komplexen Situationen neue Lösungen und hat Ideen, auf die sonst keiner kommt, und er ist ein Logistikgenie. Organisatorische Abläufe und ihre Erfordernisse entwickelt er spielend mehrere Stufen voraus und hat alle Eventualfälle eingeplant. Gilbert nimmt seine Umwelt in einer sehr speziellen Weise wahr. Er hat viele Ideen, aber er kann sie nicht aufschreiben und er könnte sie derzeit auch nicht lesen …

Gilbert leidet an Dyslexie, einer schweren Lese- und Rechtschreibschwäche, bei der es sich, wie wir durch die jüngere neurobiologische Forschung wissen, um eine Störung der „Verdrahtung" zwischen den Sprachzentren der linken Hirnhälfte handelt. Hier geht es nicht um „Verstehensprozesse", also höhere intellektuelle Leistungen, sondern um eine ganz unten in der Informationsverarbeitung stehende Impulsverarbeitungsschwäche. Eine technische Lösung dafür könnte es mit Glück in einigen Jahren geben.[67] Bis dahin landen Kinder wie Gilbert, deren Selbstwert tagtäglich hart herausgefordert wird, am Ende ihrer Schulkarriere oft in der Sonderschule.

Aber nicht nur „neurobiologische Spezialisten“, sondern auch Kinder mit besonderen Begabungen können es im bestehenden Schulsystem schwer haben.

Romans Leben ist die Musik. Schon als kleiner Knirps hat er die gängigen Hits aus dem Radio nachgesungen, auf dem Tisch nachgeklopft oder den Rhythmus nachgestampft. Ein Kinderkeyboard, das Weihnachtsgeschenk einer fernen Patentante, die als Einzige sein Talent erahnt, eröffnet ihm den Zugang zu einer glücklichen Welt, in der er stundenlang die Träume in seinem Kopf gestalten kann. Sonst interessiert sich keiner dafür, was der Bub so treibt, und wenn's nicht grad Volksmusik ist, zeigen sich die Eltern wenig begeistert. Den Hof soll er mal übernehmen und Romans geringes Interesse an Kühen, Schweinen und Landwirtschaft im Allgemeinen ist besonders für den Vater schlimm. Aber auch in der Schule hört man nichts, was einem das Herz wirklich leichter machen könnte! Als tagträumerisch und oft wie abwesend wird er beschrieben, später dann in der Hauptschule als dickfellig und schwer von Begriff. Es ist ein rechtes Kreuz mit ihm in der Schule, in kaum einem Fach zeigt er Begeisterung und die Noten sind schlecht. Nur in Musik fällt er auf, vermag jedes Instrument rasch zu handhaben, als wäre das ganz natürlich, und scheint jeden Ton absolut zu treffen. Doch Musik ist nur ein Nebengegenstand. Die Schule konzentriert sich auf die Löcher und nicht auf den Käse, was zählt, sind Mathe, Deutsch und die Riege der naturwissenschaftlichen Fächer. Weit bringt es Roman in seiner Schulkarriere nicht. Die Landwirtschaft ist er jedoch nicht bereit anzurühren. Die Familie ist verzweifelt. Wieder greift die Patentante, die einen Notar in Wien geheiratet hat, ein und nimmt Roman, der nun nicht mehr schulpflichtig ist, zu sich. Roman bekommt ein Klavier und ein Keyboard und vor allem Anerkennung für sein musikalisches Tun. Heute komponiert Roman vor allem Filmmusik und ist in dieser Branche weit über Österreich hinaus sehr gefragt. Die Matura hat er als Externist auch noch nachgeholt. „In der Schule haben sie mir mit solcher Sicherheit vermittelt, dass ich dumm bin, dass ich selber auch davon überzeugt war. Ich habe die Matura gebraucht, um mir selber zu beweisen, dass es anders ist", erzählt er mir Jahre später mit einem Augenzwinkern.

Es geht auch anders

Kennen Sie Markt Allhau? Wahrscheinlich nicht! Kennt fast niemand, den man danach fragt. Sollten Sie aber! Es hat wirklich Besonderes zu bieten. Nicht auf den ersten Blick. Das gebe ich offen zu … Ein idyllisch in die grüne Hügellandschaft eingebettetes, aber verschlafen wirkendes Dorf im Südburgenland ist dieses Markt Allhau, etwa zehn Kilometer von Hartberg entfernt. 1800 Einwohner bestreiten die Show, einiges an alter renovierter bäuerlicher Bausubstanz, die üblichen Siedlungsbauten, Einfamilienhäuser, Kirche, Wirtshaus, Gemeindeamt, Feuerwehrhaus, Sportplatz, alles wie man es erwartet und gewohnt ist, und dann im leicht ansteigenden Gelände die Neue Mittelschule – und die, ja, die ist wirklich etwas Besonderes! Schon wenn man sich der Schule nähert, wird das klar, denn man wird in großen Lettern willkommen geheißen und die Tür steht offen, was hier kein Zufall, sondern Absicht ist. Das Gebäude selbst mutet wie eine jener ehrgeizigen Sichtbetonkonstruktionen von vor 40 Jahren an, die von architektonischer Revolution und einer Huldigung an die Funktionalität kündeten. Eine schlaue Holzkonstruktion auf Stelzen ist dem Ganzen vorgesetzt, schützt vor Regen und beschattet im Sommer und eröffnet auf diese Art einen beschirmten Marktplatz, auf dem wohl alle Schüler Platz finden.

Drinnen treffe ich den Direktor Alfred Lehner, dunkles Trachtensakko, hellblau gestreiftes Hemd, kräftige Schuhe und energetisch wie ein Dynamo – ein wenig Robin Hood des Sherwood Forest der österreichischen Schullandschaft. Den Mann kann man sich ganz leicht auch in der Rolle des stationsführenden Oberarztes, verständnisvollen Familienrichters oder überbuchten Trainers vorstellen. Mit Menschen muss die Sache zu tun haben, dann wird er jede Anforderung bravourös meistern, so viel ist nach den ersten Sätzen klar. Ein Kommunikationsmagier, mit dem nach ein paar Minuten Verbindlichkeit etabliert ist. Aber es ist eindeutig mehr als die virtuose Fähigkeit, sich auf Menschen in ihrer Vielfältigkeit einzulassen. Alfred Lehner überwältigt mit jener Offenheit im Blick, die all jene haben, die ihre Mission schlicht und unausweichlich leben müssen, und seine, die ist klar: Diese Schule soll Schule machen! Hier wird nicht gebüffelt, hier werden Kompetenzen erworben. Schule meint hier Lebensraum und ist eine offene soziale Austauschplattform für alle Einwohner der Gemeinde. Freiarbeit, das Kind im Zentrum der pädagogischen Bemühung und individuelle Förderung sind hier keine Worthülsen oder naives Wunschdenken, sondern gelebte Realität. Der strategischen Ziele von Lissabon für eine Wissensgesellschaft ist man sich hier nicht nur bewusst, sondern in der Umsetzung für den Erwerb dieser europäischen Schlüsselqualifikationen bereits sehr weit fortgeschritten. Das viel beschworene Training sozialer Kompetenzen erfolgt hier gleichsam als Nebenprodukt der Schulatmosphäre und des Kodex des Umgangs zwischen Schülern und Lehrern, und wo Arbeitsmaterialien fehlen, etwa ein den Schüler und sein Elternhaus einbeziehendes Evaluierungssystem oder entsprechendes Material für den Deutschunterricht, wird es vom Direktor und seiner „Yes-we-can-Crew" einfach erfunden. „Wir lassen auch keinen Schüler und keine Schülerin zurück", versichert er mir, „unser Unterricht schließt die notwendigen Anforderungen für Hochbegabte genauso ein wie ein abgestimmtes Angebot für Schüler mit besonderen Bedürfnissen, und es funktioniert." Die Gemeinschaft kann, wie wir aus der gruppendynamischen Forschung wissen, Wunder wirken.

Wenn Sie jetzt die Neue Mittelschule Markt Allhau unter „Privatschulen Österreich" googeln, werden Sie nicht fündig werden. Es ist eine öffentliche Schule. Ein derartiges Verständnis von Schule ist normalerweise nur für sehr viel Bares im elitären Privatschulbereich und da auch nicht mit Garantie zu bekommen. Mein Tipp für Schnellentschlossene: Baugründe in Markt Allhau sind noch recht günstig zu bekommen!

Direktor Lehner hat mit seiner Schule zahlreiche Preise gewonnen und Schüler, die bei ihm ihre Entwicklung nehmen dürfen, sind nicht selten gemachte Leut'. Doch was ist sein Geheimrezept? Wie gelingt der Wechsel von der Bildungsanstalt in einen Lebensraum, der persönliche Entwicklung und Kompetenzerwerb ermöglicht? Direktor Lehner hat eine eindeutige Antwort dafür: Es sind die Menschen, die Pädagogen und Pädagoginnen, die mit ihrem Einsatz und Willen zur Veränderung diesen aufwendigen Umbau und Entwicklungsprozess tragen. Er spricht damit aus, was auch auf ministeriellen Gängen als Konsensraunen zu vernehmen ist, wovon viele pädagogische Kollegen hinter vorgehaltener Hand sprechen, wenn sie erklären, warum bei ihnen in der Schule Veränderung nicht klappen kann, und wovon die Medien in forderndem Ton berichten, ohne wieder einmal klarmachen zu können, was eigentlich gemeint ist.

Tatsache ist, dass auf struktureller Ebene viele Weichen bereits gestellt wären und es nicht mehr unbedingt gilt, das Rad neu zu erfinden, doch die Lokführer und Schaffner wollen zum größeren Teil die gewohnten Gleise nicht verlassen. Die neue Streckenführung scheint auf den ersten Blick unüberschaubar, herausfordernd, mit Steigungen, Kurven und Tunnels versehen, und für das Wagnis fühlen sich viele nicht gerüstet, zumal es eigenes neues Lernen und Auseinandersetzung verlangt. Dass dafür am Ende auch mehr Befriedigung aus der eigenen beruflichen Existenz winkt, übt auf so manchen eingesessenen Zugsführer und Schaffner vergleichsweise wenig Anziehung aus. Also üben sie sich weiter in der Position der Bremser. Doch die Passagiere im Zug werden bei diesem Dahintuckern durch eine lebensferne Landschaft unruhig und das Zugspersonal findet sich vielfach in einem ermüdenden Kampf um Ruhe und Disziplin wieder, womit die ganze Reise zum Alptraum wird.

Was macht den guten Lehrer aus?

Ich frage David Brierley, mit dem ich in einer internationalen Expertengruppe zum Thema Kreativität und Schulentwicklung sitze. David, weißhaarig, groß und hager, ist in seinen frühen Sechzigern und kann im Bereich Flexibilität und Lebendigkeit jedem Dreißigjährigen noch einiges vorgeben. In Norwegen ist er eine Legende der Pädagogenausbildung, nicht umsonst, hat er doch bereits 1981 das Steiner University College in Oslo mit einer Bachelor- und Masterausbildung für Kindergarten- und Schulpädagogen gegründet, dem er von 1989 bis 2008 als Rektor vorstand und um dessen Plätze auf Studentenseite heftig gekämpft wird. Seit einem Jahr nun hat sich David entschlossen, endlich die zahlreichen Einladungen als „Visiting Professor" nach Schweden, Finnland, Island, USA, Indien, Kroatien and Slowenien anzunehmen, ein Glück für alle, die etwas über Pädagogenausbildung lernen wollen, ein Glück für mich, da wir einander in dieser Expertengruppe begegnen.

Er wird sehr ernst bei meiner Frage, der Schalk, der so viele seiner Geschichten begleitet, weicht aus seinem Gesicht. „Darüber denke ich seit über 40 Jahren immer wieder nach", meint er, „und ich komme immer wieder zum selben Ergebnis. Jemand, der Menschen nicht mag und nicht gerne kommuniziert, sollte nicht Lehrer werden. Doch das gilt für viele Berufe und ist nicht genug. Das ist eher eine Art Vorbedingung. Ich denke, ein guter Lehrer muss in allererster Linie er selber sein und bereit sein, sich bedingungslos auf seine Schüler einzulassen. Der größte Teil von dem, was wir als Lehrer tun, wird unseren Schülern über die Beziehungsebene vermittelt und wir wirken auch, wenn wir vermeinen, gar nichts Besonderes gesagt oder getan zu haben."

Dann erzählt mir David eine seiner Geschichten, denn Geschichten, die eine Glocke im Inneren des Zuhörers zum Anschlagen bringen, meint er, fangen den Kern einer Aussage oft viel besser ein als die ausführlichste Erklärung.

Vor vielen Jahren, es war gerade Winter, war ich auf den Straßen von Oslo unterwegs, als mich eine junge Dame aufhielt und begeistert ansprach. „Professor, Professor", rief sie mit so viel Enthusiasmus in der Stimme, dass ich mich links und rechts umsah, wen sie wohl sonst meinen könnte, zumal sie ja auch eine überaus attraktive junge Frau, die noch keine dreißig schien, war. Geschmeichelt stellte ich jedoch fest, dass der Ruf mir galt. „Sie waren mein Biologielehrer", setzte sie fort, „und haben mich reich gemacht." Damit hakte sie sich bei mir unter und lud mich auf eine Tasse Tee ein. Obwohl ich noch immer nicht wusste, wovon die junge Frau sprach, regte sich natürlich meine Neugierde, zumal es mir bisher bei weitem nicht gelungen war, selber reich oder zumindest wohlhabend zu werden. Wie sollte ich mit ihrem Erfolg also in Zusammenhang stehen? Über zwei dampfende Tassen Tee hinweg lüftete sie dann ihr Geheimnis. „Sie haben uns in der fünften Klasse, als ich elf war, über Erdwürmer im Biologieunterricht erzählt", erklärte sie strahlend, als wäre damit alles geklärt. „Und?", setzte ich nach, wobei ich mir verzweifelt diese Schulstunde aus der Tiefe meiner Erinnerung hervorzuholen versuchte. „Die Erdwürmer, erinnern Sie sich? Sie haben uns geschildert, wie sie ihre Gänge durch die oberen Bodenschichten bohren, vorne alles fressen und es hinten wieder als fantastischen Humus ausscheiden, und waren so begeistert davon, wie so unscheinbare, unbemerkte Kreaturen einen so großartigen Beitrag für die Welt leisten. Sie haben gelacht wie ein Kobold und waren so fasziniert davon, als hätten Sie das selber gerade entdeckt." Während sie das erzählte, fuhr sie in einer wellenförmigen Bewegung, die das sich Vorarbeiten der Erdwürmer im Boden illustrieren sollte, vor meinem Gesicht hin und her. „Und Jahre später las ich dann in einer Tageszeitung, dass die Bodenqualität in der Ukraine bereits extrem schlecht wäre. Ja und dann", schloss sie ihren Bericht, „habe ich begonnen Erdwürmer zu züchten und diese an die Ukraine zu verkaufen. Ich hatte Glück und es wurde ein ganz großes Geschäft für mich.

Und darum, Professor, sind Sie schuld daran, dass ich reich geworden bin.“

Aufbruch zu einer neuen Schule

Wir brauchen diese neue Schule, wir brauchen einen Wechsel vom traditionellen Unterricht zu einer neuen Lernkultur, wenn unsere Kinder den Herausforderungen der Zukunft gewachsen sein sollen. Das Ziel ist allen klar und an manchen Orten hat die Reise mit viel Einsatz schon begonnen. Doch der große Planwagentreck kommt nur langsam in Bewegung und noch immer gibt es genug von der Sorte, die lieber rückwärts als vorwärts fahren würden.

Wir sind es unseren Kindern schuldig, dass wir die schon bekannten Puzzleteile für die neue Schule des Kompetenzlernens zu einem gesamtgesellschaftlichen Bewusstsein zusammenfügen. Neben dem neuen, radikal veränderten Bildungsbegriff des 21. Jahrhunderts ist die Schule im Gefolge gesellschaftlicher Veränderungsprozesse wie geringe Geschwisterzahl, Berufstätigkeit beider Elternteile oder Multikulturalität auch zur zentralen Drehscheibe für die Sozialisierung unserer Kinder geworden. Mit all dem kann man eine mäßig mit Ressourcen ausgestattete Schulbehörde nicht allein lassen. Hier sind alle gefordert, Eltern wie Pädagogen und das Umfeld der Schule, gemeinsam und auf die Kompetenzentwicklung des individuellen Kindes bezogen zusammenzuarbeiten.

Eltern haben in diesem Gesamtkonzept ihren Platz einzunehmen, nicht als Gegner, Kritiker, Konkurrenten oder blinde Gefolgsleute von Pädagogen, sondern als Schulpartner, das Schultor kann nicht länger jene imaginäre Schwelle sein, über die sie nicht treten wollen oder sollen. Die „guten Pädagogen“, wie David Brierley sie beschreibt – selbstbewusste, beziehungsfähige Vertreter ihres Stands, die respektvoll behandelt werden, weil sie auch die Besten von uns für unsere Kinder sind –, brauchen wir zuhauf, zu allererst dafür, um all jenen, die schon heute oft ungesehen ihren Beruf in dieser Weise leben, den Rücken zu stärken.

Dieser breite Umbau der Schullandschaft ist Zukunftsmusik, für die wir die Instrumente gerade erst stimmen. Noch immer ist die Gruppe jener, die sich mit den neuen Anforderungen und den Erfordernissen einer neuen Schulkultur auseinandersetzen, sehr klein. So nimmt auch das nach dem bisher Gesagten grotesk anmutende Ergebnis einer Umfrage von „GEO WISSEN“ nicht Wunder, dem zufolge der Sparstift laut Meinung von fast 40 Prozent ruhig im Fach Religion, also in der spirituellen Dimension angesetzt werden sollte, und mehr als 33 Prozent meinen, das Fach Kunst wäre verzichtbar, gefolgt von 25 Prozent, die keinen Platz für Musik in der Schule mehr sehen.[68] Doch wenn jene Bereiche, die die kreative, schöpferische Kraft betreffen, wegrationalisiert werden sollen, fragt man sich, woher denn dann in Zukunft die innovativen Lösungen für alle unsere Lebensbereiche kommen werden!

Einzelne Schulen, in der eine glückliche Konstellation ein Team von Veränderungswilligen mit einer engagierten Direktion paart, arbeiten bereits daran, aus ihrer Schule eine Wachstumszone zu machen, oft gegen den Widerstand anderer Kollegen. In der Privatwirtschaft sind Organisationsentwickler und Unternehmensberater als Instrumente für strukturellen Umbau ein alter Hut. Auch die Schule könnte sich zahllose leere Kilometer und damit für unsere Kinder *Zeit* sparen, wenn sie – wie im beschriebenen Modell der Sozialmoderation – „Veränderungsagenten“ als Moderatoren der notwendigen Prozesse beigestellt bekäme. In der Privatwirtschaft gehört es zur Aufgabe dieser Berater, notwendige Umbauprozesse mit ihrem speziellen Know-how zu Struktur- und Organisationsentwicklung zu begleiten, um dann, wenn das System gestärkt und seinen Aufgaben gewachsen ist, wieder zu gehen.

Damit unsere Schulen zu Weltklasse heranwachsen können und unsere Kinder in ihnen, muss dem Schulthema höchste nationale Priorität eingeräumt werden. Die finanziellen Mittel müssen in Österreich, einem der reichsten Länder der Welt, und auch bei unseren deutschen Nachbarn dafür erübrigt werden, denn wenn nicht hier, wo sonst? Und wenn wir hierin nicht bald einen gesellschaftlichen Gesamtkonsens finden, werden wir bald nicht mehr zu den reichsten Ländern der Welt gehören!

Damit Kinder wieder wachsen!

Das Ganze ist mehr als die Summe seiner Teile.
Aristoteles

Alles Lebendige ist einem ewigen Gesetz der Transformation unterworfen. Unsere Fähigkeit, uns an simple wie auch komplexe Veränderungen unserer Umwelt anzupassen, entscheidet über unser Überleben. Das gilt sowohl im Bereich physikalischer oder chemischer Einflussfaktoren, was uns meist recht einleuchtend und überblickbar scheint, wie auch im sehr viel schwieriger zu durchschauenden Bereich sozialer Konstruktionen. Wer mit den Normen in seinem Unternehmen kein Auslangen findet, hat schlechte Karten und dessen Tage als Mitarbeiter und Kollege sind gezählt. Um für dieses eherne Grundgesetz, das als unsichtbarer Puppenspieler die Fäden des Überlebens des Einzelnen wie der gesamten Art in Händen hält, gerüstet zu sein, hat die Natur bei der Spezies Mensch auf die Entwicklung großer Gehirne gesetzt. Man fragt sich allerdings, warum? Große Gehirne bergen bereits auf den ersten Blick einige entscheidende Nachteile. Sie sind Energiefresser sondergleichen, verbrauchen sie doch rund 20 Prozent des Sauerstoffs und mehr als 25 Prozent der Glucose im Körper für ihren eigenen Bedarf. Bereits bei der Geburt sind unsere großen Gehirne evolutionär gesehen ein relatives Problem, bei dem einiges schiefgehen kann. Die meisten Tierarten gebären im Verhältnis zur Spezies Mensch im Vorbeigehen, während wir in der Geburtshilfe mit Recht von „Geburtsarbeit“ sprechen. Und dann kommt noch die unverhältnismäßig lange Periode völliger Hilflosigkeit nach der Geburt hinzu, die uns von intensiver, kontinuierlicher Betreuung abhängig macht. Auch das verdanken wir unserem großen Gehirn, denn eine Geburt zu einem Zeitpunkt, zu dem unsere Gehirne und wir vergleichsweise reif genug wären, um uns wie andere Säugetiere nach einer kurzen Aufzuchtsperiode relativ fit durchs Leben zu schlagen, würde den Großteil der Mütter töten. Also wählte die Evolution den Status der hochabhängigen „physiologischen Frühgeburt“ und erfand so etwas wie „Bindung und Liebe“, um zu garantieren, dass in einem geschützten Versorgungsrahmen alle für das spätere Leben notwenigen Programme in das Gehirn eingespielt und die Nervenverbindungen ihr explosionsartiges Wachstum nehmen können. Schon ziemlich viel Aufwand und alles nur, um sich diese großen Gehirne leisten zu können. Was hat es also damit für eine Bewandtnis? Was ist der entscheidende Vorteil für das Überleben unserer Art, der die Evolution auf die Marke „Gehirn“ hat setzen lassen und nicht etwa auf längere Beine, mehr Muskeln oder eine Panzerhaut, wie sie manche Pokemons tragen. Würde es nicht genügen, einen christbaumkugelgroßen Fortsatz am Hals aufsitzen zu haben, der unsere vegetativen Körperfunktionen und unser Fressverhalten steuert? Bevor Sie sich in die Optik und Attraktivität eines derartigen Körperteils vertiefen – es würde nicht genügen! Damit wären wir schon lange mit dem Etikett „nicht wettbewerbsfähig“ vom Erdball verschwunden.

Unsere Gehirne sind es, ihre Fähigkeit zu komplexem und reflexivem Denken und die damit einhergehende Fähigkeit der Ausbildung von sozialen Gruppen und Konstruktionen mit Verbindlichkeit, die uns den entscheidenden Wettbewerbsvorteil gebracht haben. Dadurch sind wir befähigt, komplexe Lösungen für ebenso komplexe Probleme zu finden, zum Beispiel Erfindungen zu machen, mithilfe derer wir unsere Verwundbarkeit und körperliche Eingeschränktheit überwinden können. Wir können heute fliegen, obwohl wir keine Flügel haben, tauchen, obwohl wir an das Wasserleben nicht angepasst sind, und so ziemlich jedes Fleckchen des Erdballs haben wir besiedelt oder dort zumindest eine Flagge aufgepflanzt.

Nun stehen wir vor einer neuen Herausforderung, in der wir uns beweisen werden müssen. Der Globus ist eng geworden und wirkt dank modernster Technologie und Transportmöglichkeiten nahezu überschaubar. Bisher sind wir als Wesen mit einer Kleingruppenethik, einem Konzept von *Wir*-Gefühl, das einer überschaubaren Gruppe gegenüber aufgebaut wird und sich auf Mitglieder einer Volksgruppe ausdehnen lässt, so recht und schlecht ausgekommen. Kriege haben uns immer wieder die Grenzen zwischen *eigen* und *fremd*, *wir* und *sie* in schrecklicher Weise vor Augen geführt, denn um Krieg zu führen, ist diese Art der Wahrnehmung des Fremden und in der Folge Feindlichen Voraussetzung. Zurzeit erfolgt ein globales Zusammenrücken, ein Prozess, den wir uns nicht aussuchen können, der fast physikalisch naturgesetzmäßig abläuft und uns, ob wir uns dessen bewusst sind oder nicht, es wahrhaben wollen oder nicht, eine neue ultimative Herausforderung diktiert: die Interdependenz.

Die Interdependenz, die globale Verknüpfung aller unser Leben bestimmenden Prozesse, ist überall spürbar, auch wenn wir sie im täglichen Leben mit Blick auf unsere Nasenspitze kaum erfassen. Afghanistan liegt nicht mehr hinter den sieben Bergen, die Twin Towers standen praktisch vor unserer Haustür und Al Qaida ist kein ägyptischer Luxusbadeort. Dass amerikanische Bubble-Kredite ein Anknüpfungspunkt sein können, um zu verstehen, warum bei uns die Milch teurer wird, der eine oder andere hierzulande seinen Job verliert und die Raten für sein Einfamilienhaus nicht mehr zahlen kann, dafür fühlt sich mancher noch nicht wirklich gerüstet, was jedoch nichts am Sachverhalt ändert.

Dieser hohe Grad an globaler Lebenskomplexität löst bei vielen Menschen entgegen der scheinbaren Fülle von Gestaltungsoptionen ein Gefühl von Hilflosigkeit und Ohnmacht, Überforderung und sogar Verzweiflung aus. In den USA hat sich zum Beispiel die Selbstmordrate von Personen zwischen 15 und 24 Jahren, von Jugendlichen und jungen Erwachsenen, die ihre Lebensweichen gerade stellen müssen, in den Jahren zwischen 1950 und

1990 von 4,5 auf 13,5 pro 100.000 erhöht.[69] Diese Zahlen sind nicht auf die USA begrenzt und bei einer derart epidemieartigen weltweiten Verbreitung der Not von Heranwachsenden muss dringend gehandelt werden.

Und wie ist es um unsere Fähigkeit des friedlichen globalen Zusammenlebens bestellt? Klaus-Jürgen Gantzel, emeritierter Professor für Politische Wissenschaften der Universität Hamburg, Gründer und Leiter der Forschungsstelle Kriege, Rüstung und Entwicklung und der Arbeitsgemeinschaft für Kriegsursachenforschung (AKUF) zeichnet in seinen Publikationen ein erschreckendes Bild. Entgegen allen Friedenshoffnungen nach dem Zweiten Weltkrieg hat die Häufigkeit der geführten Kriege kontinuierlich zugenommen. Durchschnittlich wurde in jedem Jahr seit Ende des Zweiten Weltkriegs ein Krieg mehr geführt als im Vorjahr und die neu begonnenen Kriege dauerten immer länger.[70]

Alles zusammen nicht wirklich berauschend. Um Lösungsansätze für jene brennenden Themen der Welt wie Armut, Krieg, Diskriminierung, Energieknappheit oder Klimawandel zu finden, die morgen nicht mehr abgeschottet in irgendeinem ausgegrenzten Hinterhof ablaufen werden, sondern zunehmend auf die globale Bühne drängen, werden wir die Interdependenz begreifen und annehmen müssen, denn die Welt ist interdependent dadurch, dass ihre Bedrohungen, Wirtschaften und Kommunikationsströme ausnahmslos von allen geteilt werden. Wir werden eine weitere Entwicklung unserer Ethik und Moral brauchen, ein neues *Wir*-Gefühl, einen globalen Bürger, dessen Grundhaltung Achtung und respektvollen Umgang mit der Kultur, Religion, den Grundüberzeugungen und Grundbedürfnissen des anderen einschließt. Das ist unsere große Herausforderung!

Die Klimakonferenz in Kopenhagen im Dezember 2009, von der 190 Staaten mit dem recht mageren Ergebnis einer grundsätzlichen Übereinstimmung nach Hause fuhren, hat uns deutlich gezeigt, wie weit wir von einer gemeinsam gefühlten globalen Verantwortung oder gar Handlungsfähigkeit entfernt sind. Optimismus ist nicht wirklich angezeigt, eher breite Bewusstseinsbildung und Ärmel aufkrempeln. Es gibt keine bessere Gelegenheit, als heute damit zu beginnen, denn es hätte schon gestern passieren sollen.

Entscheidend dafür, ob wir diese globale Herausforderung schaffen werden, ob wir in einem globalen Miteinander leben werden oder in einer von Entkulturalisierung und Brutalisierung geprägten, sich ängstlich verschanzenden Welt, werden wieder unsere Gehirne sein, nämlich der Grad an reflexivem, komplexem, empathischem und mit einer globalen Ethik versehenen Denken, den möglichst viele Menschen erreichen. Bemerkenswert in diesem Zusammenhang ist eine bahnbrechende Publikation von Richard Wilkinson and Kate Pickett, die als Ergebnis einer drei Jahrzehnte langen Forschung aufzeigt, dass Gesellschaften, in denen soziale Ausgewogenheit eine wesentliche Zielsetzung ist, auf nahezu allen Ebenen des Lebens und der psychosozialen Gesundheit bessere Ergebnisse erzielen als Gesellschaften, die ein starkes Auseinanderdriften von sozialen Blöcken, eine Segregation von Reich und Arm, aufweisen.[71] Während Gesellschaften mit sozialer Ausgewogenheit für nahezu alle ihre Mitglieder in allen Parametern bessere Werte erbringen, zeigen auch in Ländern mit reichen Marktwirtschaften sogar die Mitglieder wohlhabender Schichten schlechtere Werte als die Bevölkerung in weniger wohlhabenden Ländern, die jedoch mehr Wert auf ihre soziale Ausgewogenheit legen.

Bislang haben wir immer angenommen, dass ein steigendes Bruttosozialprodukt als der wesentlichste Parameter für hohe soziale Standards und soziale Gesundheit angesehen werden muss. Nun liegt es nahe, dass der gleichmäßigen Verteilung der Ressourcen, dem Teilen *wesentliche Kraft* für die Gesunderhaltung aller Mitglieder einer Gesellschaft zukommt. Die USA, ein Land mit besonders ausgeprägten Gegensätzen zwischen Arm und Reich, weist in vielen der verglichenen Parameter wie psychische und physische Gesundheit, Lebenserwartung, Übergewichtigkeit, Teenager-Schwangerschaften, Gewaltdeliktraten wesentlich schlechtere Ergebnisse auf als zum Beispiel die skandinavischen Länder, die einen Weg größerer sozialer Ausgewogenheit beschreiten.

Die Weichenstellungen für eine empathische, mit einer globalen Ethik ausgerüstete Generation liegen in unserer Erziehung, unserem kollektiven Verständnis der notwendigen Fürsorgepraktiken, in den Entscheidungen, die wir als Gesellschaft wie auch als jede einzelne Mutter und jeder einzelner Vater bezüglich unserer Kinder täglich treffen. Auf politischer Ebene muss die Zeit der gefälligen Lippenbekenntnisse vorbei sein. Wer die Barcelona-Ziele von 2002 – bis 2010 für 90 Prozent der bis Sechsjährigen und für 33 Prozent der unter Dreijährigen die notwendigen Tagesbetreuungsplätze zu schaffen – rein *quantitativ* umsetzt, ohne auf die notwendige Qualität zu achten, wähnt sich möglicherweise sparsam und schlau und macht sich dennoch einer enormen Vergeudung des Potenzials der Zukunft schuldig.[72] Ein solches Vorgehen ist nicht einmal ökonomisch gesehen klug, da jeder einzelne in die frühkindliche Periode investierte Dollar später, je nach Studie, zwischen 3,78 und 7,16 Dollar an entstehenden, von der Gemeinschaft zu tragenden Kosten spart, die für nachfolgend nötige „Reparaturkosten" und Helfersysteme zu berappen sind.[73] Und es ist beim heutigen Stand der neurobiologischen Forschung ein zynischer Anachronismus, dass gerade die Frühkindpädagogen, die neben den Eltern unsere Kinder in dieser fundamentalen Zeitspanne der explosionsartigen neuronalen Entwicklung begleiten, aus einem fehlgeleiteten Bildungsbegriff heraus die geringste Ausbildung und Anerkennung für ihr Tun bekommen.

Damit unsere Kinder wachsen können, müssen wir als Eltern die Wichtigkeit der Entwicklungsbedingungen und des fürsorglichen Umgangs mit unseren Kindern für die Ausbildung einer empathischen, reflexiven Persönlichkeit erkennen, im Familienleben umsetzen und von politischen Entscheidungsträgern und Institutionen die gesellschaftlichen Weichenstellungen dafür fordern.

Unsere Kinder werden sich in einer hochkomplexen, hochinterdependenten Welt bewegen und bewähren müssen. Um die dafür notwendigen Handlungskompetenzen zur Verfügung zu haben, brauchen sie heute unsere Hilfe. Sie sollten uns das wert sein, denn die Kinder von heute sind die Entscheidungsträger von morgen!

Anmerkungen

1 UNICEF Innocenti Report Card 7; An Overview of Child Well-being in Rich Countries
2 Der Spiegel, Leitartikel, 02.08.2009
3 Jürgen Bölsche u. a., Der Spiegel, 05.01.2004
4 Der letzte Deutsche, Der Spiegel, 05.01.2004
5 Mitteilung der Kommission der Europäischen Gemeinschaften: Strategischer Plan zur legalen Zuwanderung KOM(2005) 669endg.; Ratsdok. 5052/06, www.umwelt-online.de/cgi-bin/parser/Drucksachen/brsuche.cgi?such= Bevölkerungsschrumpfung, „Bevölkerungsschrumpfung EU“
6 The Social Platform on Research for Families and Family Policies – Defining a Research Agenda SSH-2009-3.2.2.
7 Ein kulturübergreifender Forschungsüberblick belegt, dass die Häufigkeit kindlicher Verhaltensstörungen bei unterschiedlichen Schweregraden zwischen 14 und 22 Prozent liegt (vgl. Brandenburg 1989, Costello 1989, Lehmkuhl 1995, zit. nach G. Opp et al. [1999], Problemkinder in der Grundschule, S. 20, 22)
8 Mit dem Begriff „Mutter“ ist die Erfahrung von konstanter, verbindlicher Zuwendung und dichtem, emotionalem Austausch mit ein bis wenigen unmittelbaren Bezugspersonen gemeint.
9 Der Name wurde – so wie alle Namen in den Fallgeschichten – verändert.
10 Details sur quelques etablissements de la ville de Paris demandes par sa Majeste Imperiale, la Reine de Hongrie, a L. Lenoir, lieutenant general de police, Paris 1780
11 L'Envoi des jeunes enfants en nourrice. L'exemple d'une petite ville: Thoissey-en-Dombes (1740–1840); vgl. M. Lachicher, La Population de Meulan du XVIe au XVIIIe ciecle, Etude de demographie historique, SEVPEN 1969, S. 123–132
12 Montaigne, Essais, Stuttgart 1969, S. 379 f.
13 Didelot (1770), Instruction pour les Sages-Femmes, Vorwort
14 Ida R. See (1911), Le Devoir maternel
15 Kate Millett (1977), Sexus und Herrschaft. Die Tyrannei der Männer in unserer Gesellschaft
16 John B. Watson (1928), Psychological Care of Infant and Child

17 Stanley I. Greenspan, Stuart G. Shanker (2004), The First Idea, How Symbols, Language, and Intelligence Evolved from our Primate Ancestors to Modern Humans

18 Brain-to-body weight ratio, also known as the encephalization quotient or EQ

19 Thomas R. Insel, Is Social Attachment an Addictive Disorder? Physiology & Behavior 79 (2003), S. 351–357

20 Die vordere Gürtelwindung ist der Sitz des obersten Emotionszentrums, in der sich die höchsten Konzentrationen des my-Opioidrezeptors finden.

21 G. M. Ridder, Media Perspektiven 3/2002, S. 121–131

22 T. N. Robinson (1999), Reducing Children's Television Viewing to Prevent Obesity; a Randomized Controlled Trial, JAMA 282, S. 1561

23 M. Gerhards, W. Klingler, Mediennutzung in der Zukunft, Media Perspektiven 3/2003, S. 115–130

24 S. L. Gortmaker et al. (1996), Television Viewing as a Cause of Increasing Obesity Among Children in the United States, 1986–1990, Arch. Pediatr. Adolesc. Med. 150, S. 356–362

25 G. S. Ma, Y. P. Li, X. Q. Hu, W. J. Ma, J. Wu (2002), Effect of Television Viewing on Pediatric Obesity, Biomedical and Environmental Sciences 15, S. 291–297

26 R. J. Hancox, B. J. Milne, R. Poulton (2004), Association Between Child and Adolescent Television Viewing and Adult Health: A Longitudinal Birth Cohort Study, Lancet 364, S. 257–262; M. J. Müller, S. Danielzik, C. Spethmann (2004), Prevention of Overweight and Obesity, in: W. Kiess, C. Marcus, M. Wabitsch (Hg.): Obesity in Childhood and Adolescence, S. 243–263

27 J. D. Latner, A. J. Stunkard (2003), Getting Worse: The Stigmatization of Obese Children, Obesity Research 11, S. 452–456

28 T. N. Robinson (1999), S. 1561–1567

29 A. M. S. Barry (1997), Visual Intelligence: Perception, Image, and Manipulation in Visual Communication

30 B. J. Wilson, D. Kunkel, D. Linz, J. Potter, E. Donnerstein et al. (1997), Violence in Television Programming Overall, in: M. Seawall (Hg.): National Television Violence Study, S. 3–184

31 R. H. Weiß (2000), Gewalt, Medien und Aggressivität bei Schülern

32 H. Lukesch, C. Bauer, R. Eisenhauer (2004), Das Weltbild des Fernsehens, Band 1 und 2

33 „You are who you are largely because of the way brain cells wire up in response to the environment and the things you do. If you change the wiring you will change the thinking." (Übersetzung von der Verfasserin)

34 A. Bandura, D. Ross, S. A. Ross (1963), Imitation of Film-Mediated Aggressive Models, Journal of Abnormal and Social Psychology 66, S. 3–11; weiterführend: A. Bandura (1965), Influence of Models Reinforcement Contingencies on the Acquisition of Imitative Response, Journal of Personality and Social Psychology 1, S. 589–595; A. Bandura, D. Ross, S. A. Ross (1961), Transmission of Aggressions through Imitation of Aggressive Models, Journal of Abnormal and Social Psychology 63, S. 575–582
35 A. Gopnik, A. N. Meltzoff, P. K. Kuhl (1999), The Scientist in the Crib
36 Jeffrey G. Johnson et al. (2007), Extensive Television Viewing and the Development of Attention and Learning Difficulties During Adolescence, Archives of Pediatrics & Adolescent Medicine 161, S. 480–486
37 L. D. Eron, L. R. Huesmann (1986), The Role of Television in the Development of Prosocial and Antisocial Behavior, in: D. Olweus, J. Block, M. Radke-Yarrow (Hg.), The Development of Antisocial and Prosocial Behavior: Research, Theories, and Issues
38 Norma Pecora, John P. Murray, Ellen Ann Wartella (2007), Children and Television: Fifty Years of Research
39 „It is impossible to conclude anything other than that violence on TV has raised the level of violence in our society." (Übersetzung von der Verfasserin)
40 C. S. Green, D. Bavelier (2003), Action Video Game Modifies Visual Selective Attention, Nature 423
41 New Scientist, 21.04.2007
42 J. B. Funk, H. B. Baldacci, T. Pasold, J. Baumgardner (2004), Violence Exposure in Real-Life, Video Games, Television, Movies and the Internet: Is here Desensitization? J. Adolesc. 27, S. 23–39
43 C. A. Anderson, K. E. Dill (2000), Video Games and Aggressive Thoughts, Feelings, and Behavior in the Laboratory and in Life, Journal of Personality and Social Psychology 78, S. 772–790
44 M. J. Koepp, R. N. Gunn, A. D. Lawrence, V. J. Cunningham, A. Dagher et al. (1998), Evidence for Striatal Dopamine Release during a Video Game, Nature 393, S. 266–268
45 D. A. Gentile, C. A. Anderson (2003), Violent Video Games: The Newest Media Violence Hazard, in: D. A. Gentile (Hg.): Media Violence and Children, S. 131–152
46 D. Ulmer, L. Schwartzburd (1996), Treatment of Time Pathologies, in: R. Allen, S. Scheidt (Hg.), Heart and Mind: The Practice of Cardiac Psychology, S. 329–362
47 Edward T. Hall (1959), The Silent Language
48 M. Bloch (1982), Die Feudalgesellschaft

49 J. Aschoff (1985), On the Perception of Time during Prolonged Temporal Isolation, Human Neurobiology 4, S. 41–52

50 J. Levy (1974), Psychological Implications of Bilateral Asymmetry, in: S. J. Diamond, J. G. Beaumont, Hemisphere Function of the Human Brain

51 Sylke Bartmann, Axel Fehlhaber, Sandra Kirsch, Wiebke Lohfeld (2009), „Natürlich stört das Leben ständig", Erziehung als Gewalt – Wohin Bernhard Bueb die Pädagogik führen will

52 Trendstudie, Matthias Horx, Zukunftsinstitut (2009)

53 Trendumfrage „Beziehungskonzepte österreichischer Jugendlicher 16–21 Jahre", ARGE Erziehungsberatung (2006)

54 www.telesozial.net/cms/uploads/tx_kdcaseengine/Skriptum_Ursachen_und_Folgen_von_Scheidung.pdf

55 Die komplettierte Falldarstellung war durch die ergänzende Schilderung von Arthur möglich, den ich bedingt durch die bestehende gemeinsame Obsorgeregelung zu einem Gespräch einladen konnte.

56 In der Sendung „Stöckl am Samstag", ORF 2, 07.11.2009

57 Die Presse, 03.12.2008

58 Helmuth Figdor (1991), Kinder aus geschiedenen Ehen. Zwischen Trauma und Hoffnung; ders. (1997), Was Kinder in Trennung und Scheidung brauchen, in: Christa Brauns-Hermann et al. (1997), Ein Kind hat das Recht auf beide Eltern; Horst Petri (1999), Das Drama der Vaterentbehrung. Chaos der Gefühle – Kräfte der Heilung; J. S. Wallerstein, J. M. Lewis, S. Blakeslee (1989), Scheidungsfolgen – Die Kinder tragen die Last. Eine Langzeitstudie über 25 Jahre; W. E. Fthenakis (1982), Gemeinsame elterliche Sorge nach der Scheidung – Möglichkeiten und Grenzen eines Ansatzes, Gutachten, erstattet am 8.6.1982 vor dem Bundesverfassungsgericht Karlsruhe; ders. (1985), Entwicklungspsychologische Beiträge zur Bestimmung des Kindeswohls, in: L. Montada (1985), Bericht über die 7. Tagung Entwicklungspsychologie in Trier; ders. (1985), Zum Stellenwert der Bindung des Kindes als sorgerelevantes Kriterium gemäß § 1671 BGB. Eine Replik auf einen Beitrag von Lempp in der FamRZ 8 (1984), S. 741–744, Zeitschrift für das gesamte Familienrecht (FamRZ) 32, 7, S. 662–672; Max H. Friedrich (2004), Die Opfer der Rosenkriege: Kinder und die Trennung ihrer Eltern

59 Vgl. auch die große „Proksch-Studie": Roland Proksch, AZ: 3003/2-7p-5-Ri 0067/98, Begleitforschung zur Umsetzung der Neuregelung zur Reform des Kindschaftsrechts, Schlussbericht März 2002

60 R. Balloff (2004), Zum aktuellen Stand der Begutachtung im Familiengerichtsverfahren – Einschätzung und Perspektiven; ders. (2004), Kinder vor dem Familiengericht

61 Uwe Jopt, Julia Zütphen (2004), Psychologische Begutachtung aus familiengerichtlicher Sicht, Zentralblatt für Jugendrecht 91, S. 362–376
62 Vgl. dazu auch U. Jopt (1992), Im Namen des Kindes. Plädoyer für die Abschaffung des alleinigen Sorgerechts; Jopt/Zütphen (2004); G. Rexilius (2003), Intervention in der familienrechtlichen Begutachtung, Familie, Partnerschaft, Recht, Heft 10, S. 540–550
63 Siehe dazu auch die Studie von Florian Schulz und Hans-Peter Blossfeld (2006), Wie verändert sich die häusliche Arbeitsteilung im Eheverlauf? Eine Längsschnittstudie der ersten 14 Ehejahre in Westdeutschland, Kölner Zeitschrift für Soziologie und Sozialpsychologie 58 (1), S. 23–49, der zufolge zu Ehebeginn noch 50 Prozent der befragten Paare eine egalitäre Haushaltsteilung praktizierten und diese im weiteren Verlauf der Ehe, spätestens mit Auftreten der Kinder, auf 15 Prozent absank, während der Rest von immerhin 85 Prozent zu einer traditionellen Versorgung des Haushalts durch die Frau zurückkehrte.
64 Martina Leibovici-Mühlberger, Doris Klepp, Benedikt Krenn, Christine Oertel, Zoltan Peter (2006), Alleinerziehende Väter in Österreich. Eine qualitative sozialwissenschaftliche Studie zur Konzeptionierung und Realisierung alleinerziehender Vaterschaft
65 Material bei der Verfasserin
66 Andreas Salcher (2008), Der talentierte Schüler und seine Feinde
67 E. Paulescu, U. Frith, M. Snowling, A. Gallagher, J. Morton, R. S. Frackowiak, C. D. Frith (1996), Is Developmental Dyslexia a Disconnection Syndrome? Evidence from PET Scanning, Brain 119, S. 143–157; T. Klingberg et al. (2000), Microstructure of Temporo-Parietal White Matter as a Basis for Reading Ability: Evidence from Diffusion Tensor Magnetic Resonance Imaging (Kinder wie Gilbert weisen geringere Werte für die Gerichtetheit der Verbindungsfasern auf, „die Verbindungsstraßen sind sozusagen schmäler und schlecht gepflastert“.)
68 Umfrage GEO WISSEN in Deutschland 2003
69 „Suicide Contagion and the Reporting of Suicide: Recommendations from a National Workshop“, CDC Reports
70 www.zeitgeschichte-online.de/zol/_zf/documents/pdf/gantzel_mge.pdf (Klaus Jürgen Gantzel, Über die Kriege nach dem Zweiten Weltkrieg, Tendenzen, ursächliche Hintergründe, Perspektiven); Klaus Jürgen Gantzel, Jörg Meyer-Stamer (1986), Die Kriege nach dem Zweiten Weltkrieg bis 1984. Daten und erste Analysen; Klaus Jürgen Gantzel, Torsten Schwinghammer (1997), Die Kriege nach dem Zweiten Weltkrieg 1945 bis 1992, Daten und Tendenzen
71 Richard Wilkinson, Kate Pickett (2009), The Spirit Level. Why More Equal Societies Almost Always Do Better

72 http://action.web.ca/home/crru/rsrcs_crru_full.shtml?x=121969&AA_EX_Session=d3f65046e4876d2a2eae42d7958a0a01

73 European Commission (2009), Early Childhood Education and Care – Key Lessons from Research for Policy Makers

Danksagung

Viele Menschen waren an der Entstehung dieses Buches maßgeblich beteiligt. Ich möchte ihnen allen für ihren unterschiedlichen Beitrag danken.

Zuallererst all jenen Eltern, Großeltern, Pädagogen und Pädagoginnen und ebenso den Jugendlichen, die sich über unsere Online-Beratung mit ihren Anliegen an mich und mein Beraterteam gewandt haben. Die detailgenaue, umfassende Schilderung der anstehenden Thematik, die Ehrlichkeit und Offenheit der Mails berührt mich immer wieder und hat mir in aberhundertfacher Form besonders wertvolle, da ungeschminkte Einblicke in unsere Familienlandschaft mit ihren Klippen gewährt.

Danken möchte ich auch all jenen Kollegen und Freunden aus der Arbeitsgruppe in Brüssel und anderen Gremien, die mir ihre wertvolle Zeit für zahlreiche Gespräche geschenkt haben und mir mit ihrem Fachwissen wesentliche Hinweise gegeben haben: allen voran **Michiel Matthes,** Secretary General Working Group on the Quality of Childhood, der sich unermüdlich für eine adäquate Positionierung des Themas „Quality of Childhood“ in der europäischen Politik einsetzt, **Christopher Clouder**, einer der profundesten Denker zum Thema „socio-emotional education“, **David Brierley**, der mit seinen „Geschichten“ die Seele seiner Schüler berührt, **Geseke Lundren** aus Schweden und **Clara Aerts,** die mir durch ihre jahrzehntelange Entwicklungsarbeit im Bereich der Kleinkindpädagogik und ihre sensible Art, kindliche Entwicklungsprozesse zu beschreiben, zu wertvollen Einblicken und Erkenntnissen verholfen haben, der britischen Psychoanalytikerin und Buchautorin **Sue Gerhardt**, mit der ich den Einfluss von fürsorglicher Kinderbetreuung auf die Entwicklung der neuronalen kindlichen Strukturen diskutieren konnte, **Ana Angélica Albano**, die mit ihren beeindruckenden Kunstprojekten in den Favelas von São Paulo zeigt, dass die Entwicklung von Kreativität Kindern aus den ärmsten Verhältnissen einen Lebensstart ermöglichen kann, **Joan Stevens**, **Julie de Bergeyck** und **Anne-Claire de Liedekerke**, Vorstandsmitglieder von Mouvement Mondial des Meres Europe, die mir eindrucksvoll die Reallebenssituation von Müttern nahegebracht haben und mit denen mich eine sehr freundschaftliche Arbeitshaltung verbindet, **Peter Moss**, Herausgeber der Zeitschrift „Children in Europe“, **Vanessa Pallucchi** für ihre Einladung nach Rom zur Umweltbewegung „Legambiente“, **Professor Dr. Boris Cyrulnik**, Université de Toulon, **Professor Anne Bamford**, **Jeroen Petri**, Ministry of Justice/Council for Child Protection, Niederlande, **Fátima Sánchez Santiago**, Fundación Marcelino Botín, **Batuhan Aydagül**, Mother Child Education Foundation, Türkei, **Professor René Diekstra**, Roosevelt Academy, Middelburg (NL), **Susanne Müller-Using**, Universität Osnabrück, und vielen anderen, die mir in den letzten Jahren Einblick in ihre Arbeit und Forschung gegeben haben.

Besonderen Dank schulde ich **Professor Richard Wilkinson**, der bereit war, die Zeit zu erübrigen, mich in die Komplexität seiner Studien einzuweihen, die eröffnen, warum sozial ausgewogene Gesellschaften, die Verteilungsgerechtigkeit anstreben, in allen wesentlichen Lebensparametern erfolgreicher sind als Gesellschaften mit einem starken sozialen Drift.

Fehlen darf hier auch nicht der Ausdruck meines Danks an alle meine nahen, persönlichen Freunde, die mich einerseits ermunterten, dieses „Anti-Ratgeberbuch“ in Angriff zu nehmen, und mir andererseits ihre Großzügigkeit schenkten, weiter meine Freunde zu bleiben, obwohl ich das Zeitbudget für die Erarbeitung zum Teil von unserer gemeinsamen Zeit abzweigen musste. Ihnen allen besonderen Dank für ihre Treue und das Vertrauen in unsere Freundschaft, auch wenn wir oft nur Mails und Box-Nachrichten austauschen konnten.

Ganz besonders hat mich auch meine Familie, meine vier Kinder und mein Mann, bei diesem Projekt unterstützt. Sie haben mir vielfach nachgesehen, wenn ich „geistig“ nicht immer anwesend, sondern beim Abendtisch noch im Denkprozess „abgetaucht“ war, und mich aktiv unterstützt, um Freiräume zum Schreiben zu schaffen. Danke für die eingeräumten Geschirrspüler und die Beschäftigung der kleinen Schwester!

Besondere „moralische“ Unterstützung habe ich auch durch meinen Verleger Dr. Hannes Steiner erfahren, der an dieses Projekt geglaubt hat, was für mich die wesentlichste Voraussetzung dafür war, es aus der Taufe heben zu wollen. Ich bin ihm und seiner gewährenden, Raum gebenden Grundhaltung sehr verpflichtet und fühle mich seiner Grundüberzeugung, die Bedeutung des Buches betreffend, sehr verbunden.

Großen Dank fühle ich auch dem gesamten Verlags- und Kreativteam gegenüber, das, noch bevor ich das Buch in seiner Gesamtheit geschrieben hatte, es bereits erfassen und verlagstechnisch umsetzen konnte und mich in unaufdringlicher, strukturierter und vor allem permanent engagierter Form begleitet hat.

Ich danke allen in dieses Projekt Involvierten, denn sie haben es mir ermöglicht, große Freude, Spaß und Befriedigung zu erleben.

Kontakt und Informationen zu aktuellen Projekten:
martina.leibovici@fitforkids.at, www.fitforkids.at

Glücklich sein als Unterrichtsfach.

Stelzig, Manfred
„WAS DIE SEELE
GLÜCKLICH MACHT"
192 Seiten, EUR 19,95
ISBN: 978-3-902404-58-9

»Stelzig präsentiert Strategien, wie man im modernen Alltag seiner Seele Gutes tut.«

Salzburger Nachrichten

Lernen Sie die verblüffenden Zusammenhänge zwischen Körper und Seele und dabei auch sich selbst besser kennen. Primar Dr. Manfred Stelzig, Leiter der psychosomatischen Abteilung des Landeskrankenhauses Salzburg, gibt in diesem Buch zahlreiche anschauliche wie überraschende Beispiele aus seiner jahrelangen Praxis zu den wichtigsten Krankheiten mit oft seelischen Ursachen, wie z. B. Depressionen, Herz-Kreislauf-Erkrankungen, chronisch-entzündliche Darmerkrankungen, Hauterkrankungen, Ess- und Schlafstörungen sowie verschiedene Schmerzsymptome.
Erfahren Sie, wie Sie mithilfe spezieller vom Autor entwickelter Übungen Ihre Seele wieder ins Gleichgewicht bringen und dadurch einen Heilungsprozess des Körpers ermöglichen können.
„Was die Seele glücklich macht" ist eine Grundanleitung im täglichen Umgang mit sich selbst, die uns helfen soll, unser Seelenhaus mit Vertrauen, Geborgenheit, Wertschätzung und nicht zuletzt einer leistungsunabhängigen Liebe neu zu errichten und zu bewohnen.